성폭력과 힘의 악용

목회상담적 성찰

제임스 뉴턴 폴링 지음

이화목회상담센터 옮김 | 정희성 감수

한울
아카데미

이 도서의 국립중앙도서관 출판예정도서목록(CIP)은 서지정보유통지원시스템 홈페이지(http://seoji.nl.go.kr)와 국가
자료공동목록시스템(http://www.nl.go.kr/kolisnet)에서 이용하실 수 있습니다. (CIP제어번호 : CIP2015011096)

The
ABUSE
of
POWER

A Theological Problem

JAMES NEWTON POLING

ABINGDON PRESS

The Abuse of Power: A Theological Problem
by James Newton Poling

Copyright © 1991 by Abingdon Press
Korean translation copyright © Hanul Publishing Group, 2015

차례

감수의 글 _ 7
한국 독자에게 보내는 저자의 편지 _ 10
감사의 글 _ 12

1장 침묵의 소리 듣기 · 15
성폭력 생존자의 이야기 듣기 20
내 책임에 관한 질문 25
방법론 27
요약 29

2장 힘 그리고 힘의 악용 · 32
이상적인 형태의 힘 33
악으로서 힘의 악용 38
힘을 악으로부터 구원하기 45

3장 캐런: 성폭력에서 살아남은 자 · 49
캐런의 연설 50
캐런의 편지 발췌문 60
맺는말 72

4장 회복 중인 가해자들의 이야기 · 73
내 개인의 이야기 74
가해자의 이야기 찾기 78
전형적인 이야기란 없다 79
샘, 회복 중인 가해자 82
가해자는 어떤 식으로 힘을 악용하게 되는가 92

희망은 어디에 있나? 106
상담사를 위한 문제제기 108

5장 슈레버의 사례: 분석방법 · 112
슈레버의 사례 112
힘이 인간 경험 안에서 어떻게 조직되는가? 129
힘에 관한 연구 방법 137

6장 자아 추구 · 140
관계적 자아 144
애매모호한 자아 166
관계적이고 애매모호한 자아의 전형, 예수 179

7장 공동체를 찾아서 · 183
공동체의 배신 185
공동체의 본질 187
문화에 대한 페미니즘 분석 194
사랑하는 공동체의 본질 223

8장 하나님 찾기 · 233
히브리 성서 안에 있는 하나님의 이미지 237
신약성서 안에 있는 하나님의 이미지 255
하나님의 개정(改正)된 이미지 267

9장 교회의 실천과 실천신학 · 283
교회의 실천을 위한 원칙 283
실천신학 288

주 _ 296
참고문헌 _ 318
찾아보기 _ 329

감수의 글

미국 프린스턴 신학대학원에서 목회상담학을 공부할 때였다. 신학대학원 서점에서 우연히 『The Abuse of Power: A Theological Problem』을 발견한 나는 망설일 것도 없이 냉큼 그 책을 집어 들었다. 유학생 처지에 수업과 관계없는 책을 산다는 것은 벅찬 일이었지만, 이 책만큼은 포기할 수 없다는 생각에 가슴에 꼭 안고 와 계산대 앞에 섰다. 그러곤 밤새 그 책을 읽으며 성폭력이라는 주제에 관해 이토록 깊이 있게 정신분석학, 과정신학, 또 실천신학을 다룰 수 있다는 사실에 커다란 감동을 받았다. 이후 나는 매일매일 그 책을 가방에 넣고 다녔다. 성폭력이라는 하나님 부재의 공간 속에서도 하나님을 찾아낸 제임스 폴링의 그 뛰어남과 창의성에 경의를 표할 수밖에 없었다.

책 표지의 그림*조차 내 맘에 쏙 들었다. 하갈와 이스마엘을 묘사한 흑

---

* 이 책의 원서 *The Abuse of Power: A Theological Problem*의 표지에는 장 샤를 카쟁(Jean-Charles Cazin)의 〈하갈과 이스마엘(Hagar and Ismael)〉이 삽입되어 있다. _옮긴이

백 그림이었던가? 덤불 속에서 두 손으로 얼굴을 가리고 흐느끼는 젊은 여인과 그 앞에 서 있는 작은 소년! 가끔 공부가 지겨워질 때면 도서관에서 나와 회색빛 아스팔트에 털썩 주저앉아 표지의 그림을 따라 그리곤 했다. 때로는 하얀 노트에, 때로는 하얀 복사지 뒷면에, 검은 펜, 검은 연필로 쓱쓱 싹싹 여인의 울음과 가시덤불을 휘갈길 때면, 어린 나이에 오로지 장학금에 기대어 아무도 아는 이 없는 그곳에서, 서러웠던 내 아픔도 함께 흩뿌려지는 것 같았나 보다. 어쩌면 누군가 말을 걸어주길 기다렸던 것인지도 모른다. 눈부시게 아름다웠던 프린스턴에서 그 밖의 다른 기억이 떠오르지 않는 걸 보면, 나의 저물어가는 20대 외로운 시절, 그 책만이 귀하고 귀한 내 친구였다는 생각이 든다.

2003년이었던가? 폴링 선생님을 드디어 만났다. 이화여대 기독교학과/신학대학원에서 선생님을 모시고 '성폭력 상담 세미나'를 개최했다. 이 자리에 참석했던 교내외의 많은 학생들과 지도자들은, 이론과 실제에 정통한 선생님의 지혜에 감탄했다. 그 후 선생님과 개별적으로도 만남을 계속하며 선생님과 그 부인 되시는 낸시 선생님의 온화함과 따스함도 함께 배웠다. 마침 유난히 똑똑했던 대학원 박사과정 학생들도 있어 수업 중 선생님의 여러 책을 번역하며 이해하고자 했다. 그중 이 책에 대한 학생들의 반응이 가장 좋았고, 내친 김에 책을 내보자고 했으나 오랫동안 여의치 않았다.

드디어 2014년, 이화목회상담센터가 이화여대 신학대학원 부속기관으로 설립되면서 용기를 냈다. 초역을 한 지 오래되었고 외국에 나간 학생도 있어 새로이 번역진을 보완했다. 이경애 박사, 김영란 박사과정생, 오승민 박사과정생, 김시원 박사가 최종 작업에 함께 참여했다. 이들의 수고에 진심으로 감사한다. 이들 모두 외국에서 공부한 경험이 있거나 책을 번역했던 경력자들이다. 그럼에도 이 책의 부족함이 있다면 모두 내 탓이다.

마지막으로 출판을 허락해주신 도서출판 한울의 김종수 사장님과 편집부에 감사드리며, 이 책이 한국 기독교의 성폭력 연구를 한 단계 도약시키는 계기가 되기를 기도한다.

정희성

이화여대 기독교학과/신학대학원/목회상담센터 교수

한국 독자에게 보내는 저자의 편지

2003년과 2008년, 나는 한국에서 두 학기를 가르치며 정희성 교수와 친구가 되었다. 우리는 힘의 악용에 대면하고 도전하는 일과, 가정과 공동체 안에서 예수의 사랑을 가지고 사는 일에 관해 많은 시간 이야기를 나누었다. 나는 정 교수의 학생들과 동료들을 만나는 귀한 시간을 서너 차례 가지면서 중요한 아이디어와 느낌들을 함께 나누었다. 이런 나의 경험들은 내 정신과 마음을 새롭게 만들어주었고 내가 하나님의 사랑을 새로운 방법으로 이해하도록 도와주었다.

내 책 『The Abuse of Power: A Theological Problem』을 정 박사의 지도 아래 있는 이화목회상담센터에서 공동 번역한다는 소식을 듣고 몹시 기뻤다. 내 생각을 한국어로 읽을 수 있도록 만들어준 것은 나에게 큰 영광이다.

이 책은 내가 젠더와 인종과 계급 억압에 대해 20년 동안 조사 연구한 내용을 담고 있다. 나는 힘이 악용되는 상황에서 사람과 공동체를 변화시킬 사랑의 힘을 신학적으로 이해하기 위해 애써왔다. 예수의 길, 즉 억압받는 자들을 지지하고, 권력을 향해 진리를 말하며, 사랑을 통해 악에 저항하는 길이 힘으로 정치를 하는 세상에 효과가 있을까? 내 온 마음을 다해, 나는 그럴 수 있다고 믿는다. 그러나 그것은 정의를 위해 기꺼이 고통당하고 죽을 수 있는 용기를 요구한다. 예수는 우리에게 모든 사람을 위하는 하나님의 사랑에 따라 사는 힘과 그렇게 살 때 치러야 할 값을 보여주었다. 우리는 그의 본을 따르도록 요청받는다.

식민지와 전쟁, 현대화를 관통하는 역사 속에서 트라우마와 비극을 겪었음에도 한국 사람들이 결코 잃지 않는 용기와 복원력에 나는 감동을 받는다. 하나님 사랑에 대한 한국의 증언은 이 세상에서도 독특한 것이라 나는 생각한다. 한국에서 내가 경험한 일들을 하나님께 감사드리며, 한국 사람들이 예수 그리스도 안에서 하나님을 증언하는 일이 앞으로도 계속 강하게 울리길 날마다 기도한다.

제임스 뉴턴 폴링
미국 노스캐롤라이나, 블랙 마운틴에서

감사의 글

조사 연구를 하고 이 책을 쓰는 동안 내가 신세를 진 사람들에게 감사의 인사를 전하고 싶다.

나를 믿고 자신의 이야기를 들려준 캐런Karen과 모든 성폭력의 희생자 분들은 이 책의 공동 저자라 할 수 있다.

내 가족, 낸시 워킹 폴링Nancy Werking Poling과 크리스티나 폴링Christina Poling, 네이선 폴링Nathan Poling은 내게 삶과 사랑, 힘에 관해 많은 것을 가르쳐주었다.

학생들과 내담자들은 내게 신학과 경험에 관해 가르침을 주었다.

로리 허시 마이어Lauree Hersch Meyer, 멜러니 메이Melanie May, 트와넷 유진 Toinette Eugene, 토머스 트뢰거Thomas Troeger, 마리 포천Marie Fortune, 리에트 본스-

스톰Riet Bons-Storm, 엘런 원드라Ellen Wondra는 내 원고를 읽고 비판해주면서 내 조사 연구에 중요한 공헌을 해준 동료들이다.

한스 반 덴 블링크Hans van den Blink, 제이 기블Jay Gibble, 롭 반 케셀Rob van Kessel, 길버트 본드Gilbert Bond, 그리고 목회신학회Society for Pastoral Theology 회원들은 나를 격려해주며 아주 중요한 지원과 아이디어를 제공해준 동료들이다.

버나드 루머Bernard Loomer, 존 코브John Cobb, 마저리 소울Marjorie Soule은 내 정신적 스승이다.

웨슬리 브룬Wesley Brun, 톰 라이언Tom Ryan, 키트 마일스Kit Miles는 내 선생이자 슈퍼바이저*이다.

내게 안식년을 허락한 베다니 신학대학원Bethany Theological Seminary(1985~1986)과 콜게이트 로체스터 신학대학Colgate Rochester Divinity School(1990)에 감사한다.

울리케 거스리Ulrike Guthrie, 렉스 매슈스Rex Matthews, 토머스 트뢰거Thomas Troeger, 낸시 폴링Nancy Poling은 이 책을 읽고 편집해주었다.

---

* 모든 상담사는 수련상담사와 전문상담사를 막론하고 정기적으로 또는 특별한 경우에 그 자신의 슈퍼바이저에게 자신의 상담과정에 대해 감독을 받는다. _옮긴이

1장 침묵의 소리 듣기

열두 살 여자애가 목사에게 말했다. 주일학교 교사인 아빠에게 네 살 때부터 성적 학대를 당해왔다고.

어떤 남자 집사는 다섯 살 먹은 아들을 성폭행한 죄로 체포되었다.

여자 성도 세 명과 성관계를 가졌던 한 목사는 교회에서 물러나야 했다.

몇몇 종교적 유명 인사들은 여성과 착취적 성관계를 가졌다는 사실이 탄로나 한순간에 명망을 잃었다.

우리 주위의 뉴스는 여성과 아동에 대한 성적 학대의 이야기로 가득하다.

도덕적·종교적 지도자인 목회자와 신학자들은 다음 같은 질문을 받는다.

- 우리는 왜 갑자기 아동과 여성의 성 착취에 관한 이야기를 자주 접하게 되었는가? 이 같은 문제가 증가하기 때문인가?
- 인간의 도덕성을 생각할 때 성폭력은 특이한 것인가, 전형적인 것인가?
- 성폭력이 심각한 문제라면 왜 교회와 사회는 지금까지 침묵해왔나?

우리가 성폭력에 관한 이야기를 많이 듣게 된 것은, 많은 여성이 침묵을 깨고 그들의 경험을 이야기하기 시작했기 때문이다. 진실을 말하는 것에 대한 금기禁忌가 사라지면서 충격적인 이야기들이 들려오고 있다. 전문가들은 전체 아동의 20~40%가 18세 이전에 어떤 형태로든 성폭력을 경험하고, 모든 여성의 반 이상이 평생 성폭행이나 성폭행 시도를 한 번은 경험한다고 추측한다.[1] 더 괴로운 사실은 성폭력의 대부분이 가정에서, 그것도 공동체에서 신뢰받는 지도자에 의해 일어난다는 것이다. 성폭력은 많은 사람에게 매우 파괴적인 결과를 가져오며, 그 영향이 아주 오랫동안 남는 문제이다.

더 많은 조사 연구가 필요하기는 하지만, 최근 들어 성폭력이 증가하는 것처럼 보이기도 한다. 여러 연구에 따르면, 젊은 여자들이 그들의 어머니나 할머니보다 성적 학대를 더 많이 경험한다고 한다.[2] 강한 결속력을 지닌 지역 공동체의 붕괴, 개인과 가족의 고립 증가, 모든 것을 성으로 귀결시키는 문화, 그리고 폭력 행위에 무감각한 풍조의 만연 같은 사회 변화가 성폭력의 증가에 기여했을 수도 있다.[3] 그러나 조사 연구들은 이전 시대에서도 성폭력이 큰 문제였다는 사실을 보여준다.[4] 즉, 우리가 직면한 문제는 과거 오랫동안 존재해왔으며, 이제는 증가 추세에 있는 심각한 문제라 할 수 있다. 성폭력은 인간의 도덕성에 관한 진지한 의문을 불러일으킨다. 어떤 학자들은 여성과 아동에 대한 폭력이 서구 문화의 매우 상징적이고 의미심장한 측면이라고 주장해왔다. 여성이나 기타 주변집단에 대한 사회적으로 승인된 통제가 성폭력이라는 형태로 표현된다는 것이다.[5] 성폭력은 오랫동안 금기시되어온 주제이다. 희생자의 끔찍한 고통은 사람들의 인식과 공공정책에 의해 침묵 속에 묻혔다. 어떤 희생자들은 수십 년 동안 침묵해왔으며, 아예 말도 꺼내지 못한 희생자도 많다. 최근에 와서야 폭력의 생존자들은 자신의 고통과 희망에 관해 말할 수 있는 새로운 힘을 발견했다. 특히 여성들은 자그마한 지지집단 안에서 자신들이 왜 그렇게 빈번히 성폭력의 희생자가 되는지를 질문하기 시작했다.[6] 그들이 말을 꺼내기 시작하면서 엉켜 있던 금기들이 하나씩 풀려나가고 있다. 침묵은 희생자를 보호하지 않는다. 침묵은 희생을 영속시킨다. 침묵과 금기의 방어벽이 걷힐 때, 성폭력은 그 실체가 드러나게 된다. 그 실체는 '힘의 악용'이라는 악이다.

힘이란 개인적·사회적·종교적으로 함축된 의미를 가진 복합적인 용어이다. 개인적인 수준에서 본다면, 모든 사람에게는 살아 있기에 얻을 수 있는 힘이 있다. 이 힘은 이를 통해 자기가 될 수 있는 모든 것이 되고자 하는 내적 욕구와 함께 나타난다. 어떤 사람은 억압을 당해 자신의 힘을 써볼 기회조차 박탈당한다. 어떤 사람은 자신의 힘을 파괴적인 목적으로 사용한다. 사회는 이 힘을 어떻게 분배해야 하는지 지시한다. 제도와 이념은 누가 지배하는 특권을 가지게 되는 자인지, 누가 양보해야만 하는 자인지를 결정한다. 어떤 이는 자신과 다른 사람에 대한 결정을 내릴 수 있는 커다란 힘을 얻으며, 자신이 선택한 결과로부터 보호도 받는다. 그러나 다수는 자신의 몸과 마음을 통제할 수 있는 힘조차 빼앗기고, 그들의 선택 역시 다른 이들에 의해 억압당한다. 이런 불평등은 힘을 악용하는 행위를 가능케 하며 힘을 불의하게 배치시킨다. 종교는 힘의 본질과 힘의 정당한 사용을 정의定義하는 역할을 한다. 종교 지도자들은 지배적인 문화와 은밀히 결탁해 힘의 악용을 승인하는 대리자가 될 것인지, 아니면 힘이 분배되고 정의되는 방식에 대한 예언자적 비판자가 될 것인지를 선택해야만 한다. 성폭력은 불의한 사회가 힘의 본질과 힘의 파괴적이고 창의적인 잠재력을 제대로 이해하고 있는지를 시험하고 있다. 힘의 본질은 2장에서 더 자세히 논의할 것이다. 이 연구는 사회 속의 힘의 구조를 근본적으로 변화시키기 위해 생존자들의 고통과 희망을 이해하는 데 진력한다.

이 책의 3장과 4장은 성폭력이 삶의 중심에 놓여 있는 사람들의 이야기를 탐구한다. 여러 용감한 생존자가 자신의 고통과 희망을 새로운 방식으로 표현할 수 있는 언어를 찾아왔다. 그들은 희생자였던 과거를 극복하고 다른 생존자들과 연결됨으로써 살아갈 새 힘을 발견했다. 생존자들은 우리 공동체의 수많은 개인과 그 가족을 파괴해온 힘의 악용을 기꺼이 직시하고자 하는 사람들의 눈을 밝혀주고 있다.

이 연구에서 사용된 '회복 중인 가해자들recovering perpetrators'이란 용어는 자신이 저지른 학대와 폭력의 죄를 고백하고 그 파괴적인 행위의 결과를 직면하기 시작하면서, 심리치료와 교육을 통해 한없는 시간 동안 갱생과 변화를 이루려 노력했던 극소수의 남자들을 지칭한다. 내가 남성 가해자에게 초점을 맞추는 이유는 통계적으로 그들이 다수이고(성폭력의 80~95%는 남자가 범한 것이다), 내가 주로 상담해온 상대 역시 남자이기 때문이다.[7] 남성 가해자 중 파괴적인 자신의 행동을 변화시키려 노력하는 이는 아주 소수이지만, 이 집단을 연구하는 것은 모든 학대자의 역동을 이해하는 데 중요한 역할을 한다.

그 이후의 장들에서는 우리 사회 안에 있는 여성과 아동에 대한 성폭력의 쟁점을 신학적으로 성찰할 것이다. 내 조사 연구 과정에서 도출된 몇 가지 신학적인 질문은 더 깊은 탐구가 필요하다.

첫째, 성폭력이 만연되어 있다는 사실은 인간 본성에 관한 의문을 불러일으킨다. 성폭력 대부분이 가족 또는 신뢰와 친밀함에 기반을 둔 인간관계에서 일어난다. 만일 아버지가 딸을, 남편이 아내를, 목회자가 성도를 성폭행할 수 있다면, 폭력에 제한을 두는 것이 가능할까? 우리는 인간 자아와 영혼을 이러한 배반과 파괴성의 경험과 관련지어 이해하기 위해 노력해야 한다. 그 래야만 악에 대항해 우리 자신과 공동체를 보호할 수 있다. 이것 못지않게 중 요한 것은 그런 극단적인 학대에서 살아남은 자에게 샘솟는, 복원력復原力을 가진 희망이다.[8] 우리는 성폭력에서 공포를 경험했지만 인간으로서의 온전함 과 완전함을 지키기 위해 분투하고 있는 사람들을 이해할 필요가 있다. 여기 서 생기는 신학적 질문은 인격 안에 있는 선과 악의 역량에 관한 것이다. 6장 에서는 고통과 희망 가운데 있는 인간 자아의 본성을 탐구할 것이다.

둘째, 성폭력에 대한 교회와 사회의 침묵은 공동체의 본질에 대한 의문을 불러일으킨다. 여성과 아동에 대한 성폭력은 몇 세기에 걸쳐 널리 퍼져온 현 상이며, 현대에는 더 악화된 것처럼 보인다. 교회와 사회 모두 자신들이 인간 의 고통과 불의에 관심을 기울인다고 주장하지만, 사회는 이 문제를 직시하 고 다루는 일에 별로 성과를 내지 못해왔고, 교회는 모든 사람에게 관심을 기 울여야 한다는 윤리가 있음에도 죽은 듯 침묵을 지켜왔다. 성폭력 생존자들 을 위한 새로운 지지공동체들이 전통적 제도 밖에서 조직되고 있으며, 이들 은 기존 공동체의 실패에도 굴하지 않고 공동체를 추구하는 인간의 행위가 지속되고 있음을 보여준다. 신학적인 질문은 인간 공동체 그 자체의 본질에 대한 것이다. 태어나면서부터 자신이 지닌 재능을 확인받을 수 있고, 공동체 의 모든 구성원에게 각기 장점과 약점이 있음을 인정함으로써 모든 사람이 온전한 인간으로 성장할 수 있도록 하는 그런 공동체가 어디에 있는가? 7장 에서는 선과 악에 대한 잠재력을 지닌 공동체의 본질을 탐구한다.

셋째, 성폭력의 억압적인 구조는 하나님에 대한 질문을 불러일으킨다. 성 폭력으로부터 고통당하는 사람들의 목소리는 하나님과 인간의 관계에 관한 신학적인 토론 대부분에서 무시되어왔는데, 이 때문에 가끔 하나님이 인간을 돌보지 않는다는 인상을 준다. 커다란 불의가 있는 상황에서조차 지배 권력에 복종하라고 요구하는 남성적인 하나님의 전통적 이미지는 많은 성폭력 생존자들을 무척 힘들게 만든다. 사랑과 힘의 관계에 대한 새로운 정의는 악에 대항하는 저항공동체들counter-communities로부터 나온다. 어떤 생존자들은 사랑과 정의의 하나님을 강력하게 추구하는데, 그들은 또한 하나님에 대한 이해를 새롭게 하는 논의를 이끌고 있기도 하다. 8장에서는 창조 그 자체의 창의적이면서도 폭력적인 잠재력과 관련지어 하나님의 본성을 탐구할 것이다.

성폭력 생존자의 이야기 듣기

이 연구는 현재의 가부장제 사회구조로부터 침묵을 강요받아온 두 집단, 즉 아동과 여성에 관한 것이다.[9] 이 조사 연구에서 해석학적 원칙으로 삼고 있는 것은, 가장 작은 힘을 가진 이들이야말로 선의 본질을 가장 많이 드러낼 수 있으며 힘의 악용을 폭로할 수 있다는 사실이다. 힘을 가진 위치에 있는 사람들은 힘의 악용이나 박탈로 인해 고통당하는 사람들의 소리를 들을 필요가 있다. 그것은 고통당하는 사람들이 자기 소리가 들리도록 큰 소리로 외치는 것 못지않게 필요한 일이다. 이렇게 듣고 말하는 대화를 통해서만 피억압자와 억압자 모두의 인간성이 회복될 수 있다.[10]

내 눈이 어떻게 열렸는가. 내가 성폭력 생존자들을 중점적으로 연구하겠다고 마음먹은 것은 내 삶과 목회의 개인적인 경험에서 비롯되었다. 처음에 나는 목회자로서 성폭력의 현실과 마주했다. 한 젊은 여성이 아버지와 할아버지에게 여러 해 동안 성적 학대를 당해왔다고 내게 말했다. 나는 이전까지 그 같은 악에 직면한 적이 없었다. 그녀에게 어떤 도움도 주지 못했고, 이 일은 내게 충격을 주었다.

그 후 중고등부 학생인 15세 소녀가 내게 충격적인 이야기를 했다. 주일학교 교사인 그녀의 아버지가 그녀의 가슴을 만지면서 성관계를 맺고 싶다고 말했다는 것이었다. 이번에는 나도 전문가의 조언을 받아 그 아버지에게 맞섰다. 그 소녀는 집을 떠나 스스로를 보호할 수 있을 때까지 상담을 받았다. 그러나 이때까지도 나는 이런 사례들의 심각성을 너무나 몰랐기 때문에 끝내 그 아버지를 고발하지는 않았다. 그 덕에 그는 자신의 학대로 인한 그 어떤 제재도 받지 않았다.

이 두 사건에서 내가 겪었던 어려움 중 하나는, 나 또한 이러한 남자들과 개인적으로 비슷한 부분이 있다는 사실이었다. 그들도 나와 마찬가지로 교회와 공동체에서 지도자로 존경받고 있었다. 그들이 그 자녀와의 관계에서 갖는 특권은, 내 가족과 공동체에서 향유하는 힘에 대한 내 자신의 태도와 기분 나쁘게 닮아 있었다. 이것이 바로 성gender과 힘이라는 두 논점이 내 인격 안에서, 그리고 공동체 안에서 상관관계에 있음을 직시하게 된 첫 번째 계기였다.

1979년 신학교 교수로 일하기 시작하면서, 나는 목회학 석사M. Div.과정 학생들로부터 그들이 부모에게 당한 성적·신체적 폭력의 경험을 자주 들을 수 있었다. 그 이야기 속의 부모들은 교회를 다니는 존경받는 사람이었고, 대부분이 아버지였다. 또 나는 교회에서 목회자나 상담사로부터 성적인 접근을 경험했던 학생들의 이야기도 들었다. 학생들 중 많은 수가 이 같은 성적 학대의 경험을 치유받기 위해 신학교에 왔다. 그들의 경험은 가족과 교회공동체에서 무시되거나 사소한 것으로 취급되었다. 기독교인들은 보편적으로 강압적인 성관계에 반대하면서도, 성폭력이 희생자에게 미치는 영향에 대한 윤리적 논의는 거의 하지 않는다. 이 학생들이 자신의 정신적 고통을 털어놓고 말할 수 있는 사람을 찾지 못했다는 사실은, 그 고통에 대한 공적 논의를 강력하게 금기시한다는 것을 의미한다. 내가 이러한 이야기들을 들으면서 깨달은 사실은 나 또한 그런 학대를 비밀로 했던, 침묵하는 지도자 중 하나였다는 것이다. 내가 목격한 악에 대해 말할 수 있을 만큼의 용기를 낼 때까지 몇 년이나 되는 시간이 걸렸다.

4년 동안 나는 '악과 공격성'이라는 과목을 가르쳤다. 그 과목은 파괴적 행위의 예로서 인종차별주의와 제2차 세계대전의 홀로코스트(유대인 대학살), 그리고 성폭력에 초점을 맞추고 있었다. 수업에 참여한 학생들은 내게 개인 간의 폭력과 가정폭력이 인종, 문화와 상호관계에 있다는 사실을 가르쳐주었다. 몇몇 학생은 자신들의 가족 안에서 표현되었던 고립과 증오가 어떤 형태로 사회의 계층 간·인종 간 증오를 반영하는지 명확하게 말해주었다. 흑인과 히스패닉 학생들은 자신이 어떻게 폭력에 저항했는지를 밝혔고, 사회제도와 이념이 그들의 아동기 경험에 어떤 구체적인 영향력을 남겼는지 보여주었다. 이 학생들의 용기는 성폭력과 가정폭력에 대한 나의 사회적 분석을 예리하게 만들어주었다. 나는 여성, 유색인종과 하층계급 사람들에게 가해지는 불의가 성폭력의 뿌리를 이해하는 데 결정적으로 중요하다는 것을 확신하게 되었다.

결국은, 내가 내 목회의 멘토mento들 가운데 한 명이 신학교 학생과 교회 여성들에게 성적인 학대 행위를 한 적이 있다는 사실까지 알게 되었다. 처음 이 사실을 알았을 때 나는 큰 충격을 받았다. 나는 다른 사람들만큼이나 그를 신뢰하고 있었기 때문이다. 나를 포함한 많은 사람들은 그가 힘의 윤리적 사용에 관해 뭔가 잘못 이해하고 있다는 인상을 받았지만 이를 무시해왔다. 그의 희생자들은 그의 파괴적 행위에, 그리고 힘을 악용하는 그를 보호했던 침묵이라는 공모共謀에 의해 배반당한 것이다. 이 사실이 밝혀지며 나는 전문가가 힘을 성적으로 남용하는 것에 대해 점점 더 민감해졌다. 자신이 취약하기 때문에 영적으로 성장하고자 그 전문가를 믿었던 많은 여성이 도리어 희생을 당했기 때문이다.[11] 성폭력 생존자들의 목소리가 계속 내 주의를 끌었던 것은 그들이 치유를 찾는 여정에서 보여준 용기와 희망 때문이다. 그들이 가정과 교회에서 학대의 이야기를 나눴을 때 돌아온 것은 오직 깊은 비탄과 슬픔뿐이었다. 이 증언자들은 자신의 고통과 슬픔을 누군가에게 이야기하는 커다란 용기를 보여주었고, 그 이야기는 그들의 치유 과정이 장애물에 부딪혔을 때조차 희망이라는 엄청난 회복력을 드러내었다.

이 명백한 악에 관해 침묵함으로써, 나도 교회도 결국은 공범이 되는 셈이라는 사실에 나는 경악했다. 이전에는 그 어떤 학생에게도 성 학대와 신체적 학대의 악에 관해 공개적으로 논의할 기회가 없었다. 그들이 자신의 이야기를 말할 용기를 가졌을 때조차, 그 이야기를 폭로할 수 있을 만큼의 격려를 받지 못했다. 그러나 여전히 그들은 교회를 악의 한가운데에 있는 희망의 중심지로 보고 있었다. 나는 내 삶의 이런 불분명한 부분에 초점을 맞추기 시작했고 이 같은 문제가 일어나는 환경을 만드는 교회, 더 나아가 사회를 비판적으로 검토하기 시작했다.

이러한 성폭력 생존자의 목소리들이 내 영혼 안에서 점차 강해지면서, 나는 내 자신이 그들을 제대로 이해하고 치유하는 데 필요한 전문성을 갖추지 못했음을 깨달았다. 나는 성폭력의 생존자들과 일하는 과정에서 나 자신에 대한 치료와 추가적인 훈련을 받기로 결심했다. 훈련을 받는 동안 나는 처음으로 가해자들을 만났다. 그들은 아동 성 학대로 유죄판결을 받은 남자들이었다. 나는 그 같은 악이 개인적인 성격으로 자리 잡은 것을 보고 충격을 받왔다. 이 남자들 대부분은 너무나도 자기애自己愛에 빠진 나머지 아동의 욕구가 그들 자신의 욕구와 다르다는 것을 이해하지 못했다. 그들 중 많은 이들은 실제로 아동이 성적인 접촉을 즐겼다고 생각했다. 그들은 자신의 행위가 '잘못'인 이유가 그저 그것이 사회적 금기이기 때문이며, 정작 자신은 그 어떤 해로운 짓도 하지 않았다고 믿는 경우가 많았다. 나는 이 남자들의 내면에 깊숙이 자리 잡은 폭력을 보기 시작했다. 내 자신에 잠재된 폭력성을 들추는 일 역시 두려웠다. 나는 나 자신이 지배와 특권의식에 관해 내 내담자와 비슷한 태도를 취하고 있음을 발견했다. 어떻게 남성들은 힘의 악용이 가져오는 파괴력에 그토록 눈이 멀어 있을 수 있는가?

내가 다시 충격을 받은 것은 이 가해자들이 자신의 아동기에 겪었던 고통을 말할 때였다. 내가 상담했던 남자들은 하나같이 공포로 가득한 인생을 살아왔다. 그들 대부분은 성폭력이나 신체적 폭력, 심각한 수준의 박탈을 경험한 희생자였으며, 각자 자신만의 고통스러운 이야기를 하나씩 안고 있었다. 그들은 아동기에 침묵을 강요받았기 때문에 자신의 공포를 어떻게 말해야 하는지 몰랐다. 나 역시 내 어릴 적 고통에 대해 말할 수 있는 능력이 거의 없음을 알게 되었다. 내 삶의 고통에 직면하는 것을 피하려 내 내면의 어린아이에게 침묵을 강요했던 것이다. 가해자들이 다른 이들에게 저지른 폭력은, 그들이 과거의 인간관계에서 배운 것의 연속선상에 있었다. 사회는 이전 세대의 아동을 학대하고 방임한 결과를 그대로 거둬들이고 있었다. 어떤 조사 연구에 따르면 내 경험은 그리 전형적인 것이 아닐 수도 있다. 데이비드 핀켈러David Finkelhor가 요약 정리한 조사 연구는 가해자 중 상당수가 아동기 때 성적으로 학대받지 않았다는 사실을 보여준다. 남자의 행위에 대한 사회적 기대 등을 포함해, 남자들이 성적으로 더 폭력적인 이유는 다중적多重的이다. 이 요

인들이 내 경험의 한계를 보충하기 위해 검토될 것이다.[12]

생존자들과 이야기를 나누고 회복 중인 가해자들과 임상작업을 하면서 나는 성폭력이라는 쟁점을 그것의 사회적·종교적 뿌리에 이르기까지 면밀하게 검토할 필요가 있음을 확신하게 되었다.

나는 성폭력을 당한 여성과 아동의 극단적인 고통을 이해해야만 했다. 목회자로서 날 괴롭게 했던 것은 성폭력 문제에 대한 교회의 도덕적 증언이 거의 없다는 사실이었다.

나는 인간 영혼 내면에 자리 잡은 희망의 회복력을 탐구해야만 했다. 생존한 여자들은 은폐와 침묵 가운데서조차 자신의 고통을 말할 용기를 찾고 있다. 회복 중인 몇몇 가해자들 역시 치유를 찾을 힘을 발견하기 시작하고 있다. 최근에 생존자, 상담사와 지지집단으로 구성된 새로운 공동체들이 성폭력의 악에 맞서 조직되고 있다.

성폭력 생존자의 이야기가 우리 세대에서 새로운 형태로 울리고 있다. 내 연구는 이런 목소리들에 의지해 이루어졌다. 성폭력에 대한 지식이 증가해서 교회와 사회가 생존자들의 용기에 더 관심을 가지고 정의를 이루는 일에 더 참여할 수 있기를 바란다.

내 책임에 관한 질문

나는 성차별주의, 인종차별주의와 계층주의가 깊이 뿌리박힌 1950년대의 미국 남부 문화 속에서 백인 이성애자 남성으로 자랐다. 내 부모는 모두 대학을 나왔으며, 내 형제자매들 역시 좋은 교육을 받았다. 나는 개신교 목사로 안수를 받았으며, 또한 신학교 교수이기도 하다. 교육받은 백인 여성과 27년 동안 결혼생활을 해오고 있고, 자녀 둘은 대학을 졸업했다. 사회적 특권을 나타내는 모든 지표에서 나는 최상층이거나 최상층에 가깝다. 이는 내가 아래에서부터 힘의 구조를 이해하려 할 때 광범위한 장애에 부딪히게 된다는 의미이다. 나는 하나의 체제 기반 안에서 힘의 중심으로부터 배제된 주변인이 된다는 것이 무엇인지 거의, 또는 전혀 모른다.

성폭력 생존자와 일하면서 얻은 민감함을 통해 나는 내 사회적 위치에 어떤 한계가 있는지 깨달았다. 보통 나는 내 자신을 지배적인 문화에 맞췄고, 내가 다른 대부분의 사람보다 이해력이 더 뛰어나다고 여겼다. 그러나 다른 사람들이 내 삶과 안녕에 결정적으로 중요한 통찰력을 지니고 있음을 서서히 알게 되었다. 이 책을 쓰면서 대화를 나눈 사람들은 내 왜곡된 점들을 수정해주거나 내가 말해야 하는 것을 말할 수 있도록 도와주었다. 그 사람들 중 하나가 성폭력 생존자, 캐런Karen이다. 이 책을 쓰면서 그녀와 나누었던 대화는 그녀가 자신의 고통과 희망에 말을 걸 수 있도록 했다. 그녀가 내게 들려준 대답들은 내 지각知覺을 크게 변화시켰다.

훈련받은 특정한 방식으로 이 책을 쓰는 과제를 진행했지만, 이 책에 대한 책임은 내게 있다. 성폭력에 대한 나의 훈련과 조사 연구 과정에서 나와 상담해주거나 나를 감독했던 이들은 우리 문화의 성차별주의와 그 역사를 아주 잘 알고 있는 여자들이었다. 그들은 여성과 아동에 대한 내 왜곡된 생각들을 자주 일깨워주었다. 계층 문제는 나의 임상작업과 개인적 작업에서 주된 쟁점이 되었다. 나는 또한 이 책의 초고를 감사의 글에서 언급한 여섯 여성에게 보냈다. 하나같이 전문성과 권위를 갖춘 그들은 내 임상작업의 왜곡된 부분을 찾아낼 때처럼 내 초고의 잘못된 점을 점검해주었다. 그들은 다양한 인종과 문화 집단을 대변하고 있었기 때문에 이 책의 사회적 분석은 더욱 예리해졌다. 그들의 비평 덕분에 초고의 상당 부분이 변경되었다. 마지막으로 유럽 출신 여성인 내 편집자는 몇 군데 중요한 연결고리에서 내가 사각지대를 통과할 수 있도록 나를 인도해주었다는 사실을 말하고 싶다.

성폭력 문제를 연구하고 나서, 나는 내 자신이 변화되는 것을 경험했다. 나는 5년 동안 성폭력 생존자와 가해자를 가르치며 상담해왔다. 이 경험을 통해 내 자신과 세계에 대한 관점은 완전히 변화되었다. 진실을 위해, 나는 상상 속에서나마 생존자의 눈으로 교회와 사회를 바라보는 법을 배웠다. 나는 내가 본 것들에 공포를 느꼈고, 이러한 지각은 내 자신의 영적인 여정을 변혁시켰다. 많은 생존자들의 용기와 신뢰가 없었다면 나는 이 책을 쓸 수 없었을 것이다.

최대한 자세히 설명하려 노력하기는 했지만, 사회적 특권층이라는 내 위치로 인해 나는 여성이 경험한 성폭력의 막심한 영향을 온전히 경험하기 어려웠다. 따라서 마지막으로 말해둘 것은 만일 독자가 이 책에서 진리가 왜곡되었다고 느낄 만한 부분이 있다면, 그 책임은 온전히 나에게 있다는 점이다.

방법론

이 연구는 실천신학practical theology의 방법을 따른다. 하나님과 인류의 관계에 대해 신학적으로 성찰하는 실천신학은 신학에서 최근 등장한 분야로서, 교회의 사역에서부터 발생한 학문이다. 이 연구는 먼저 힘, 악용 등의 핵심 용어들을 각각의 개인적·사회적·종교적 수준과 관련지어 정의한다. 그 후에는 생존자 본인의 증언에 기초한 심층적인 사례사事例史, case history에 연구의 초점을 맞춘다. 이 사례들은 비판이론을 통해 분석되는데, 이 이론은 극도의 고통 가운데서 발견되는 체계적인 왜곡을 식별하며 회복력 있는 진실을 추구한다. 이 같은 분석의 결과 신학적인 확증이 나오게 되고, 이 확증된 것들은 장차 교회의 사역을 변혁시키는 데 이용된다. 이 실행과 성찰이라는 리듬이야말로 실천신학의 구심점이다. 나는 내 조사 연구에서 생존자와 회복 중인 가해자의 증언에 주목해야 하는 이유를 몇 가지 확인할 수 있었다. 마찬가지로 몇몇 비판이론들, 가령 과정신학, 정신분석 이론, 페미니즘feminism 사회학 및 페미니즘 신학, 아프리카계 미국인에 관한 사회학 및 그 신학은 내 분석의 구심점이 되었다. 이 이론들을 선택한 것은 그것들이 성폭력을 이해하는 데 중요한 성찰을 제공하기 때문이기도 하고, 인간 현실에 관한 내 이해 과정에서 중심적인 위치에 자리 잡아왔기 때문이기도 하다. 방법론에 대한 더 자세한 논의는 9장에서 볼 수 있다.[13]

이 연구에서 중심이 되는 신학자는 버나드 루머Bernard Loomer이다. 그는 1985년에 작고하기 전까지 시카고 대학교에서 여러 해를 가르쳤으며, 1978년에는 나와 함께 캘리포니아 클레어몬트Claremont 대학교에서 연구를 수행했다. 루머 교수는 자신의 신학을 과정 - 관계적인 것이라고 말했으며, 그 자신을 과정적 사상의 경험파派라고 여겼다. 그는 추상적이고 이론적인 연구와 반대되는 구체적이고 역사적인 실재에 주로 관심을 가졌고, 하나님을 실제 세계와 거의 동일시했다. 그의 기본 개념은 '과정'과 '관계성'이었고, 이 두 가지 원초적 힘의 상호작용이 우리를 계몽주의적 사고를 뛰어넘는 혁명으로 이끌 것이라고 루머 교수는 믿었다. 그의 신학 구조는 이 연구 과정 중에 더욱 명확해질 것이다.[14]

요약

이 책은 여성과 아동을 향한 성폭력 속에서 드러나는 힘과 힘의 악용에 관한 것이다. 이 연구는 인간 삶의 개인적·사회적·종교적 영역에서 고통을 만드는 지배구조에 초점을 맞출 것이다. 또한 우리는 생존자에게 내재한 희망의 회복력과 현재 만들어지고 있는 새로운 치유 공동체에 관해 배울 것이다.

2장에서는 힘과 힘의 악용을 논의한다. 힘의 악용의 한 형태라 할 수 있는 성폭력에 대한 연구는 힘의 본질, 그리고 힘의 악용이 어떻게 인간의 고통과 악을 이끌어내는지에 관한 단서를 제공한다.

캐런은 아동기에서뿐 아니라 어른이 된 후에도 성폭력을 당한 생존자이다. 그녀는 고통스러운 치유의 과정 가운데서 자신의 경험을 이해하려 애써왔다. 그녀는 나와 일 년에 걸쳐 서신을 주고받으면서 자신의 경험을 신학적 맥락 안에 위치시키는 작업을 했다. 그녀의 증언은 3장에 수록한다.

4장 샘Sam의 이야기는 회복 중인 가해자에 관한 이야기를 듣고 내가 지어낸 픽션이다. 그의 이야기는 한때 희생자였으나 가해자가 되었고, 성적으로 폭력적인 자신의 행위와 태도로부터 회복하려 노력한 한 인간에 관한 가공의 이야기이다. 그는 다른 사람을 성적으로 학대하는 남자가 된다는 것이 어떤 것인지를 이야기함으로써 금기를 깬 극소수의 남자들을 대표한다. 사실 샘은 전형적인 가해자는 아니다. 그는 자기 범죄를 고백하고 치유를 받고자 했는데, 이는 가해자들에게서 가장 보기 드문 현상이기 때문이다. 이 이야기가 우리가 이러한 악을 이해하는 출발점이 되기를 희망한다.

5장은 지그문트 프로이트Sigmund Freud의 고전적 사례인 판사 슈레버Schreber의 이야기를 논의한다. 슈레버는 1903년에 『회고록Memoirs』을 썼다. 그는 이 책에 어른이 되어 겪은 정신질환과 그것을 치유하려 시도한 이야기를 담았다. 이 사례에 관한 논쟁은 이후 아동학대가 오랜 기간에 걸쳐 초래하는 개인적·사회적 영향에 관한 중요한 논의가 되었다.

이 책의 뒷부분은 힘의 악용의 개인적·사회적·종교적 쟁점들을 분석하는 것으로 돌아간다. 6장은 힘의 악용이 개인과 가족의 삶에서 어떻게 악의 힘으로 조직화되는지, 자아가 힘의 악용의 장기적인 결과에 어떻게 대처하는지를 탐구한다. 7장은 공동체를 탐색하는 생존자들의 이야기를 다룬다. 힘의 악용은 공동체의 삶이 붕괴된 결과 중 하나이다. 공동체는 자원과 희망을 제공하는 대신 제도와 이념을 통해 억압의 원천이 된다. 정의와 사랑의 공동체를 찾는 것은 생존자들의 목표 중 하나이다.

8장은 신학적인 문제로서의 힘의 악용에 관해 질문함으로써 우리의 정신을 한층 넓은 곳으로 확장시킨다. 많은 생존자들에게 종교는 은총이자 저주이다. 온전해지기 위해 애쓰는 희생자들은 교회와 사회가 아이들의 고통에 귀 기울이기를 주저하며 그 부모를 편드는 모습을 보게 된다. 그들은 어릴 때 '하나님은 너희가 착하고 부모님을 존경하는 아이가 되기를 바라신단다'라고 교육받았다. 더 나아가 어떤 생존자는 하나님의 가부장적인 이미지가 특권층을 중심으로 성립된 구조를 승인해주는 듯한 인상을 받는다. 심지어 그들이 힘을 악용할 때조차 말이다. 그러나 치유 과정에서 생존자들은 사랑과 힘의 하나님을 추구한다. 이 장은 힘과 사랑의 하나님이라는 이미지가 어떻게 치유를 방해하는지 탐구하고, 치유 과정에서 나타나는 새로운 하나님의 이미지를 제안한다.

9장에서는 사역과 실천신학을 위한 함의含意를 검토한다. 오늘날까지도 교회와 사회는 성폭력이라는 악을 제대로 직시하지 않고 있다. 이 장은 교회의 실천을 변화시키기 위해 몇 가지 원칙을 논의하고 이 연구의 바탕에 있는 신학적 방법론을 간략하게 논의할 것이다.

2장 힘 그리고 힘의 악용

성폭력을 경험한 사람은 힘의 악용에 희생된 사람이라고 할 수 있다. 어린 아이들은 자기를 보호한다는 것이 무엇인지 모르고 자기를 보호할 힘도 없기 때문에 어른이 악용하는 힘에 무방비로 노출된다. 그래서 아이들은 아이의 안녕에 관심이 없는 남자에게 물리적인 힘으로 눌리고 강간당하기도 한다. 그중 몇몇은 성적으로 학대당한 후 자신과 가족의 안전을 위협받고 두려움 속에서 침묵을 강요받는다. 어떤 아이는 오랜 기간에 걸쳐 가해자의 성적 욕구를 충족하는 일에 이용당하기도 한다. 이 경우 가해자는 보통 그 가족의 신뢰받는 구성원이다. 위협하고 매수하며 아동의 취약함을 악용하는 것이 바로 힘의 악용이다. 성인과 아동의 성적인 접촉은 모두 파괴적인데, 그 이유는 성인과 아동 사이의 힘이 불공평하기 때문이다.[1]

여자들이 폭행을 당하거나 원치 않는 일을 당하기 쉬운 이유는 남자들의 힘 때문이다. 몇몇 여자들은 자신을 지킬 신체적인 힘과 그 밖의 자원이 부족해 거리에서, 데이트 중에, 결혼생활 가운데 또는 기타 관계에서 강간을 당한다. 강간은 합의 없이 강압적으로 이루어지는 성적 접촉을 말한다.[2] 본인의 의사와 무관하게 성적 관계를 강요당하는 여자들이 있는 것은 힘의 불공평함이 매우 크기 때문이다. 가부장적인 사회의 남자들은 고용인과 피고용인, 상담사와 내담자, 의사와 환자, 목사와 교인 등 직업적인 관계에서 여자의 취약함을 악용할 수 있는 자원을 갖고 있다.[3] 여기에 인종과 계급의 억압이 가중되면 힘의 악용 가능성은 확대된다. 힘의 관계에서 불리한 위치에 있는 사람들이 이 같은 착취에 무방비로 노출된다.[4]

성폭력에서 발견되는 힘의 악용은 다양한 형태를 취하고 있으며, 이를 이해하려면 힘 그 자체의 본질을 이해해야 한다. 여기서는 힘의 규범적 정의들을 탐구할 것이고, 나중에 다시 이것을 분석할 것이다.

이상적인 형태의 힘

현실에 대한 과정-관계적 관점에서 본다면, 이상적인 형태의 힘이란 사실상 삶 그 자체의 동의어이다. 산다는 것이란 타인과 관계할 힘을 갈망하는 것이다.

만약 힘이 삶에 대한 요구를 만들거나 확립하는 능력이라고 얼추 정의한다면 …… 힘이란 삶 그 자체와 동일한 공간, 시간 안에 있다. 어떤 의미에서 본다면, 살아 있다는 것은 크든 작든 어떤 주장을 한다는 것이다. 살아 있다는 것은 일정한 수준에서 힘을 행사한다는 의미이다.[5]

힘이 있다고 느낄 때, 우리는 우리가 물리적·사회적 공간을 차지하고 특정 영역에 영향을 미치게 된다는 것을 안다. 우리는 목표를 위해 대상을 움직이거나 사람들에게 영향을 미칠 수 있다. 아기는 자기 뜻대로 팔을 움직일 수 있게 되고 거기에 어른들이 환호하는 모습을 보며 자신의 힘을 느끼게 된다. 성인이 되면 우리는 어떤 목표를 추구하기 위해 다른 사람과 성공적으로 협력하고 활동할 때 힘을 느끼게 된다. 이러한 관점에서 보면, 힘이란 우리가 보는 세상을 구성하는 특정 사물 또는 사람과 더불어 효과적으로 활동할 수 있는 능력이다. 뒤집어 말하면, 사람이나 제도가 한 개인에게서 살아갈 힘을 박탈할 경우 그만큼 그 개인은 무력해지고 그 삶 역시 제한된다.

힘을 타인에게 일방적인 영향을 미치는 것으로 잘못 이해하는 경우가 많다. 그러나 사실 힘이란 관계의 그물로 조직되어 있고, 우리 역시 그 그물의 일부이다. 효과적으로 행동할 수 있는 우리의 능력은 전적으로 우리가 다른 사람, 그리고 우리 경험의 기초를 형성하는 제도 및 관념과 어떻게 연관되어 있느냐에 달려 있다. 힘은 상호작용 안에서 나타날 수 있는 관계의 복합성으로 측정된다. "힘은 관계적인 것이다. 즉, 우리가 가지고 있는 힘의 상대적인 크기는 타인과의 관계에서 결정되는 것이다."[6]

관계로 이루어진 그물은 힘의 본질을 결정한다. 여기에는 삶의 기초적인 원리 두 가지가 서로 관련되어 있다. 우선 모든 것의 기초인 창조의 에너지가 있다. 그것을 버나드 미랜드Bernard Meland는 '창조의 통로The Creative Passage'라고 부른다.[7] 또한 이 에너지가 구조화되는, 관계로 이루어진 그물이 있다. 이것을 루머는 '관계의 그물relational web'이라 부른다.[8] 창조의 에너지와 관계의 그물, 이 두 가지를 함께 놓고 볼 때 우리는 '관계적 과정으로서의 실존의 힘'[9]이 무엇인지 그 이미지를 얻는다.

관계의 힘이란 …… 어떤 일을 성취하거나 견딜 수 있는 능력이며 …… 관계
를 유지할 수 있는 역량이자 …… 개인과 집단의 구체적인 삶을 …… 포괄하는
복합적이고 상호 내적인 관계를 유지할 수 있는 역량이다.[10]

　　힘을 관계의 그물 그 자체의 에너지로 볼 경우, 힘은 내부의 관계를 유지하
고 관계의 그물 전체의 힘을 증가시키는 능력으로 이해될 수 있다.
　　가족 안의 관계의 그물에서 '충분히 좋은' 부모란 지나치게 간섭하지 않으
면서도 유아의 충동적인 기분을 받아줄 수 있는 부모다. 그런 부모는 자기 아
이가 행복하든 슬프든 화가 나 있든 일정한 한도 안에서 그 기분에 적절히 맞
춰줄 줄 안다. 부적절한 부모는 아이가 특정한 기분 상태일 때만 편안해하며
그 밖의 기분을 느낄 경우 그 상황을 견디지 못한다. 어떤 부모는 아기가 격
노할 때 겁을 집어먹고 이 원치 않는 느낌을 제거하기 위해 학대를 한다.
　　개인의 힘은 관계의 그물이 호의적이고 창조성을 격려해줄 때 강화된다.
이때 그 개인은 잠재적인 능력을 부여받는다. 이 능력이란 관계의 그물에 온
전히 참여하고, 가능한 한 많은 경험을 흡수하는 존재가 되며, 자기 자신과 타
인에게 삶의 관계적 측면 전체를 강화하고 확장하도록 영향을 미칠 수 있는
능력이다. 건강한 내면의 관계는 그 안에서 자아와 타자가 계속 변화할 수 있
는 상호적인 관계이다. 자아와 타자는 각기 상대방의 내면 경험에 참여하면
서 그 관계가 확장되고, 각자의 주체적 현실도 풍성해진다. 리타 브록Rita Brock
은 이 같은 관계의 창조적인 에너지를 '에로틱한 힘erotic power'이라고 부른다.

　　에로틱한 힘이란 우리의 원초적인 상호관계성이 가진 힘이다. 에로틱한 힘은
마음hearts을 창조하고 그것과 연결하면서, 그 인간 전체를 성, 개방성, 돌봄의

관계 안에 들어가게 한다. …… 에로틱한 힘은 내면의 세계와 외부의 세계를 다층적으로 알도록 하고 다각적으로 서로 얽힌 인과관계로 들어가게 한다. …… 에로틱한 힘은 창조적으로 합성하는 에너지이며, 창조적 합성으로 생기는 관계에 의해 강화된다.[11]

이상적인 형태의 힘이란 내면적인 관계를 맺을 수 있는 능력으로서 사실상 삶 그 자체와 같은 의미를 갖는다. 이러한 의미에서 힘이란 잠재적으로 성적 에너지와 거의 일치한다. 에로틱한 힘 또는 성적인 힘은 개인들 사이에서 오가는 교감과 자유를 전체적으로 그들의 관계에 적절한 방식으로 표현해준다. 그래서 성폭력은 성의 목적telos에 대한 침범이자 힘의 악용인 것이다.

삶의 일부라 할 수 있는 모순과 긴장을 포용하는 능력을 갖추려면 커다란 힘이 있어야 한다. 부모와 자녀의 관계에는 불공평함이 존재한다. 아이는 세상을 부모와 분리할 능력이 없으며 자애를 베풀어주는 관계에 의존하기 때문이다. 하지만 이러한 불공평성 속에서도 부모와 자녀는 상호 친밀성과 자유를 증진시킬 수 있다. 부모와 자녀의 관계는 한 인간의 일생에서 가장 친밀한 경험이 될 수 있는 잠재력을 갖고 있다. 한 개인의 주관적인 삶의 내면은 타인의 내면과 서로 얽혀 있으며 상관관계에 있다. 그 관계는 그 둘 모두에게 내적인 관계이다. 자녀는 부모에게 애착을 가지고, 부모의 내면의 삶을 자신의 내면의 삶의 본보기로 삼는다. 부모도 자녀에게 애착을 느끼며, 자녀가 부모 자신의 내적인 경험을 재구축하는 것을 받아들인다. 이러한 경험을 통해 부모와 자녀는 주기적인 교제를 느낀다. 그리고 이러한 밀접한 관계는 장래에 개인적 성장을 통해 새로운 선택을 할 가능성을 양자 모두에게 열어준다. 자녀는 언어와 기타 상징들을 통해 다른 많은 사람과 관계를 맺는 능력을 지닌 한 명의 온전한 인간이 될 기회를 맞게 된다. 어른인 부모는 주관적 경험을 수정하고, 잊고 있었던 어린아이의 세계에 대한 지식을 다시 획득할 기회를 맞게 된다.

이렇게 개인이 관계를 맺을 수 있는 힘은 공정하고 창조적인 사회 환경에 달려 있다. 사회는 사람이 잘 살기 위해 필요한 자원들을 통제하는 제도와 이념으로 조직되어 있다. 월터 윙크Walter Wink는 사회적 힘의 외적인 형태, 즉 제도를 사회적 힘의 내적 형태, 즉 이념과 구분하고 이에 대한 자신의 가정假定을 제시한다.

신약에서 말하는 '통치자들과 권력자들principalities and powers'은 신체적·정신적·사회적 실존을 결정하는 힘을 가리키는 포괄적인 범주이다. 이러한 힘들은 보통 외적 발현과 내적 영성 또는 내면성으로 구성되어 있다. 힘이 영향력을 가지려면 반드시 체화體化되고 제도화되며 체계화되어야 한다. 힘은 이중의 양상을 지닌다. 즉, 외적으로는 가시적인 형태(헌법, 재판, 경찰, 지도자, 공적 복합체)를 가지고 있으면서 동시에 내적으로는 그 힘에 합법성, 준법성, 신뢰성, 영향력을 부여하는 비가시적 정신을 소유한다.[12]

힘이란 이 연구에서 정의되었듯이, 개인적 차원과 사회적 차원을 둘 다 지닌다. 개인적 수준에서 볼 때 사람에게는 관계의 그물을 통해 자아를 실현하는 힘에 대한 욕망이 있다. 이 힘은 그 개인이 처한 환경으로 인해 얻지 못하거나 악을 향해 왜곡될 수 있다. 그러나 개인 앞에 놓인 선택은 사회제도와 이념으로부터 파생된 것이며, 이것들은 종교적인 가정假定과 세계관에 의해 승인된 것이다. 힘이 어떻게 조직되는지에 관해서는 우리가 나중에 자아와 사회적 · 종교적 상황들을 더 탐구할 때 보게 될 것이다.

인간의 삶에서 힘이 죄나 악에 의해 왜곡되지 않을 경우, 그것은 상호소통
과 교감, 더 큰 자유와 같은 이상적인 방향으로 흘러간다. 즉, 관계적 과정 안
에서 인간의 결속력은 더 강해지며, 개인과 집단의 자유는 증가하는 것이다.
"인간 경험 안에서 악에 의해 왜곡되지 않은 사랑의 힘이란 자아, 타자, 하나
님과 교감하는 방향으로 움직이는 예민함과 자아, 타자, 하나님을 위한 자유
를 확장시키는 쪽으로 움직이는 창조성을 특징으로 하는 상호작용이다."13

악으로서 힘의 악용

우리의 의문 중 하나는 왜 사회는 힘을 조직해 불공평함이 불의가 되도록
만들어왔는지, 그리고 왜 몇몇 개인은 성폭력과 같은 파괴적인 행위로 자기
힘을 악용하는지이다. 대니얼 데이 윌리엄스Daniel Day Williams는 힘을 악용하고
싶은 유혹에 빠지는 것은 인간의 두려움과 오만함 때문이라고 주장한다.

우리는 살면서 하나님과 이웃과 서로 소통하고 교감하도록 창조되었다. 삶이
제공하는 그 소통과 교감을 하려면, 우리에게 미지의 미래에 대한 용기와 신뢰
가 있어야 한다. 삶에서 성취가 미루어지고 모든 종류의 즉각적인 희열이 허락
되지 않아도 미래를 신뢰해야 하나님과 이웃과 소통할 수 있다. 우리는 거대한
공동체 안에서 인간으로 존재한다는 것에 포함된 위험성을 발견할 때 불안해지
며, 소통의 희망을 발견하지 못할 때 절박하게 된다. 그때 우리는 인성의 일부분
을 만족시키기 위해 충만한 인간이 되는 것을 기꺼이 부인한다. …… 감정의 논

리 안에서는 삶 자체의 민감성을 파괴하는 일에, 그리고 충만한 인간성을 상징하는 모든 것과 우리 자신에게서 등을 돌리는 데, 그리 오랜 시간이 걸리지 않는다. 우리가 자신이 사랑하는 것들을 죽이는 이유는, 삶은 주는 것이라는 조건에서 사랑하지 않기 때문이다.[14]

개인에게 힘을 악용하게 만드는 동기는 두려움, 그리고 삶의 힘을 통제하고 싶다는 욕망이다. 이러한 두려움과 오만함은 지배구조가 자리 잡은 사회를 만드는 데 이용된다. 그리고 이 사회는 모든 사람을 위해 힘을 분배하는 대신 특권층을 위한 특별한 가능성을 만들어낸다. 하나님이 의도한 힘은 살아 있는 모든 사람을 위한 것이었지만, 이제 그 힘은 통제를 위해 관계를 파괴하는 데 이용된다. 어떤 이들은 불안정하게 살기보다는 개인적인 희열과 거짓 안정을 위해 타인을 지배하고 통제하는 구조를 만드는 쪽을 택한다.

이것은 부모가 특권을 갖는 사회적 환경에서 발견되는, '학대하는 부모'라는 딜레마를 설명해준다. 대부분의 부모는 자녀들의 밝은 미래를 기대한다. 그러나 이 꿈을 이루기 위해서는 부서지기 쉬운 존재의 부모가 되어 발달과정에서 나타나는 모든 위기를 넘는다는 도전적인 과제를 수행해야 하며, 이 과제는 "미지의 미래에 대한 용기와 신뢰가 있어야 하고, 삶에서 성취가 미루어지고 모든 종류의 즉각적인 희열이 허락되지 않아도 미래를 신뢰"할 것을 요구한다.[15] 부모는 상상 속에서나 볼 수 있는 장기적인 목표를 위해 자신의 충동을 절제해야 한다. 모든 부모는 이러한 복잡한 과제에 좌절하게 되며, 때로는 자신의 목표를 고수하는 데 실패한다. 많은 부모들은 자신의 욕구를 만족시키기 위해 자녀들을 특정한 좁은 방향으로 몰아넣으려 한다. 어떤 부모들은 체계적인 방법으로 자녀에게서 등을 돌리고, 자녀의 정신을 부수려 들며, 자녀의 삶의 요구를 파괴한다. 모든 부모는 때때로 자신이 돌봐야 할 자녀와의 관계에서 그 힘을 악용한다. 그들은 자녀의 복잡한 발달과정에 창조적으로 관여할 힘과 훈련이 결여되어 있다. 어떤 부모들은 정신적·신체적 죽음에까지 이를 수 있는 극단적인 방법으로 자기 힘을 악용한다. 그들은 삶 속에서 맛본 자신의 실패와 절망을 직시하기보다는 자녀들을 망가뜨린다. "우리가 자신이 사랑하는 것들을 죽이는 이유는, 삶은 주는 것이라는 조건에서 사랑하지 않기 때문이다."16 이렇게 부모가 자녀를 학대할 환경을 만들어주는 사회는 불의하다.

루머는 이러한 힘의 악용을 '일방적인 힘'이라고 부른다. 즉, 자아에는 최소한의 여파만을 미치면서 타인에게 영향력을 행사하는 능력이라고 추정되는 힘이다.

> 한 개인의 크기와 가치관이 타인에게 영향을 미칠 수 있는 강함을 기준으로 측정되는 한, 힘이라는 것이 자주성, 공격성과 연관된 것으로 취급되는 한, 수동성이 나약함의 지표 또는 무력함의 동의어로 취급되는 한, 개인과 집단 간의 선천적이면서도 피할 수 없는 불공평함은 삶 속에서의 불화를 더 크고 더 깊게 만드는 도구가 된다. …… 우리에게는 우리가 안심하고 무시할 수 있는 사람들에 무관심하거나 그런 이들을 짓밟는 경향이 있다.17

학대적인 부모와 자녀의 관계를 보면 일방적인 힘이 얼마나 악한 것인지 볼 수 있다. 우리 사회에서는 고립적인 핵가족이 자녀의 권리보다 더 중요하며, 부모는 자기 자녀의 발달에 관해 거의 신과 같은 힘을 행사한다. 그러나 장기적인 안목에서 본다면, 부모가 자녀에게 행사하는 일방적인 힘은 자녀의 미래뿐 아니라 부모의 미래까지 파괴한다. 부모와 자녀는 관계의 그물을 형성하며, 그 안에서 서로에게 협력해 삶의 질을 향상시킬 수도 있고 저하시킬 수도 있다. 힘의 불공평함으로 인해 부모는 자녀의 미래를 결정할 수 있다. 자녀의 가능성을 감소시키는 모든 상호작용은 그 부모의 가능성 또한 감소시킨다. 예를 들어 부모가 자녀의 증가하는 힘을 억누르기 위해 아이의 교육 기회를 거부한다면, 부모 자녀 모두 미래의 가능성이 제한된다. 그 자녀는 세계를 확장시킬 기회를 상실하고, 그 부모는 새로운 생각과 창조성을 가져다줬을지도 모르는 누군가와의 관계를 맺을 기회를 상실하는 것이다. 이것만큼 극단적이지는 않더라도 부모가 자녀의 새로운 발상에 위협을 느껴 둘 사이에서 의사소통이 이루어지지 않는다면, 자녀가 받은 교육의 경험은 그들의 관계 속에서 내면화되지 않을 것이다. 그 부모와 자녀 둘 다 그들 관계에 놓인 이러한 제한성으로 인해 위축된다.

사회적 힘의 불공평은 힘을 악용할 수 있는 기회가 된다. 힘이 있는 사람들은 사회에서 취약한 이들이 반드시 제공받아야 하는 자원들을 얻지 못하는 사회를 조직할 수도 있다. 힘의 악용은 제도와 이념에 달려 있는 것이다.

가족은 사회의 지배가 어떤 방식으로 이루어지는지를 보여주는 이념적 구성물이자 제도이다. 서구 사회에서는 부모와 자녀의 관계에서 부모가 자녀에 대해 거의 전능한 통제력을 부여받는다. 외부 관계당국의 주목을 받을 만한 일을 하지 않는 한 말이다. 아버지는 외부인에게 발견되지만 않는다면 아무런 방해도 받지 않고 수년 동안 자신의 딸을 성적으로 학대할 수 있다. 자녀에게 병리적 증상이 나타날지라도 그 가족이 존중받을 만하고 사회화가 잘되어 있는 경우, 그 증상은 무시되기 마련이다. 부모의 압도적인 힘이 사회적으로 규정되고 보호되는 것이다. 고통당하는 아이가 이를 행동으로 나타내거나 불평할지라도 믿지 않는 경우가 많은 까닭은, 가족이 신성한 제도로서 인식되기 때문이고, 그 가족이 가난하거나 주변적 계층이 아닌 한 그 누구도 쉽게 도전할 수 없기 때문이다. 가족 이데올로기는 힘을 악용할 수 있는 조건을 만들어주는 지배와 통제의 구조 중 하나이다.[18]

가부장제란 이념과 제도에 의해 영속되는 남녀 간의 불의한 권력관계인데, 힘의 악용에 필요한 조건들을 만들어내는 지배의 또 다른 구조라 할 수 있다. 리타 브록은 남자와 여자의 관계 안에서 가부장제가 어떤 형태로 구현되는지를 묘사한다.

> 가부장제 안에 있는 여자들은 힘의 위계질서에서 자신이 아래에 있음을 발견한다. …… 힘에 관한 남성의 관점과 여성의 관점은 양극화되어 이원론으로 갈라진다. 힘에 대한 이 두 관점은 성으로 계층화된 지배와 복종의 체계 안에서 서로에게 의존한다. 착취하는 남성과 착취당하는 여성이 나란히 간다. 그것은 강하고 통제하는 부모와 학대당하는 자녀가 위계적인 힘의 체계와 맞아떨어지는 것과 마찬가지이다. …… 지배와 복종 둘 다 개인의 힘을 지위의 힘과 혼동한다. 지위가 주는 힘은 사회적 관계에서의 지위와 관련이 있으며, 나아가 통제를 강조해온 인간관계의 세계로까지 영향을 끼친다.[19]

어떤 이들에게 남성과 여성 간의 동등한 투쟁으로 보이는 것도 실상은 지배구조이며, 그 안에서 여성은 남성보다 학대로부터 스스로를 보호할 자원이나 선택지를 충분히 제공받지 못한다. 가부장제의 이념과 제도화된 권력 안에서 여자들은 평등과 생존과 안녕을 위해 필요한 기본적인 자원을 얻지 못한다. 예를 들어, 신체적으로 학대하는 남편에 맞선 아내는 그의 신체적인 힘에 대처해야 할 뿐 아니라, 자신과 자녀를 보호하고 먹고사는 데 필요한 자원을 어디서 얻을지도 고민해야 한다. 법적인 조치를 취하기 전까지는, 설령 그녀가 도움을 요청할지라도 경찰이나 법원으로부터 정의로운 대응을 얻지 못할 가능성도 있다. 만약 그녀가 편모라면 홀로 생활할 자원이 없을 수도 있다. 이런 식으로 겹겹이 둘러싼 불공평함은 그녀로 하여금 신체적인 공격으로부터 스스로를 보호하거나 도피하기 힘들게 만든다. 이것은 또한 여성의 삶에서 남성들에 의한 억제와 피해라는 형태로 구현되는데, 정작 이러한 학대를 자행한 남자들은 사회의 태도와 제도의 보호를 받기 때문에 이는 결국 힘의 악용이라고 할 수 있다.

인종차별주의는 힘의 악용을 만들어내는 또 다른 지배구조이다. 인종차별주의는 인종이나 피부색 때문에 특정 집단의 사람들이 삶에 필요한 자원을 얻지 못하는 것을 의미한다.

인종차별주의는 피부색에 기초해 사람을 물건 취급하는 태도, 행위, 가정假定의 체계로 이해된다. 이것은 인간이 자율성, 자원에 대한 접근, 자기결정권을 누리지 못하도록 막는 힘을 갖는 한편, 지배사회의 가치들을 그 밖의 모든 것을 측정하는 규범으로서 유지시킨다.[20]

체계적인 인종차별주의에 희생당한 사람들이 모인 공동체는 경제적·교육적 자원과 그 밖의 여러 자원에 접근하지 못한다. 이러한 불평등을 정당화하기 위해 유색인종의 고통을 그들의 탓이라고 비난하는 경우가 자주 있다. 7장에서는 인종차별주의가 만연한 사회에서 유색인종 여성에 대한 성폭력이 어떻게 테러 전술로 이용되어왔는지, 어떻게 유색인종 남성에 대한 강간 누명이 폭력적인 사형私刑과 사형死刑, 그리고 구금 기간의 연장을 정당화해왔는지를 논의할 것이다. 인종을 이유로 개개인들이 힘을 악용할 수 있는 것은 사실 힘이 사회적으로 조직된 덕택이다. 사회적으로 조직된 힘은 특권을 가진 자들을 보호하고, 지배문화에 의해 주변부로 밀려난 이들을 위태롭게 한다.

지배와 통제의 또 다른 구조들도 있다. 그것은 힘의 제도적인 악용인데, 이 연구에서 주된 주제가 되지는 않겠지만 계급주의(가난한 자나 노동계급에 대한 억압), 이성애주의(동성애자에 대한 억압), 제국주의(압도적인 경제적·군사적 힘으로 가난한 나라를 억압) 등이 여기에 포함된다. 지배구조가 있다는 것은 창조의 힘이 모든 사람의 상호소통을 강화하고 자유를 확장하기 위해 사용되고 있지 않음을 뜻한다. 우리는 수많은 '주의-ism'들이 힘의 사용을 왜곡시키는 것을 분석하고 비판해야 한다. 우리가 성과 인종과 계급에 관한 분석을 아우를 수 있다면, 힘의 악용이 조직적으로 이루어지고 유지되는 방식에 대해 더 예리하게 인식하게 될 것이다.

사회의 불의는 인간 고통의 주된 원천이다. 모든 사람은 사회적으로 조직된 자원, 이를테면 음식, 주택, 교육, 의료지원, 안전과 기타 인간의 삶을 가능하게 하고 아름답게 하는 자원들에 의존한다. 가족제도와 사회제도가 개인이 필요로 하는 자원들을 박탈할 경우 그 결과는 기아와 의료적 위기, 폭력과 위험에 대한 노출이다. 여성과 아이들은 그들의 빈곤과 계급으로 인해 체계적인 힘의 악용에서 가장 고통당하는 경우가 많다. 더구나 학대당하는 여성들은 정신외상精神外傷, 즉 트라우마trauma로 인해 더욱더 고립되고, 생존과 안녕에 필요한 자원들에 접근하는 것을 거부당하는 경우가 많다.

사회의 이념과 제도가 인간관계 안의 폭력을 암묵적으로 허용하고 시정하지 않는 '사각지대'를 만들어낼 때 또 다른 형태의 고통이 발생한다. 어떤 인간관계의 경우에는 정상적인 것으로 간주되어 공개적으로 자세한 검토가 이루어지지 않는다. 그러나 이런 식의 보호나 사회적 승인은 희생자를 보호하지 못하고 가해자만을 보호하게 된다. 이런 폭력을 합리화하는 말은 한결같다. "부모는 자녀가 좋은 시민이 되도록 가르치기 위해 때려야 한다", "남성들은 누가 주인인지를 보여주기 위해 여성들을 때린다" 등이 그것이다. 목회자와 의료업계 종사자들과 같은 전문가들이 희생자를 저버리고 가해자를 보호하는 피난처 역할을 하는 경우가 자주 있다. 이는 사람들이 학대의 심각성과 그 결과를 부인하고, 그것이 힘의 악용이라기보다는 인간관계 안에서 발생하는 어려움이라고 여기기 때문이다.

힘에 대한 사회적 불의와 개인의 힘의 악용은 악이다. 그것들은 관계의 그물 안에서 살아갈 힘에 해를 입힌다. 그렇게 남용된 힘은 상호성과 상호의존성의 가능성을 질식시킨다. 힘의 악용은 개인들을 파괴할 뿐 아니라 모든 삶이 의존하고 있는 관계의 그물을 파괴한다. "힘의 악용은 상호소통과 교제를 부정하는 것이며, 자신과 타인과 하나님을 위한 자유를 부정하는 것이다."21

힘을 악으로부터 구원하기

가족과 사회에서 얼마나 조직적으로 힘이 악용되는지를 보기 시작하면, 미래에 대한 절망감을 느낄 수도 있다. 개인들은 타인에게 삶의 힘을 오용하고 불의한 방법으로 사회를 조직할 수 있는 비뚤어진 능력을 가지고 있다. 삶을 위한 많은 힘이 제도와 이념으로 조직되어 파괴적인 활동을 조장한다. 이러한 비극적 사태에 어떤 처방을 내려야 하는가?

(인간은) 상호소통과 교제를 하도록 창조되었으나 그것을 상실했고 회복할
힘 또한 잃어버렸다. 만약 (인간의) 실패에도 끝내 사랑이 회복될 수 있다고 믿
는다면, 우리는 기독교 복음의 삼중 주제triple theme를 얻을 수 있다. (인간은) 사
랑이신 하나님의 형상을 지닌다. (인간의) 사랑은 무질서함으로 타락한다. 그러
나 (인간의) 통합성과 …… 교감할 수 있는 힘을 회복시켜주는 하나님의 작업이
있다. 기독교 신학은 모두 이 주제를 정교하게 설명하는 것이다.[22]

힘의 악용으로서 나타난 악이 만연한 세상에서, 최소한의 힘만이라도 구해
내어 원래의 목적대로 사용될 수 있도록 하려면 어떻게 해야 할까? 악이 제거
될 수 없다면, 하다못해 전적인 힘의 악용에 저항할 수 있는 구원의 힘은 있
을 것이다.

몇몇 생존자와 작업하면서 나는 그들의 희망이 가진 회복력에 깊은 인상을
받았다. 최악의 공포와 파멸 속에서도 어떤 이들의 영혼은 용기를 완전히 잃
지 않았다. 정신과 저항심이 꺾이고, 삶이 산산조각 난 사람들도 많다. 사회
가 전적으로 변화되지 않는 한, 이들에게는 그 어떤 구원도 없을지 모른다.
회복력 있는 정신을 지닌 사람들이 우리에게 가르쳐줄 수 있는 것은, 불의한
세상에는 학대하는 힘이라는 악이 있지만 희망의 원천 또한 있다는 사실이
다. 개인과 집단의 저항은, 그래서 모든 인간을 위한 희망의 원천이 된다.

'저항'이라는 용어는 …… 진정한 인간 실존의 특정한 형식을 주제로 삼는다.
그 실존은 역사 속에서 지배를 경험한 희생자들의 역사적·종교적 경험을 성찰
함으로써 형태를 얻는다. 저항이란 체계적으로 대량의 비인간화가 벌어지는 상
황에서 어떤 식으로든 자신의 인간성이 희생된 사람들이 그 상황을 보수補修하

려는 것으로 이해되어야 한다.23

성폭력의 희생자들이 생존하기 위해 가져야 하는 증상이 무엇이든, 그들은 그 증상을 통해 학대에 저항하며 내면의 정신세계를 방어하는데, 그것으로써 그들은 비인간화에 저항하고 있는 셈이다. 생존자들이 사회의 무시를 거부하고 치유를 받고자 할 때 그들은 자신을 파괴하려 하는 힘의 악용에 저항하고 있는 것이다. 성폭력의 희생자와 생존자들은 '체계적으로 대량의 비인간화가 벌어지는 상황에서' 자신들의 인간성을 유지하기 위해 고군분투한다. 이 저항은 모든 사람이 관계의 그물 안에서 가지고 있는 원초적인 희망, 즉 상호소통과 교제, 자유에 대한 희망에 기초를 둔다. 심지어는 악이나 불의의 한가운데에서조차 이 원초적인 희망을 버리지 않는 이들도 있다. 우리는 성폭력 생존자들과 연대하는 삶을 선택할 수도 있다. 그것은 힘의 악용에 대한 저항의 실마리가 될 수 있고, 사랑과 능력의 하나님에 대한 믿음에 기초를 제공해줄 수 있다.

힘의 악용에 대한 인간의 저항에서 우리는 예수의 저항과 유사한 점들을 발견한다. 예수는 그 시대의 권력자들과 통치자들에게 저항했다. 회복력을 갖춘 많은 영혼들에게, 예수는 여러 세대에 걸쳐 악의 세력 한가운데서도 희망을 고무시키는 인물이 되어왔다. 반면 수세기에 걸쳐 악과 폭력의 힘을 지지하는 일에 예수가 도용盜用되어오기도 했다. 예수를 하나님의 능력과 사랑을 드러낼 수 있는 존재로서 새롭게 발견하는 한편, 그를 힘의 악용을 승인해주는 인물로 만드는 여러 왜곡들을 없애는 것이 현대 신학이 당면한 문제 중 하나이다. 이렇게 힘의 악용은 신학적인 주제가 된다.

나는 성폭력 생존자들의 이야기와 용감한 행동 속에서 하나님의 힘이 실린 구원을 보았다. 그들의 이야기는 나의 영혼을 깨워서 일으켰다. 그들의 목소리는 예수 그리스도 안에서 계시된, 회복시키는 하나님에 대한 증언이다.

이상적인 형태의 힘이란 삶 자체의 에너지이며, 우리 모두를 포함하는 관계의 그물로 조직된다. 이 원초적인 관계의 힘이 개인과 사회에 의해, 인간의 죄를 통해 힘의 악용으로 왜곡될 때, 인간의 여러 고통을 만들어낸다. 이러한 힘의 악용에 대한 저항과 예수 그리스도 안에 있는 하나님의 사랑의 역사를 통해 인간의 영혼은 회복력을 얻게 된다. 우리는 인간의 영혼이 지닌 회복력 있는 희망을 추구한다. 그 희망은 학대에 저항할 수 있으며, 자아와 타인과 하나님의 상호소통과 자유를 회복하기 위한 새로운 공동체들을 만들어낼 수 있다.

3장 캐런: 성폭력에서 살아남은 자

신학을 가르치고 목회상담을 했던 지난 수년 동안, 나는 아동기에 성적 학대를 받은 생존자들과 대화를 해왔다. 처음 캐런의 이야기를 들은 것은 아동학대에 관한 워크숍에서였다. 거기서 그녀는 어린 시절에 받은 성적 학대와 성인이 되어 경험한 성폭력을 이야기했다. 글쓰기와 말하기가 그녀에게는 치유의 과정이 되어왔으며, 그녀의 이야기는 많은 사람들에게 여러 가지 중요한 쟁점들이 무엇인지 확인시켜주었다. 편지와 전화를 이용해 그녀와 나는 대화를 시작했고, 이 대화는 18개월 동안 지속되었다. 이 장의 첫 부분은 기독교 교회에서 주최한 어떤 전국 모임에서 그녀가 한 연설이다. 두 번째 부분에는 그녀가 나에게 보낸 편지에서 발췌한 글이 일부 포함되어 있으며, 이것들은 연설에서 나온 몇몇 사건들을 좀 더 자세하게 묘사한다. 반복되는 자료도 있지만, 그 맥락의 변화는 그녀의 치유 경험에 관한 유용한 통찰을 제공한다. 캐런은 힘의 악용에서 연유된 고통과 인간의 마음 안에 있는 회복력 있는 희망이 자신의 내면에서 어떤 형태로 그려졌는지를 보여줬다.

캐런의 연설

　나는 네 살 때 잘 아는 사람, 그리고 신뢰해야 한다고 배웠던 사람에게서 성적 추행을 당했다. 그는 나의 아버지였다. 아주 어릴 때는 어른이 말하는 것이 옳다고, 그리고 어른이 내게 하는 행동이 옳다고 믿기 쉽다. 설령 그것이 잘못된 것일지라도 말이다. 또한 어린아이는 약속이나 특별한 비밀에 구속되기도 쉬우며, 반복해서 희생을 당하기도 쉽다.

　내 인생은 시작부터 행복하고 걱정 없는 어린 시절을 누릴 권리를 도둑맞았다. 어린 시절 신나게 노는 대신, 나는 조용하고 결코 울지 않는 '착한 아이'가 되었다. 나는 속으로 고통과 수치심, 두려움과 불신을 배우고 있었다. 나의 어린 시절은 내 몸에 반복되는 육체적이고 정서적인 침해로 지워져버렸다. 그것에 대처하기 위해 나는 의식의 수준 저 너머로 내 경험을 묻어버렸다. 내 마음은 망각으로써 내가 살아남도록 도와주었다. 하지만 10대와 청년기를 지나면서 나는 남자들에 대한 두려움과 우울증, 그리고 뭔지 옳지 않은 것이 있다는 뿌리 깊은 느낌에 피폐해졌다. 나는 내가 무엇인가 '놓쳤음'을 알고 있었으나 '그것'이 무엇인지, 또 '그것'의 원인이 무엇인지 떠올릴 수 없었다. 나는 알 수 없는 무거운 그림자가 나를 따라다닌다는 느낌을 받았다.

　나는 서른다섯 살 때 어떤 지인, 내가 알고 신뢰했던 사람에게 강간당했다. 그는 교단을 망라한 기독교계에서 존경받으며 전국적으로 명성을 떨친 목사였다. 그 경험은 나를 심리적으로 마비시켰다. 나는 절망스럽고 수치스러운 이 경험을 이해할 수 없었다. 그는 나에게 아무에게도 말하지 말라고 협박했다. 그리고 나는 6년간 침묵했다. 나의 몸과 마음은 그 나름의 방식으로 트라우마에 대처했다. 내가 고도의 불안과 불면증, 악몽과 두려움에 대처하는 방법은 박사학위 과정에 시간을 투자하는 것이었다. 나는 무의식적으로 내 자신을 바쁘게 몰아쳤다. 내가 바쁜 한, 아무도 내 몸의 깊은 균열들 속에 두려움과 고뇌가 자리 잡고 있을 거라고 의심하지 못했다.

박사 과정을 끝냈을 때, 나는 그것만큼이나 할 일이 많은 다른 과제로 신속히 이동해야 했음에도 그러지 못했다. 그리고 내가 이를 깨닫기도 전에 몸이 말을 하기 시작했다. 나는 지독하게 앓게 되었고, 병원에 입원했다. 근친상간과 강간으로 축적된 트라우마가 내 감지 능력을 마비시켰다. 나는 아팠고 고통 한가운데에 있었지만, 그것을 알아차리거나 느낄 수 없었다.

나중에 분노에 관한 설교를 듣게 된 나는 내 목사에게 상담을 받고 싶어졌다. 그는 지혜롭게도 나에게 전문 치료사를 소개해주었다. 그 모든 고통 가운데에서도 나는 어떻게든 온전함을 찾기로 결심했다. 감춰져 있는 응어리를 찾아내 그 정체를 밝히고 싶다는 충동을 느끼며, 나는 무엇이 내 삶에 침범했고 무엇이 내 어린 시절과 내 여성성과 내 자신을 훔쳐갔는지를 밝히는 데 몰두했다. 나는 처음부터 단호하게 내 치유가 통합적으로 이루어지도록 했다. 나는 심리치료사, 의사, 목사와 함께 작업했다. 나를 이루는 모든 부분들은 함께 움직이며, 내가 안고 왔던 손상 역시 그 모든 부분에 영향을 미친다고 나는 진심으로 믿었다. 제대로 된 치유가 이루어지려면 내 한 부분이 반드시 다른 부분들과 더불어 움직여야 했다.

처음에는 내가 스스로 무슨 일을 하려고 하는 것인지 잘 몰랐다는 점을 고백해야 할 것 같다. 만일 치유되는 과정이 그렇게 고통스러운 일인 줄 알았다면, 치유를 선택하지 않았을 가능성이 높다. 내가 받은 치유는 전통적인 것이었다. 내가 처음 요구받은 일은 일기 쓰기와 그림 그리기였다. "나는 예술가가 아니에요"라고 불평했으나, 나는 점점 많은 것을 쓰게 되었고, 놀랍게도 그림을 그리게 되었다. 뭐라고 써야 할지 적절한 말을 찾지 못할 때 나는 그림을 그렸다. 그림은 꿈, 그리고 조금씩 떠오르게 시작하는 기억에 관한 것이었다. 나는 내 고통을 그렸다. 글로도 썼다. 나는 내 꿈과 내 생각, 그리고 표면에 떠오르는 기억들을 글로 썼다. 나는 시를 썼고 기도시를 썼다. 나는 내 첫 기도시를 함께 나누고 싶다. 이것은 내가 이 고통스러운 여정 초기에 썼던 것이다.

나의 하나님, 나의 하나님
당신은 왜 나를 버리셨나요?
나의 몸은 울고 있습니다.
나의 손은 묶여 있고
나의 목은 긴장으로 고통스럽고
나의 가슴은 옥죄어, 숨 쉬기가 힘듭니다.
나의 배는 불안으로 부풀어 오르고
나의 입은 마르고
나의 눈이 감기어 잠들지 못하며
나의 귀는 계속 울리고
나의 마음은 불안을 잉태합니다.
나의 다리는 오그라들고, 근육은 굳어져 울며
나의 심장은 고통으로 가득 차 고동칩니다.
오, 하나님, 나의 하나님
당신은 지금 어디에 계십니까?

나의 영혼은 당신을 갈망합니다.

　안식과 함께 올 평화를 위해

　진리의 발걸음으로 도달하는 평화를 위해

　깨어짐을 치유하며 찾아오는 평화를 위해

　고통받는 영혼을 결박에서 해방시키며 오는 평화를 위해

　신뢰하는 이들과 나의 깊은 고통을 나눌 수 있을 때 스며드는 평화를 위해

오, 하나님, 나의 하나님

　나의 두 눈의 우물을 터뜨리시고

　나의 방어벽을 무너뜨리시고

　나의 존재를 감싸고 있는 두려움을 깨뜨리시어

　내가 계속 팔을 벌리고 펼칠 용기를 깨워주소서.

나에게 인내심을 허락하소서, 주여, 견딜 수 있도록

- 치유에 걸리는 시간을

- 넓고 깊은 나의 감정의 고통을

- 혼자라는 고통을

- 진리와 이해의 추구를

- 의미의 추구를, 견딜 수 있도록.

오, 하나님. 나는 버려진 아이와 같고, 너무나 외로워서 살아남기 위해 내 자신을 굳어지게 만듭니다. 나는 다시 외칩니다. 제발 당신의 팔로 나를 감싸주시며 돌봄으로 나를 숨기소서. 내 마음의 벽을 녹여주소서. 내가 소중한 이들

을 온전히 신뢰할 수 있도록 도와주시어 그들에게 내 이야기를 들려주고 평안을 찾을 수 있도록 하소서. 이 죽음을 통해 내가 삶을 얻기를 기도합니다.

나는 또한 내 고통에게, 내 육체의 모든 부분에게, 내 분노에게 편지를 쓰기 시작했다. 그동안 나는 그것들을 무시해왔으나, 그것들은 나를 이루는 부분이었다. 글을 쓰면서 나는 분노와 고통과 기억들을 내 의식 세계로 초대해 만나고, 그것들로부터 배울 수 있었다. 나는 그것들이 나에게 이야기해주기를 원했다. 나는 그것들에게 많은 질문을 하기 시작했고, 그때그때 많은 대답을 들었다. 사실은 나의 그 부분들이 내가 듣고 싶지 않은 것들을 질문했고 대답도 해주었다. 그러나 그것들은 내가 치유되기 위해 반드시 필요한 것이었다. 그 일지는 내 중요한 부분이 되었다. 말로 할 수 없는 경험들을 나는 쓰고 그릴 수 있었다. 말과 그림들로 채워진 그 일지는 내 이야기의 종합물이 되었다.

내 심리치료사는 내가 분노를 표출하도록 용기를 주었다. 이것은 나에게 새로운 경험이었다. 어릴 때부터 감정을, 특히 분노를 표현하면 안 된다고 배웠기 때문이었다. 나는 봉제 동물인형을 만들라는 지시를 받았다. 남성의 이미지로 인형을 만들기 시작한 나는 곧 몸의 핵심적인 부분을 모두 갖춘 인형을 완성했다. 그다음 나는 그것을 때리라는 지시를 받았고, 그렇게 했다. 이때 사용한 테니스 채를 세 번째로 갈았을 즈음, 그 동물인형은 거의 넝마가 되었다. 또 일주일에 한 번 또는 두 번씩 라켓볼을 하기 시작했다. 나에게는 훌륭한 파트너가 있었다. 그는 내가 그 남자들을 욕하고, 그들에게 별명을 붙이며, 내 강렬한 분노를 모아 벽을 향해 공을 후려칠 수 있도록 도와주었다. 라켓볼이라는 게임은 치료 과정에서 내가 한 시간을 가장 효과적으로 쓸 수 있는 방법 중 하나였다.

내가 수면제를 거부하자 주치의는 달리기를 하라는 처방을 내렸다. 그것은 엄청나게 효과적이었다. 2주도 안 되어 나는 잠을 잘 수 있었다.

분노와 비통함 가운데에서도, 내 안에는 작은 아이가 있었다. 그 아이는 누군가에게 안기거나 위로를 받아본 경험이 없었고 이는 곤경에 처했을 때도 마찬가지였다. 심리치료사는 '안아주기 치료holding therapy'를 추천했다. 때로는 나의 남편이 그 역할을 해주었지만, 대부분의 경우 한 여자친구가 측은지심으로 나를 섬겨주었다. 그녀는 담요로 나를 감싸주고 그녀의 무릎에서 나를 아기처럼 가볍게 흔들어주며 나를 안거나 노래를 불러주었고, 때로는 마음을 편안하게 만들어주는 음악을 연주했다. 내 44세 생일에 남편은 곰 인형을 사주었다. 그것은 내 생애 최초의 곰 인형이었다. 나는 여러 밤을 그 곰 인형과 함께 잤다. 그리고 아직도 낯선 곳에서 자게 될 때는 그 곰 인형을 가지고 간다. 남편은 또 새끼고양이를 사주었다. 이 고양이는 직감적으로 자기가 나에게 위로가 된다는 것을 안다.

또한 치료를 받으며 나는 명상법을 배웠다. 내 안의 중심으로 깊이 들어가, 그 안에서 작고 조용한 소리를 듣는 것이다. 나는 내 몸이 말하는 지혜를 신뢰하고 그것이 지시하는 대로 따라가는 법을 배웠다. 나는 내 몸이 어떻게 치유되어야 하는지 말해주는 것을 알아차리는 법을 배웠다. 명상을 하면서 나는 마음으로 그려보는 법을 배웠고, 칼 사이먼턴Carl Simonton과 스테퍼니 사이먼턴Stephanie Simonton과 버니 시걸Bernie Siegel, 그리고 내 치유사로부터 배운 기법을 활용해 부서진 내 몸의 부분들을 치유하는 법을 배웠다.

대부분의 성 학대 생존자들처럼 나는 기억을 떠올리기 시작하면서 실제로 치유되기 시작했다. 나는 6년 전의 강간들(동일한 남자에게 한 번 이상 강간당했다)을 기억해냈고, 나중에는 40년 전 어릴 때 당한 근친상간도 기억났다.

치유 과정 초기에 나는 대부분의 가해자가 자신의 잘못을 부인否認한다는 것을 배웠다. 치료를 시작한 지 8개월이 되었을 때 나는 나를 강간한 사람과 대면했다. 그는 모든 것을 부인했다. 그 후 나는 부모에게 갔고, 강간당했던 일을 이야기하고 어린 시절 당한 추행에 관해 말했다. 나는 그들에게 내가 치료를 받느라고 애쓸 동안 나를 지지해달라고 부탁했다. 그들은 지지는커녕 성적 학대가 있었다는 사실 자체를 부인했고, 나는 치유를 위한 아무런 지지도 받지 못했다. 실제로 내 아버지는 다음과 같이 충고했다. "만일 우리가 그것을 잊는다면, 그것은 다 사라져버릴 것이다." 그렇게 사실을 인정하지 않고 부인하는 것은 내가 친구들과 가족에게 가졌던 믿음을 갈가리 찢어놓았다. 나를 사랑하고 염려한다고 생각했던 사람들이 부인하는 말을 듣는 것은 깊은 상처였다. 나는 다시 버려지고 배신당했다고 느꼈다. 나는 구덩이에 빠져 무력감에 압도당한 상태를 언급했던 시편 기자와 내 자신을 동일시했다. 나는 마찬가지로 구덩이에 빠졌던 요셉을 기억해냈다. 그는 한때 그가 신뢰했던 사람들의 배신으로 그 같은 일을 당했다. 나는 무력한 상태에 빠졌다. 헨리 나우웬Henri Nouwen은 우리를 '걸어 다니는, 상처받은 자들walking wounded'이라고 부른다. 상담을 받기로 결정한 것은 나 자신이었음에도, 대부분의 움직임과 변화가 두려워졌고, 상담이 고통스럽고 나의 삶을 더 훼방하는 것으로 느껴졌다. 그 시간은 영원한 것처럼 보였고 그 안에서 내가 존재하는 것 같았다. 내 몸은 고통으로 채워져, 때로는 거의 움직일 수도 없었다. 내 유일한 선택은 죽는 것이라는 생각을 아주 자주 했다.

내 심리치료사의 충고로 나는 교회에 가서 도움을 요청했다. 목사님의 지지를 받아 나는 다섯 명을 택해 내 지지집단을 만들었다. 그들은 내 이야기의 비밀을 보장해주고, 내 앞에 놓인 아주 힘든 여정을 내가 견딜 수 있도록 용기를 제공해준 마음 따뜻한 사람들이었다. 이 집단은 내 안전을 지켜주는 관계망이 되었다. 우리가 함께 있을 때 나는 내가 본래의 나 자신으로 있어도, 내 이야기를 해도, 내 말을 듣고 믿어주는 안전한 장소에 있음을 알았다. 나는 2주에 한 번 모이는 우리의 이 모임을 기다렸다. 함께 지내는 시간이 나에게 내 경주를 위해 필요한 용기와 희망을 주었다. 모임과 모임 사이에는 이 모임의 누군가가 나에게 전화를 해주거나 나를 보러 들르곤 했다. 우리는 함께 울고, 함께 기도하고, 성장과 승리를 함께 축하했다. 이 집단이 내 '교회'였고, 아직도 내 '교회'다. 우리는 정기적으로 계속 만나고 있다. 그러나 그 지지받음은 확대되어왔고 이제는 우리 모두가 서로에게서 지지를 받는다. 성직자나 전문적으로 돕는 일을 하는 사람들에게 나는 이런 종류의 지지집단을 추천한다. 강간이나 근친상간은 아주 큰 환란이어서 우리가 교회나 직장이나 장터에서 함께 이야기를 나누기가 힘들다. 그런데 희생자들은 더 공개적으로 돌봄을 받을 필요가 있다. 이혼하거나, 사별하거나, 병이 들었을 때 곤경에 빠진 사람이 공개적으로 돌봄을 받듯이, 성폭력의 희생자들도 그럴 필요가 있다. 다만 돌볼 때는 희생자가 그 돌봄을 어떻게 받아들일지, 그리고 애통함을 안전하게 나눌 자리가 어디인지에 관해 반드시 신중하게 고려해야 한다.

그 작은 지지집단은 나의 필요에 맞추어 나를 보살펴주고 길러주었지만, 그 큰 교회는 나의 큰 분노와 슬픔의 과녁이 되었다. 내가 기억해나가는 과정을 시작하면서 떠올린 기억은, 교회에서 배운 성서의 한 구절이었다. "부모를 공경하라." 나는 이 구절을 암송했고 그 상으로 스티커가 그래프에 붙여졌다. 나는 주일학교 교사가 우리에게 말한 것을 기억해냈다. 그 교사는 부모가 우리를 사랑하고 우리를 보호하며, 우리에게 무엇이 옳은지를 안다고 했다. 또한 부모가 우리를 위해서 항상 우리와 '함께 있다'고도 했다. 우리가 부모에게 가면 우리가 하는 말을 듣고 응답해준다는 것이었다. 덧붙여서 그 교사는 하나님은 사랑하는 부모와 같으며, 그래서 우리가 해를 당하지 않도록 늘 보호할 거라고 말해주었다. 이렇게 내게 어른들의 행동에 대해 질문하지 말라고 가르친 것은 바로 교회였다. 바로 이 가르침이 죄책감과 수치심을 켜켜이 쌓아두게 한 토대를 놓았다. 그 가르침은 "너는 절대 말해선 안 된다"라는 협박과 짝을 이루어 나의 깊은 곳에 그 이야기들을 봉해버렸다. 얼마나 깊이 숨어 있었는지 치료를 받은 지 4년 반이나 지난 후에야 그 이야기의 일부가 겨우 나타나기 시작했다.

교회에 대해 분노를 느꼈지만 나는 계속 교회에 나갔고, 여러 가지 역할도 맡았다. 그러나 점차 불편한 감정을 느끼게 되었다. 나는 나의 아동기 가해자가 다니는 바로 그 교회에 다니고 있었다. 게다가 이전, 내가 도움을 요청했을 때 내게 부적절한 성적 행위를 했던 전임前任 목사도 같은 교회에 출석하고 있었다. 심지어 나를 강간했던 그 남자는 그 교회 예배에 초대받아 그곳에 공헌한 업적으로 표창을 받기까지 했다. 주일마다 나는 이 남자들이 교회에서 앞으로 불려나가 단에 올라서는 것을 듣고 보았다. 나의 몸은 그들의 삶에 들어 있는 표리부동함에 찔리듯 아팠다. 나는 내가 또다시 교회에 의해 희생당하고 있음을 알아챘다. 3년간 내면의 갈등을 겪은 후, 나는 점차 교회로부터 멀어졌다. 바로 올해 봄, 나는 마침내 교회를 떠났다.

46년간 다녔던 교회를 떠나는 결정은 쉬운 일이 아니었다. 그러나 나는 마침내 죄책감이나 두려움 없이 그렇게 할 수 있었다. 그것은 나를 위해 옳은 결정이었고, 그 교회의 목사들은 내 결정을 지지해주었다. 어떤 교인이든 그 교인의 요구에 민감하고, 지지를 보낼 줄 아는 목사들을 나는 대단히 존경한다. 내가 접촉하는 사람들의 범위를 다른 성폭력 희생자들과 생존자들로 넓혀가면서 그들 중 많은 이로부터 알게 된 사실은, 그들의 목사가 그들의 이야기를 믿지 않았고 이 때문에 교회 안에서 일어날 수 있는 어떤 치유도 원천적으로 봉쇄되었다는 것이었다. 우리는 목사들이 성 학대의 이야기를 들을 줄 알도록, 그리고 이해와 연민으로 반응할 줄 알도록 만들 필요가 있다. 더구나 우리는 성 학대가 교회 안에서 일어나고 교인들 가운데서 일어난다는 사실을 직시해야 한다. 우리는 많은 아동들과 성인들의 삶 가운데 일어나는 이런 참혹한 사건들을 무시하거나 내버려두어서는 안 된다.

치유는 고통스러울 정도로 느리고 힘든 것이다. 나와 함께 작업했던 두 명의 심리치료사 모두 내 회복 과정이 7년에서 10년 정도 걸릴 것이라고 말했다. 나는 죄책감과 수치심을 극복하기 위해 무척 애써왔고, 마침내 내가 아동기의 학대나 강간을 유도한 것이 아니었음을 스스로 인정할 수 있게 되었다. 나는 여전히 내 이야기에서 기억나는 부분들을 가지고 작업 중이다. 나는 분노와 분함을 계속 표현하고 있는데, 그것은 나의 치유에서 본질적인 것이다. 나는 사람들을 신뢰하는 법을 배우고 있다. 또한 나는 치유를 위해 고군분투하며, 여전히 내가 상실한 것들로 인해 비통해한다. 내가 잃어버린 것뿐 아니라 내 가족들이 상실해버린 것들에 대해서도 애통해한다. 나는 이제 울 수 있다. 비록 마음 놓고 실컷 우는 것은 아니지만. 그리고 내 자신감과 자존감도 꽤나 회복되었다.

근친상간과 강간은 성에 관한 것이 아니다. 그것은 힘과 통제에 관한 것이다. 그것은 작은 사람을 누르는 큰 사람에 관한 것이다. 하급자를 누르는 상급자에 관한 것이다. 치유하려면 내가 내 삶을 통제할 수 있다는 느낌을 얻어야 한다. 나는 희생자에서 생존자로 전환할 수 있는 충분한 통제력을 얻었다.

그 치유 과정은 길지만, 치유의 과정에 들어감은 마땅히 있어야 할 자리, 존중받는 정당한 자리에 서는 것임을 나는 온전히 받아들였다. 나는 치유 받아 마땅한 자격이 있다. 나의 가장 위대한 승리는 약속을 깨고 내 이야기를 한 것이었다. 나는 글을 쓰고 말하기를 이용해 분노와 두려움과 수치심과 죄책감을, 거짓말과 속임수를 잘라버리기 위한 도구로 바꾸고 변화시킬 수 있었다.

내가 내 자신의 이야기를 들으면 들을수록, 또 읽으면 읽을수록, 그 이야기의 진실이 모두 다 나의 한 부분이 되어간다. 이렇게 다시 한 번 더 내가 내 이야기를 들을 수 있도록 해주어서 감사한다.

캐런의 편지 발췌문

힘의 악용이란 무엇이며, 그것은 가족의 체계 안에 어떻게 들어오는가? 첫째, 아무에게도 말하지 말라는 아버지의 협박이 있었다. 이 협박은 간접적으로 이런 말을 의미하는 것이었다. "어머니에게 말하지 마라. 어머니에게 상처를 줄 수 있다." 어떤 아이가 의도적으로 어머니에게 상처를 주고 싶겠는가? 그래서 그 비밀이 지켜졌다. 아버지라는 존재 자체의 크기는 어느 아이라도 조용하게 할 수 있다. 갈등이 생겼을 때, 어린아이는 크기라는 면에서 결코 그 누구도 이길 수가 없게 되어 있다. 내 아버지는 밤에 캄캄할 때 추행을 하면서 많은 경우 아무런 말을 하지 않았기 때문에, 나는 그가 누군지 몰랐다. 그는 괴물처럼 나타났다. 내 침실에 있는 괴물에 대해 내가 말할 때 아무도 귀 기울여주지 않았다. 물론 그런 괴물은 존재하지 않는다.

둘째, 나는 지금까지도 어머니가 그 추행에 대해 알고 있었는지 몰랐는지 알지 못한다. 그녀의 말로 인해 나는 그녀가 몰랐다고 믿게 되었다. 만일 그녀가 알았다면, 모른 체했던 것이다. 내 아버지는 평판이 좋은 가족을 대표하는 사람이었다. 일곱 자녀의 장남이었던 아버지가 10대였을 때, 할아버지가 돌아가시고 할머니가 자녀를 키웠다. 많은 사람들이 역경을 이겨내고 살아남을 정도로 저력을 가진 이 가족을 존경했다. 사람들은 나의 아버지를 품위 있고 존경할 만한 사람이라고 여겼다. 내 어머니의 눈에는 이러한 남자가 성 학대와 같은 일을 할 사람으로는 전혀 보이지 않았을 것이다. 나의 어머니는 조용하고 수동적이며, 자신이나 자기 권리에 대해 말하는 사람이 아니다. 아버지에게 질문도 하지 않는다. 그가 항상 옳기 때문이다. 나의 어머니는 아버지에게 어떤 다른 면이 있을 수 있다고 생각하는 것조차 받아들일 수가 없었다. 많은 점에서 어머니는 "너희 아버지가 가장 잘 안다"라는 말로써 나를 억누를 힘을 지녔다.

셋째, 나는 부모의 사랑이 필요했다. 그리고 필사적으로 그들을 기쁘게 만들고 싶었다. 나는 늘 착하고, 착한 행동을 하고, 결코 어른들에게 '말썽거리'가 되지 않아야 한다고 들었다. 하지만 역설적이게도, 어른들은 언제나 아이들에게 말썽거리가 되어도 괜찮았다! 나는 착한 아이였으며, 매우 사소한 일로도 쉽게 죄책감을 받았다. 누군가에게 아주 작은 불편이라도 주게 되면, 나는 언제나 엄청난 죄책감을 느끼고 떠안았다. 대학을 다닐 때 룸메이트가 내게 소리를 지른 적이 한 번 있었다. "왜 너는 항상 미안하다고 말하는 거니? 네가 시도 때도 없이 그렇게 말하는 걸 견딜 수 없어!" 죄책감은 성인이 된 나의 삶에까지 따라올 정도로 길게 늘어졌다. 나는 잘못되어가는 사소한 모든 일들에 내 책임이 있다는 느낌을 오랜 세월 동안 지니고 있었다.

부모에 대한 나의 불가항력적인 의존성은 어린 시절 내 침실에 나타났던 이름 모를 그 괴물에 대한 두려움으로부터 유래되었다. 비록 그들은 겁먹은 자녀인 나에게 아무런 도움을 주지 않았을지라도, 나는 여전히 그들을 바라보며 보호받기를 바랐다. 추행한 그 사람이 내 아버지였던 것을 아직 자각하지 못했기에, 그와 어머니로부터 보호받는 것이 안전할 것처럼 보였다. 보호받기 위해 그들에게 의존했지만, 정작 보호를 받지 못하는 것이 이상했다. 이것은 나의 두려움을 복잡하게 만들었고, 보호를 요청하는 것이 별로 쓸모없다고 느끼도록 했다. 아무도 나를 재워주지 않았다. 나는 어둡고 낡은 시골집에서 외로운 침실로 가기 위해 혼자 층계를 올라갔다. 기본적으로 어린 나를 위해주는 사람은 아무도 없었다. 아무도 나의 두려움을 말로 표현하도록 해주지 않았고, 아무도 나를 안아주고 달래주지 않았다. 아무도, 아무도, 아무도 없었다. 도움을 몇 번 요청해보았지만, 그때 내가 들은 것은 다 큰 아이처럼 얌전히 침실로 가라는 말이었다. 나는 그들이 내가 아직 다 큰 아이가 아니라는 사실을 아는 것을 원하지 않았다(아니 원할 수 없었다). 그래서 나는 혼자서 무서운 밤 속으로 걸어갔다. 내가 어두운 밤과 뇌우와 큰 소리를 매우 무서워했던 것이 기억난다. 그러나 어느 누구에게도 도와달라고 해본 적이 없다. 나는 무서웠지만, 더 무서운 것은 도움을 요청하면 다시 거부당할 뿐이라는 사실이었다. 분명 나는 부모가 도움을 주기 위해 노력할 가치조차 없는 아이라고 생각할 수밖에 없었다. 나의 대처 방법은 내 자신을 무감각하게 만들고 모든 감정을 내면으로 향하게 만드는 것이었다. 간단히 말해, 내가 밤에 당한 학대를 모두 내 잘못으로 여겼다. 내 부모가 내 공포를 보지 않았고 듣지 않았기에 내가 그것의 원인이어야만 했던 것이다. 아버지는 다른 사람들을 자주 이렇게 평가했다. "그는 미쳤어. 어리석은 사람 같으니." 기타 등등. 그는 내 앞에서도 이 같은 논평들을 했기 때문에, 나는 아주 어려서부터 아버지가 좋은 사람이고 똑똑한 사람이라고 알았다. 그의 비난들이 결국 그 자신을 가리는 덮개였음을 제대로 알아채지 못한 것이다. 다시 말해, 그런 말들은 내가 아버지에 대한 의문을 품게 하기보다는 그를 지지하도록 만들었다.

최근에 내가 몸의 긴장을 이완시키면서 깊은 몰아의 상태에 들어갔을 때, 네댓 살의 아이인 내가 그 무렵 다니던 주일학교의 어느 방 안에 있는 것을 보았다. 벽에 걸려 있는 큰 종이 앞에 내가 서 있었고, 그 종이에는 내 반 학생들의 이름이 쓰여 있었다. 내 이름 옆에는 성서를 암송했을 때 주는 스티커가 한 줄로 붙어 있었다. 나는 "네 부모를 공경하라"라는 구절을 반복하는 내 목소리를 들었다. 나는 친구들과 마루 위에 앉아 있었고, 교사는 부모의 선함에 대해 말했다. "부모님은 너희를 사랑하고, 먹여주며, 입혀주고, 모든 해악으로부터 보호해준다." 나는 일찍부터, 심지어 성추행을 당하는 동안에도, 내 부모가 나를 다치지 않도록 보호한다고 배웠다. 그 교회는 나에게 부모에게 감사하라고 가르쳤고, 부모가 늘 나를 보호해줄 것을 믿으라고 가르쳤다. 다시 말하자면 내가 다섯 살이었을 때, 나의 어린 마음은 감히 내 아버지가 선하지 않을 수도 있다고 생각하게끔 나를 내버려두지 못했다.

이 기억에 대한 나의 반응은 분노였다. 그 후 몇 주 동안 교회에 참석하는 것이 거의 불가능했다. 내 분노가 교회 지도자들을 향해 있음을 깨달았다. 그들은 나에게 부모가 무엇을 하든 그것은 나를 위한 올바르고 선한 행위라고 믿도록 가르쳤기 때문이다. 어떤 아이가 교회에 의심을 품을 수 있을까? 하나님은 부모처럼 우리를 사랑하고 다치지 않도록 보호한다. 여기에 담긴 메시지는 분명했다. 이제 그 교회는 학대당한 자들이 침묵하도록 만든 것에 대한 책임을 져야 한다.

4학년이 되었을 때(성추행이 6년째 이르렀을 때), 나는 매일 두통을 호소하기 시작했다. 몇 주 동안 계속 통증을 호소하자 담임교사는 어머니에게 연락했고, 어머니는 나를 안과에 데리고 갔다. 의사는 나에게 가까이 있는 것과 멀리 있는 것을 보는 것에 관한 꽤 많은 질문을 한 뒤 의례적인 검사를 했다. 그러고 나서 나의 시력에는 아무런 이상이 없다고 선언했다. 다시 말하자면, 아무도 내 두통에 관해 더 이상 묻지 않게 되었다. 학교로 돌아와 눈에 이상이 없음을 교사에게 보고했다. 그 두통은 계속되었지만, 나는 호소하는 일을 그만두고 대신 그 고통을 억누르는 쪽을 택했다. 결국 그 두통은 더 이상 내 신경을 끌지 못하게 되었다. 교사들, 부모, 교회가 내 외침을 들으려 하는 일은 전혀 없었고, 나는 분명 내가 소리 내어 외칠 가치도 없는 사람이라는 결론을 내렸다. 내 어머니는 불평하는 아이를 좋아하지 않았다. 내 몸은 한 겹 한 겹 더욱더 굳어졌고, 그래서 여러 느낌에 무감각해져갔다. 물론 더 이상 상처받는 일도 멈춰졌고, 그러므로 어느 누구를 성가시게 하지도 않았다. 나는 착하고 사람들이 좋아하는 아이, 말썽을 피우지 않는 아이가 되고 싶었다.

내가 침묵한 것은, 주로 어린아이에게는 거의 가치가 없다고 생각하는 사회적 믿음에서 기인한 것이라고 생각한다. 사회는 어린아이들이 말하는 것을 중시하지 않으며 그 말이 이성이나 논리, 진실과 무관하다고 믿는다. 나는 때때로 내가 여성이기 때문에 이와 비슷한 경험을 한다. 사회는 여자들이 이성적이거나 논리적이라는 사실, 또는 진실을 말할 수 있다는 사실을 존중하지 않는 경향이 있다. 유아원 교사들이 석방되고, 법학자들이 "우리는 그저 어린아이들이 말하는 것을 믿지 않았을 뿐입니다"라고 말하는 모습은 아직도 어린아이들의 말이 가치 있는 것으로 존중받지 못한다는 것을 보여준다.*

* 유아원이나 유치원에서 성추행 등이 발생해 재판이 벌어졌을 때, 많은 경우 어린아이들의 증언이 신뢰를 받지 못하는 사회적 분위기를 말하고 있다. _옮긴이

나는 생존하기 위해 '거짓 자아'를 발달시켰다. 초기의 청소년기까지 나는 내 의식 세계 안에서 진정한 내가 따로 있다는 것을 몰랐다. 청소년기에 나는 내 자신에게 정신없이 몰두하기 시작하며 '참 자아'를 찾는 여정에 착수했다. 나는 자신을 찾는 방법을 깨닫고 그로 인해 존경받는 것처럼 보였던 몇몇 사람의 작품을 읽기 시작했다. 나는 책을 사고, 읽고, 글에 밑줄을 긋고, 독후감을 기록했다. 그 사람들은 막 여정에 들어선 갓난아기 같은 나에게 용기와 지혜를 주었다. 나는 그들의 말에 매달리고, 그 말들을 내 투쟁에 적용했다. 나의 심리치료사도 나에게 읽을 것들을 계속 추천해주었다. 책 읽기를 통해 나는 투쟁하며 살아남았던 다른 사람들과 연결되었다. 그러나 무엇보다 중요한 점은, 그들이 자신의 환경에 대해 유감스러워하지 않는다는 것을 내가 감지했다는 사실이었다. 그들은 그들 삶에 있었던 사건들을 받아들이고 의미를 만들어냈다. 나는 그들이 느릿느릿 힘겹게 작은 발걸음을 떼었고, 나중에는 그 지나온 먼 길을 반추하고 평가하며 만족했다는 것을 감지했다. 당연하지만 그 만족은 터벅터벅 많은 걸음을 힘겹게 떼는 여정 후에 온 것이었다.

생존자들은 생존하기 위해서 자기가 노력하는 일에 그 어떤 제한도 두지 않았다. "나는 할 수 없다"라는 말을 나는 하지 않게 되었다. 그리고 나의 한계를 시험해보기 시작했다. 나의 한계는 끝이 없는 것처럼 보였다. 내가 그 끝에 도달하면, 새로운 한계가 멀리서 나에게 손짓하며 불렀다. 나는 내가 이끌려가는 곳에 매혹되었다. 분명 나는 '움직이는 중'이다. 내가 왜 움직이지 않겠는가? 무엇이 나를 몰고 가는가? 그것은 내면의 감각, 어떤 욕구다. 내 이 모든 분투는 아직도 정의되어야 할 어떤 목적을 위한 것이다. 나를 계속 몰고 가는 것은 뭔지 모를 것에 대한 정신없이 끌림이다.

내가 변화한 순간은 창세기의 이야기와 같았다. 창조는 무無의 시간 다음에 생겼다. 혼돈으로부터 새것, 신선한 것이 나왔다. 나도 나의 '창세기 순간'이 있었다. 혼돈에 둘러싸여 있는, 암흑 속에 있는 시간이 있었다. 그것은 죽음이 초대를 기다리는 지점이었다. 고통이 너무 컸다. 내 심리치료사는 가장 창조적인 순간은 절망의 시간과 암흑의 시간 뒤에 따라오는 경우가 많다고 하면서, 내가 생각하도록 이끌었다. 나는 그 이미지를 그리는 일에 마음이 끌려들어 갔다. 나는 혼돈과 절망과 출산의 고통을 날카롭게 느꼈다. 나는 혼돈으로부터 의미를 창조한다는 그 생각에 강한 자극을 받았다. 말 그대로 내 마음은 창조의 이미지로 가득 찼다. 난기류와 바람과 세찬 파도와 번개와 천둥소리. 나는 방향을 알려달라고 물었다. 고통이 먼저 왔고, 나는 신음했으며, 출산은 여전히 진행 중이었다. 그것은 긴 산고였다! 그런데 이 모든 일은 내가 일단 내 병에 굴복하자 일어났던 일이다.

내가 일단 내 이야기들과 싸우기를 멈추자, 나는 그 이야기 안에 사로잡혔고 그 이야기가 밀고 가는 힘을 마음 놓고 신뢰했다. 나는 나의 창조와 자유를 조종하려는 나의 욕구를 포기했고, 내 자신이 따라가도록 내버려두었다. 이것은 만들기 쉬운 변화가 아니었다. 학대의 희생자들은 자기가 통제력을 가져본 적이 없었다고 느끼기 때문이다. 그러므로 계속 통제력을 유지하는 것이 중요한 일이었다. 그런 나에게 만일 내가 내 여정을 통제하려는 욕구를 포기한다면 살아남을 수 있을 거라고 최종적으로 확신시켜주었던 사람은, 내 지지집단에 속한 사람이었다. 그녀는 그 과정을 신뢰하도록 나를 격려해주었다. 신뢰하는 일은 또 다른 어려운 일이었다. 누군가를 신뢰하는 것을 나는 배워본 적이 없었기 때문이었다.

고통에 쫓기면서 수많은 해를 보낸 후, 나는 심리치료사의 도움으로 그 고통을 인정하고, 감지하고, 그 고통의 소리를 듣고, 그것으로부터 나의 이야기를 끌어내어도 괜찮겠다는 확신이 들었다. 나는 내 자신이 무감각함에서 고통으로 옮겨가는 것을 허락했고, 나는 오랫동안 그 고통과 함께 머물렀다. 그 고통은 내가 그 전에는 만나지 않았던 나의 아주 중요한 부분이었다. 나는 그 고통을 글로 썼고, 그림으로 그렸으며, 그 고통과 이야기를 나누었고, 때로는 그것을 한 숟갈 퍼서 내 손에 쥐고 토닥여주거나 보살펴주었다. 그 고통이 바로 나였고, 그 고통이 나 자신을 더 많이 발견하도록 도와주었다. 이 과정 내내 나의 심리치료사는 그 고통을 줄이기 위한 약의 복용을 허락하지 않았다.

나의 주치의와 목사는 최초로 내 삶의 진실을 알게 된 사람들이었다. 먼저 나는 주치의를 신뢰했다. 얼마 되지 않아 나는 목사가 분노에 관한 설교를 하는 것을 보고 결국 그에게도 말을 할 수 있게 되었다. 그 둘 모두 내가 눈에 띌 정도로 심각하게 병들었으며 급속히 그 상태가 악화되고 있음을 알아차렸다. 그 때문에 그들은 나에게 의례적인 질문이 아닌 질문들을 했다. 그들은 나를 거부하지 않았다. 내가 대답을 못하고 쩔쩔매거나 대답할 말을 찾지 못했을 때, 그들은 내 몸의 언어를 읽어주었다. 그 두 사람은 모두 극히 민감한 남자들이었다. 그들은 **말**뿐 아니라 **몸**의 언어도 들을 수 있도록 훈련받은 사람들이었다. 그때까지도 내 몸은 아주 병들어 있었고, 그들은 그 병의 표면 아래에 있는 의미를 알고 있었다. 흥미로운 점은, 내 상처는 모두 남자에게 받은 것이었기에 내가 처음부터 그 두 남자에게 반응할 수 있었다는 사실이다. 파열된 내 신뢰를 그들이 일찌감치 얻을 수 있었던 이유 중 하나는 그들이 나에게, 비록 직접적으로 말한 것은 아니지만, 어떤 식으로도 나를 건드리거나 상처 주지 않을 것임을 뚜렷하게 표현했기 때문이다. 그들은 나를 남자들에게 학대당한 한 명의 여자로서 존중했다. 그들은 자기의 테두리를 알았다. 나는 약했고 아팠다. 그러나 나는 그들의 염려에 반응할 수 있었다. 그들이 나에게 상처를 주지 않으리라는 것을 감지했기 때문이다. 그들은 나를 믿었고, 나의 말에 귀 기울였다. 그래서 내 이야기를 들어주는 누군가를 몹시 갈망했던 나는, 그들이 진정으로 나에게 가장 좋은 것이 무엇인지에 관심이 있다고 믿기 시작했다. 게다가 나는 명백히 죽어가고 있었다. 누군가 나를 염려하고 돌봐주었을 때, 나는 위험을 무릅쓰고 손을 뻗었다.

내가 공동체를 만들려 하면서 중요했던 것은 내 지지집단의 구성원이 되기에 알맞은 사람들을 발견하는 일이었다. 무엇보다도 비밀유지를 존중하는 사람들이 필요했다. 나는 나에게 귀 기울일 줄 알고 함께 이야기를 나눌 줄 알며, 내가 뭔가를 직시하는 일이 필요할 때 직시하도록 해줄 수 있는 사람들을 발견했다. 분명 그들의 무조건적인 사랑이 나를 그들의 울타리 안으로 이끌었고, 그곳에서 나를 지켜주었을 것이다. 나는 어렸을 때 조건적인 사랑만을 배웠었다. 무조건 사랑받는 일이 나에게는 새로운 경험이었다. 그들은 내게 안전함을 제공했다. 다시 말하지만, 그것은 내가 자라온 배경과 모순되는 것이었다. 사람들은 흔히들 부모는 자녀가 다치지 않도록 보호한다고 생각한다. 내 경우, 나에게 직접적인 해를 입힌 장본인은 바로 내 아버지였다. 나는 안전함이나 보호받는 느낌을 받아보지 못했다. 내 지지집단에서조차 나는 안전한 느낌을 얻는 데 오랜 시간이 걸렸다. 이 글을 쓰면서 내가 깨달은 것은 내가 아직도 내 이야기의 특정 부분을 이 집단과 공유한 적이 없다는 사실이다. 사실 어떤 부분은 어느 누구에게도 이야기해본 적이 없고 심지어는 내 심리치료사에게도 말하지 않았다. 그 이야기 전체를 글로 쓰거나 말하려면, 그렇게 하도록 만들어줄 용기를 찾아야 한다. 그것이 바로 내 두 자아가 갈등하는 부분이다. 한 자아는 용감하게 이 여행을 하고 있지만, 또 다른 자아는 앞으로 나아가기를 여전히 겁내고 있다. 나는 치열하게 그 갈등을 느끼며, 아직까지도 내가 불안한 원인이 많은 부분 그 갈등 때문이라고 생각한다. 내가 아직도 지니고 있는 한계는 아직 말한 적 없는 바로 그 나머지 이야기를 하기 두렵다는 점이다. 신뢰가 풀어야 할 문제라면 두려움 또한 마찬가지이다. 나는 아직도 내 모든 공포를 알릴 정도로 강해지지 못했다. 어쩌면 나는 아직 그 모든 공포를 의식적으로 자각할 준비가 되어 있지 않은 것 같다. 나는 이것이 내 여정의 일부라고 짐작한다. 둘러가는 길이 앞에 있을 수 있고, 그 길을 만나면 나는 가던 길을 바꾸어야 할 테고 아직 알려지지 않은 이야기를 다루어야 할 것이다. 그때가 왔을 때에도 나의 지지집단은 나를 위해 거기에 있을 것이다.

나는 교회에 대해, 그리고 교회가 영속시키고 있는 이상理想들로 인해 점점 더 화가 났다. 이는 최근에 있었던 두 가지 사건 때문이다. 이 사건들은 내가 교회를 공동체의 장소로 보기가 얼마나 힘든지를 당신에게 보여줄 것이다. 사실상 이 두 사건 때문에 나는 교회에서 안전함을 느끼지 못한다.

몇 주 전, 우리 교회에서는 예배 중에 성찬식을 했다. 그리고 이때 다른 교회학교의 한 학급이 초청되었다. 나는 기겁할 수밖에 없었는데, 성찬위원 중 하나가 우리 교회의 전임 목회자였기 때문이다. 그는 내가 처음으로 상담을 받고자 했을 때, 오히려 나에게 성적으로 치근거렸던 사람이다(힘에서 압도적이었던 그가 치근거린 이후, 나는 3년 동안 그 누구에게도 도움을 청하지 않았다). 나는 그 성찬식을 위해 '선택된' 그 남자를 보고 견딜 수가 없었다. 이 예배 설교에서 우리 교회 목사는 '학대받은 한 여성의 가슴 아픈 이야기'를 언급했다. 그는 최근 교회 출판물에 게재된 내 글을 언급하고 있었던 것이다. 나는 얼어붙는 것 같았다. 여기서 나는 어떤 의미로는 높여졌으나, 그럼에도 끝까지 교회에 남아 내 인생을 성적으로 엉망진창으로 만들어놓은 세 남자 중 하나에게 성찬을 받아야 했다. 나는 모순을 느꼈다. 화가 났다. 어떻게 교회가 계속해서 우리 둘 다를, 가해자와 피해자 모두를 사랑한단 말인가? 나는 예배 후에 내 지지집단의 한 분을 발견해 함께 조용한 곳으로 가서 울고 또 울었다.

2주 후에 또 그와 비슷한 일이 벌어졌다. 우리 교회의 잡지에서는 제3세계의 한 민족이 겪고 있는 기아를 특집으로 다룬 적이 있는데, 선의를 가진 한 신사가 여기에서 제기된 사안을 사람들 앞에서 이야기했다. 그는 선교사들의 이름을 호명했고, 그들에게 "우리는 그들의 선한 일을 지지하기 위해 후원금을 보내줘야 합니다"라고 말했다. 그런데 이때 거명된 선교사 중 하나가 바로 나를 강간했던 남자였다. 나를 가두고 한 차례 이상 강간한 뒤 겨우 풀어주면서 "아무에게도 말하지 마라"라고 했던 그 사람이었다.

이 교회는 나를 위한 장소가 아니었다. 죄 없는 사람이 절망감에 숨죽여 울고, 학대자가 칭송받는 곳에서 나는 안전함이나 평화를 느낄 수 없었다. 나는 결코 이 교회 안에서는 안전함을 느낄 수 없다고 확신하게 되었다. 나는 현재 이 교회의 목사에게 감사하게 생각한다. 그는 지난 4년간 나를 인도해준 부드러운 영혼의 소유자였다. 단지 그는 이 두 사건이 내게 어떤 결과를 불러올지 알지 못했을 뿐이다. 그는 내 고통을 느꼈고, 교회를 떠나는 것이 내게 필요하다는 것을 이해했다. 나는 하나님에게 화가 난 것일까, 아니면 그 교회 사람들에게 화가 난 것일까? 하나님을 향한 내 느낌은 마비된 상태다. 고백하자면 나는 하나님이 두렵다. 나는 내가 혼자임을 절절하게 느끼며, 나를 위해주는 사랑의 하나님이 어딘가에 있기나 한 것인지 궁금하다.

2주 전에 나는 우리 교회를 떠나기로 결심했다. 현재는 어떤 교회에도 다니고 있지 않다. 일요일 아침에는 집에서 홀로 명상하는 쪽을 더 좋아한다. 지금으로는 이것이 옳은 결정인 것 같다. 마침내 나는 죄책감과 두려움 없이 그런 결론에 도달할 수 있었다. 그런 결론을 내리기까지 오랜 시간이 걸렸지만, 마침내 나는 그 결정이 옳았음을 '알고 느낄' 수 있었다.

최근에 어떤 전국적인 교회 모임에서 내 이야기를 한 뒤, 한 여자 청중이 내 영적 생활에 대해 질문했다. "당신은 매우 영적인 사람 같습니다. 영적인 접촉을 위해 당신이 가진 이미지는 누구, 또는 무엇인가요?" 우선 나는 나를 영적인 사람으로 보아준 것에 대해 감사를 표했다. 나는 이미 교회를 떠났기 때문이다. 나를 그렇게 봐줬다는 것은 누군가의 영적인 발전이 언제나 특정 건물이나 장소, 일정한 틀의 예식이나 한 집단의 사람들에 국한되는 것은 아니라는 나의 신념을 긍정해주었다는 의미이다. 나는 이 분야에서 가장 최근에 생각하고 있던 것을 가지고 대답했다. 나의 이미지는 어떤 존재에 대한 이미지이지만, 그 존재는 남성도 여성도 아니다. 그 존재는 얼굴이 없다. 그것은 넓게 펼쳐지는 손을 가졌고, 얇은 옷을 걸치고 있으며, 나에게 속을 터놓는 스스럼없는 존재이다. 나는 그것을 '위대한 치유의 영'이라고 부른다. 그것은 내가 영적인 존재와 접촉하고자 눈을 감을 때 그리는 이미지이다. 이 순간 그 이미지는 나를 매우 잘 섬겨준다.

내가 미래를 향해 걸어가기로 선택한 일은 희망과 함께하는 일이다. 최근에 꾼 꿈에서 나는 어린 시절의 우리 집 뜰에 새로 심을 나무들을 고르고 있었다. 나는 주저하지 않고 꽃을 활짝 피울 나무를 선택했다. 아마도 이것은 과거라는 묘지에 새로운 나무를 심는 순간을 미리 보여주는 것이었으리라. 나무는 성장과 강함의 상징이다. 오랜 시간에 걸쳐 나무는 깊이 뿌리를 내리고, 그 뿌리는 수많은 태풍을 견딜 수 있게 해준다. 나무는 또한 죽음과 삶의 상징이다. 죽음의 순환을 통해서만이 새로움이 등장한다. 나는 이 꿈의 의미를 곰곰이 생각했고, 나의 오래된 비극의 장면에서 새로움의 이미지를 포착했다. 그 안에는 희망이 놓여 있다. 아주 깊은 암흑으로부터 빛이 나온다. 그리고 그 안에 있는 모든 것이 의미를 지닌다.

맺는말

성폭력을 이해하려면 희생자와 생존자의 목소리에 우선권을 주어야 한다. 그들은 사회가 침묵할 때 학대와 폭력을 견뎌낸 사람들이다. 진실은 그들의 목소리가 명확하게 들려질 때에만 비로소 알려진다. 그들의 힘은 공동체 전체를 위해서도 필요하다. 캐런은 한 명의 생존자로서 이야기를 했다. 그녀는 성폭력의 현실을 계속 부인하는 사회 안에서 자신들의 삶의 공포와 고통스러운 회복에 관해 말하기 시작하는 중인 수많은 여자들의 목소리에 자신의 목소리를 보탰다.

캐런과 같은 생존자의 목소리를 듣는 것은 쉬운 일이 아니다. 그녀의 이야기를 들으려면, 우리는 아무런 지지나 이해도 받지 못한 채 파괴적인 상황에 놓인 작고 무력한 우리 자신을 상상할 수 있어야 한다. 그와 같은 무력한 느낌은 우리를 겁나게 한다. 그 느낌은 우리가 얼마나 다른 사람들의 자애로운 태도와 행위에 의존하는가를 알게 해준다. 생존자의 말을 듣는 것은 우리가 위험한 세계에서 느끼는 취약함에 대한 두려움을 건드리는 일이 된다.

한편 캐런의 이야기를 듣는 것이 고무적인 이유는 악과 죽음의 가운데에서 굴하지 않고 일어서는 그녀의 희망 때문이다. 만일 희망을 갖는 것이 공포에 찬 그녀의 삶에서도 가능하다면, 새로운 삶을 찾으려는 모든 사람 역시 희망을 갖는 것이 가능할 것이다.

4장 회복 중인 가해자들의 이야기

　힘의 악용이 어떻게 이루어지는지 이해하려면, 성폭력을 직접 경험한 사람들의 목소리와 증언을 들을 필요가 있다. 앞에서 우리는 한 생존자의 이야기를 들었다. 그녀는 사회가 그런 이야기를 부인하고 금기시하는 가운데서도 자신의 고통에 관해 말하는 용기를 보여주었다.

　우리는 성폭력에 관한 진실을 몇몇 남자들로부터도 들을 필요가 있다. 그들은 자기가 힘에 중독된 것을 알고, 그 중독으로부터 자신을 회복하려고 노력하며, 자기 내면의 정신적 과정을 마주하며 취약한 상태가 되는 것을 자처한 사람들이다. 이런 증언을 얻기는 어려운데, 자기 이야기를 나누고자 하는 용기 있는 남자들이 아주 적기 때문이다. 이 장에서 우리는 가해자들의 이야기를 들으려고 한다. 도움을 구하는 그들의 왜곡된 외침 가운데서, 우리는 왜 모든 남자들이 힘에 관한 그들의 기본적인 인식을 변화시켜야 하는지에 대한 실마리를 찾을 수 있다. 악의 한가운데에 있는 진실에 귀를 기울임으로써, 어쩌면 우리는 모든 남자들이 공통적으로 지닌 어떤 신념을 볼 수 있게 될지도 모른다. 때로는 힘을 악용하게 하고, 그 때문에 철저히 변화되어야 할 그런 신념을 말이다.

내 개인의 이야기

몇 년 전, 나는 근친상간이 일어난 가족들을 상담하는 심리치료사로 일하기 시작했다.[1] 내가 일했던 기관에는 열다섯 명의 직원이 있었는데, 나를 포함해 세 명만이 남성이었다. 나는 가해자 집단에 배정되어 아동을 추행한 사람들을 상대로 개인 단위 또는 그룹 단위의 심리치료를 했다. 나는 새로운 도시로 이사한 후에도 같은 종류의 일을 계속했다.[2]

성추행자의 이야기를 듣는 일과 그토록 정신적으로 불안하고 위험한 남자들과 함께하는 일은 충격적이었다. 치료사로서 나는 치료 회기와 그 밖의 시간 둘 다의 한계를 분명하게 정해놓아야 했다. 치료사의 윤리적 책임이라는 주제는 꾸준히 제기되는 중요한 쟁점이다. 치료사는 반드시 사회복지와 법 분야의 전문가들과 협력해 일하면서 여성과 아동에게 안전을 제공해야 한다. 성폭력 가해자들이 일정한 책임을 지도록 해 그들로 하여금 치료 과정에서 학대를 계속하지 않도록 만드는 일은 쉽지 않다. 이들과 작업하는 전문가들은 극단적인 위험이 있을 수 있다는 사실에 경계심을 늦추지 말아야 한다. 그 가족의 다른 구성원들로부터 받은 정보에 기초해, 위반된 사항이 있을 경우 반드시 법적인 조치를 취해야 한다. 부인否認과 합리화는 가해자가 흔히 취하는 방어기제이며 진실을 분별하는 것을 거의 불가능하게 만든다. 모든 가해자가 자신의 범죄로 인한 결과를 피하기 위해 거짓말을 한다. 남자 치료사들은 남성이 행한 학대에 대해 자신이 충분히 민감하지 못하다는 사실을 이해해야 하며, 따라서 여자 치료사들에게 의견을 묻고 보고할 필요가 있다.

더 이상 학대를 하지 못하도록 법적인 제한과 치료적인 제한을 둔 후에, 그리고 지시적인 노력을 기울여 인지적인 왜곡에 도전한 후에, 이 남자들의 고통을 경청하고 해석하는 일이 치료에 포함된다. 그들은 자기 삶의 공허함과 소외감에 접촉하는 대신 다른 사람들을 비난함으로써 자신의 문제를 외부의 탓으로 돌린다. 그들은 자신의 가정에서 여성과 아동들을 정서적으로 통제할 자격이 있다고 느끼기 때문에, 아동 보호 기관, 법원, 치료사로부터 간섭받는 것을 억울하게 생각한다. 이들과 일하는 사람은 그들이 제한을 위반한 결과 발생하는 제재에 대해 확고한 태도를 취해야 하고, 조작과 합리화 속에서는 신뢰가 거의 자라날 수 없음을 전제로 하고 인내심을 가지고 기다려야 한다. 이런 요인들이 가해자와의 임상작업을 어려운 과제로 만든다.

나는 지금껏 왜 아동학대자와 작업하느냐는 질문에 제대로 된 답변을 해준 적이 없다. 나는 그것이 내가 감정적 고통을 부정하는 미국의 전통적 중산층 문화에서 성장했기 때문이 아닌지 의심한다. 내 부모는 슬픈 아동기를 거치며 살아남았기에, 자기 자녀들에게는 더 좋은 환경을 만들어주겠다고 결심했다. 1950년대의 문화는 순종을 장려했고 가장 사회화가 잘된 사람에게 번영을 제공했다. 장남이었던 나는 부모를 기쁘게 하지 못할까 봐 염려하는 일이 많았다. 그렇게 모범생으로 자라면서 나는 많은 강렬한 감정들을 억눌러야 했다. 내 자신이 심리치료를 받으면서 고군분투했던 일이 바로 내 아동기의 상처를 아물게 하는 일이었다.

성추행자들과 함께 작업하는 일에는 내 자신의 원초적 감정을 계속해서 건드리는 무언가가 있다. 성추행자들로 인해서 나는 그동안 억제되어온 충동들, 즉 내가 느끼고 행하는 것들 중 아주 많은 부분을 통제하는 내 자신의 무의식적인 폭력과 접촉하게 되었다. 이 작업을 통해 내 자신이 성장하고 깨달음을 얻는 일이 중요해진 것이다.

내가 성추행자들과 작업하게 된 또 다른 동기는 문화비판이다. 1950년대 문화는 인간을 통제하고 무감각하게 만들었다. 각 개인은 자신의 충동을 희생하는 대가로 사회적 존경과 성공을 거둘 수 있다고 배웠다. 개인의 그런 희생은 감정과 진실성의 상실을 불러왔을 뿐 아니라, 사회의 불의를 볼 수 없도록 만들었다. 미국 문화는 국민의 무비판적인 협조에 의존하고 있는 것이다. 아동 성추행자와 작업하는 일은 문화적 불의에 마비된 나를 깨워준다.

아동 성추행자란, 문화가 남성의 학대에 강력한 책임을 지우는 일에 얼마나 실패했는지를 보여주는 무서운 실례이다. "아동 성 학대에 대한 …… 실형선고 비율은 다 합쳐서 1%"라는 조사 연구 결과가 있다.[3] 여기에 보고되지 않은 사례들의 추정치까지 더한다면, 성폭력 범죄를 저지른 남자에게 실제로 책임을 묻는 비율은 지독하게 낮아진다. 남자들이 상처를 입기 쉬운 사람들에게 범죄를 저지르고도 그 결과에 책임지지 않고 보호받는 것만큼, 문화는 여성과 아동에게 자행되는 위법행위들에 대한 책임이 있다. 많은 추행범은 체포되고 유죄 선고를 받을 때 혼란스러워한다. 그들은 남성이 가정 안에서 향유할 수 있다고 간주되는 특권을 행사한 것이기 때문이다. 나는 이 분야에서 연구하면서 힘없는 자들을 희생시키고 힘 있는 자들을 보호하는 거짓말을 어느 정도 폭로할 수 있었다. 나는 사회의 잘못들을 자각하게 되었고 그것이 사회악에 대한 나의 무감각함을 깨뜨려주었다.

또한 성추행자와 작업하는 일은 내 신학에 도전해 그것을 변화시켰다. 과정신학을 따르는 나는 하나님과 세상의 관계에 대해 철저히 경험적인 견해를 가지고 있다. 나는 하나님이 경험의 모든 순간에 함께하면서 경험의 강도와 조화를 증가시킨다고 믿는다. 아마도 내가 이런 실재관實在觀을 받아들이는 것은 내 자신이 하나님과 거리감을 느꼈기 때문일 것이다. 비록 내가 자주 느끼지는 못할지라도, 나는 하나님이 개인적인 방식으로 현존함을 믿고 싶다.

그러나 아동 성추행자와 작업할 때 악의 문제를 무시할 수 없다. 이런 인간의 파괴성 앞에서 하나님의 선률에 대한 고지식한 교리를 유지하는 것은 불가능하다. 아동 성 학대에서는 개인적·사회적 악이 아주 명백하게 드러나기에, 하나님의 은혜가 모두에게 내린다고 하는, 어찌 보면 기본이라 할 수 있는 개념이 도전받는다. 아동을 강간한 남자의 삶에서 하나님의 정의와 사랑은 어디에 있는가? 아동 성추행자들의 내면에서, 그들의 가족 안에서, 아동학대의 심각함을 무시하는 사회 속에서, 악이 조직되며 힘을 얻는다. 극단적인 악의 다른 실례라 할 수 있는 홀로코스트와 미국의 노예제도는 성폭력과 비슷한 패턴을 보인다. 지배구조들이 세상을 지배할 때 악의 한계는 존재하지 않는 것처럼 보인다. 악이 통제할 때 인간 고통의 비극은 엄청나다. 하나님 안에서 악과 선의 관계는 쉽게 풀리지 않는 수수께끼인데, 우리가 성폭력의 함축된 모든 의미를 직면할 때 더욱 그렇다. 한 사람이 악을 행했을 때, 사랑과 힘의 하나님 안에서 희망은 어디에 있는가? 여기에서 회복 중인 가해자들이 내 교사가 되어주었다. 치유의 힘든 길을 선택하고 자기 삶이 철저히 변하기를 바라는 몇몇 남자들에게서 나는 완전히 죽지 않은 회복력 있는 희망을 목격해왔다. 악 그 자체에 들어 있는 힘에 대면하는 인간 정신의 이런 용기는 뚜렷이 주목할 만하다. 만약 희망이 그러한 사람들 속에 계속 남아 있다면, 노예제도와 핵무기를 만들어냈던 이 사회에도 여전히 희망은 남아 있을 것이다. 회복 중인 한 가해자는 10대 시절에 심각한 성폭력을 당했고, 다른 사람을 학대하는 자로 변해가던 바로 그 시점에 체포당했다. 그의 상담사 중 한 명이 그에게 회복할 수 있을 확률이 1000분의 1이라고 말했을 때, 그는 "나는 그 통계수치에 낄 계획이 없습니다"라고 말했다. 그의 영혼의 회복력은 어떤 이론에 의해서도 설명될 수 없다. 소수의 성추행자들은 자기 삶 안에 있는 그 악에 직면할 결심을 하며 스스로 희망을 포기하지 않았다. 바로 이것이 악의 존재 앞에서도 회복력을 가진 하나님에 대한 믿음을 옹호해줄 수 있다.

가해자의 이야기 찾기

나는 이 글을 가해자와 함께 쓸 수 없었는데, 이는 자기 삶의 진실을 공개적으로 말할 용기를 가진 사람을 찾을 수 없었기 때문이다. 차선책으로 나는 가해자들에 대해 내가 알고 있는 것과 느낀 것을 보고하기로 했다. 성추행자들을 임상치료하는 일 말고도, 나는 자료 연구에 몰두했으며 워크숍과 학술회의를 통해 다른 치료사들과 함께 가정 안에서 벌어지는 근친상간의 원인에 대해 토의했다. 나는 가해자들로부터 생기는 다양한 쟁점들에 관한 수없이 많은 이야기를 들을 수 있었다. 그리고 이 모든 경험을 통해, 나는 내가 들었던 고통과 분노를 일부나마 묘사한 가상의 인물들과 이야기를 만들어낼 수 있었다. 나는 일반적인 패턴을 추출해내려 노력했으며, 그 틀에 가공의 내용을 채웠다. 이런 식으로 나는 비밀보장에 대한 내 맹세를 지키면서도 내가 일반적으로 알게 되고 느낀 것을 어느 정도 공유할 수 있다. 내가 말하는 이야기의 어떤 부분도 나와 이야기를 나누었던 특정한 개인의 이야기가 아니다.

앞으로 나올 이야기들에 대해 하나 더 주의할 점이 있다. 나는 몇몇 집중

프로그램에서의 훈련을 포함해 17년 동안 개인과 가족 심리치료사로 일해왔다.4 성폭력 가해자들과 더불어 5년 동안의 임상경험을 한 후에 슈퍼비전을 받으면서 이 일을 계속하고 있다. 목회자와 기타 훈련받지 않은 상담사들은 이 사람들이 지닌 어려운 임상적 쟁점들을 과소평가하지 않는 것이 중요하다. 이 이야기는 임상치료사들을 위한 지침서가 아니며, 그저 방향을 제공하기 위한 수단이다.

전형적인 이야기란 없다

앞으로 말할 샘Sam에 관한 가상의 이야기는 사례연구 중에서도 가장 긍정적인 사례에 속한다. 이 사례는 최적의 조건하에서조차 여러 쟁점들을 직면하고 해결하는 것이 어렵다는 것을 보여준다. 또 이렇게 구성된 사례는 몇 가지 점에서 정확한 그림을 보여주지 못한다.

첫째, 샘의 이야기는 왜곡된 관점을 주는데, 그 이유는 성추행자들 대부분이 자기가 행한 것을 인정하려 하지 않고, 전혀 치료의 기회를 찾거나 이용하지 않기 때문이다. 치료를 받기 시작한 사람들도 대부분 치료에 긍정적으로 반응하지 않는다. 치료가 몇 년이나 지속된 후에도 성추행자들 대부분은 여전히 자기 행위의 심각성을 제대로 인정하지 않는다. 부인否認은 성폭력의 책임에 저항하는 전형적인 방어이고, 성추행자들이 필요한 치료를 받지 못하도록 막는 가장 심각한 문제이다. 샘이 특별한 이유는 그가 서서히 자신의 삶의 진실을 직면하게 되었고, 오랜 시간에 걸쳐 그 자신의 고통과 우울을 치료받았기 때문이다.

둘째, 샘의 이야기가 왜곡된 그림을 제공하는 또 다른 이유는 이 이야기가 마치 '학대의 희생자는 학대의 가해자가 된다'고 암시하는 것처럼 보이기 때문이다.[5] 내가 아는 성추행자 대부분은 어렸을 때 학대받았거나 착취당한 경험이 있고, 이 때문에 성인이 되어 그들이 행한 성폭력은 그들 자신의 트라우마의 반복인 것처럼 보인다. 아동기 때 겪은 트라우마와 성인기에 행하는 학대 사이에 중요한 관계가 있다는 것은 명백하다.[6] 그러나 조사 연구를 보면 "성추행을 당한 아동 대부분이 나중에 성추행자가 되는 것은 아니다. 특히 여자들은 더욱 그러하다. 여자들은, 희생자였든 아니었든, 성범죄자가 되는 경우가 거의 없다."[7] 아동 성 학대의 희생자였던 남자들 중 다수가 성추행자가 되지 않는다는 점 또한 사실이다. 확실한 것은, 성폭력은 다중적인 원인들로부터 나온 결과이며, 더 온전하게 연구할 필요가 있다는 점이다. 나중에 더 자세하게 검토하겠지만, 그 연구에는 사회적 요인과 남성의 사회화 등을 포함시켜야 한다. 내 자신의 경험은 여기 보고된 대로 성추행자가 아동기에 성적 트라우마 또는 기타 트라우마를 받았을 가능성이 높다는 점은 지적하고 있지만, 이런 결론은 미숙할 수도 있다.

셋째, 이 이야기는 왜 아동 성 학대가 여성보다 주로 남성에 의해 행해지는가에 대한 의문을 적절하게 탐구하지 못한다. 아동이 사회화되는 방식에서 남자와 여자 사이에는 분명한 차이가 있으며, 성인문화에서 기대하는 남성의 행위와 여성의 행위가 각기 다른 것도 확실하다. 여자들은 아동기에 희생되는 경우가 자주 있고, 성인 세계에서도 종속적인 위치에 놓이는 상태에 대처해야 한다. 그들의 행위는 가부장제와 불평등이라는 한계에 의해 억제된다. 남자들은 인간관계에서 지배적인 태도를 취하도록 사회화되고, 그래서 그들이 학대하는 행위는 용인된다. 남자들이 아동을 학대하는 이유는 자기 행동에 대한 책임을 추궁당하지 않기 때문이고, 그들이 다른 사람들에게 고통을 가하기로 선택하기 때문이다. 남자들과 여자들의 이 같은 차이가 이 조사 연구의 주된 쟁점이다.

넷째, 샘은 많은 유형의 성추행자들 중 단지 한 가지 유형만을 보여준다. 지금까지 성추행자의 유형을 분류하려는 몇 차례의 시도가 있었다.[8] 성추행자들로 이루어진 집단을 한 줄로 늘어세운다고 생각한다면, 한쪽 끝에는 샘과 같은 남자들이 있다. 그들은 드물게 어쩌다, 보통 스트레스를 받을 때 추행하지만, 성추행자라고 진단받는 것은 당연한 일이다. 그들이 최적의 치료를 받을 때조차 그렇다. 이 집단에 속한 사람들 중에는 성폭력의 전력이 드러나지 않은 채로 알코올중독, 우울, 자살 상념 같은 다른 증상으로 인한 심리적 고통 때문에 도움을 받고 있는 사람도 있다. 성추행자들의 다른 쪽 끝에는 폭력적인 성추행자들이 있다. 그들은 알지 못하는 아동을 강간하거나 죽이는 자들인데, 이들에 대한 치료법은 지금까지 알려져 있지 않다.

이 두 극단 사이에는 온갖 종류의 증상을 보이는 성추행자들이 있으며, 그들의 행동양식 역시 수없이 다르다. 아동 성 학대의 증상은 어떤 특정한 심리적 병리와 아무 상관관계가 없으며, 사회적 계층과도 무관하다. 아동 성추행자들은 일반적으로 알려진 것보다 훨씬 더 널리 퍼져 있고 훨씬 더 복합적이다. 아동 성 학대가 왜 그렇게 만연해 있는지 이해하려면, 우리는 성 학대의 공포 속에서 성장한 생존자들의 증언에 귀를 기울여야 한다. 생존자들의 목소리를 경청함으로써 우리가 이해하고 다루려 노력하고 있는 그 현상에 관한 실마리를 찾게 될 것이다. 더구나 우리는 성추행자들 자신이 갖고 있는 파괴적인 이미지와 내면의 고통을 반드시 들어야 한다. 성폭력의 개인적이고 사회적인 원인들을 밝혀내기 시작할 수 있을 때까지 우리는 널리 만연되어 있는 이 악을 막을 수 없을 것이다.

샘, 회복 중인 가해자

샘은 의지할 수 있는 애착관계가 거의 없는 상태에서 꽤 많은 일을 홀로 해결하며 성장했다. 아버지는 그가 학교에 다닐 나이가 되기도 전에 집을 나갔다. 샘에게는 아버지와 긍정적으로 접촉했던 기억이 전혀 없다. 그는 성인이 되고 나서야 아버지가 알코올중독으로 50대 초반에 죽었다는 것을 알게 되었다. 남편이 떠난 후 네 자녀를 감당할 수 없었던 샘의 어머니는 샘과 그의 형제자매를 대리양육 가정에 몇 년간 맡겼다. 여기가 바로 샘이 첫 번째 학대를 받은 곳으로 기억하는 곳이다. 사소한 잘못으로도 매를 맞았고, 그 가족 중 샘보다 나이 많은 아이들에게 괴롭힘을 당한 희미한 기억도 있다. 샘의 어릴 적 생활은 불안정한 가족과 신뢰할 수 없는 어른과의 관계로 점철되었다.

샘은 그의 어머니가 재혼하고 아이들을 다시 데리러왔을 때 크게 안도했다. 잠시나마 모든 것이 나아지는 것 같았다. 적어도 살림살이는 훨씬 안정되었다. 샘이 아홉 살이었을 때, 의붓아버지는 그에게 "자기에게 부는 일blow-job, 구강성교 을 해준다면", 당시 샘에게는 상당한 액수로 보였던 돈을 주겠다고 약속했다. 스스로를 보호하는 방법을 알지 못했던 샘은 자신이 그 일을 거부할 수 없다고 느꼈다. 그의 의붓아버지가 그만둘 때까지 이런 일은 몇 번이나 반복되었다. 그 후에 그들의 관계는 극도로 멀어졌다. 나중에 그는 외삼촌에게도 추행을 당했다. 그는 자기가 오르가즘을 느낄 때까지 샘에게 자기 성기를 만지라고 강요했다. 샘은 이 경험들로 인해 공포에 질렸지만 어머니에게 말하지 못했다. 왜냐하면 그와 어머니의 관계는 편치 않았고, 어머니는 늘 어른들 편에 서서 그가 잘못했다고 했기 때문이다.[9]

이렇게 성 학대를 당한 일들로 샘은 우울함을 느꼈고 친구들과 어른들로부터 고립되었다. 그는 학업에 집중하기 어려웠고, 학교에서 자주 교사들과 갈등을 일으켰다. 샘은 5학년 때 친구 한 명을 사귀었지만, 그가 크리스마스에 이사 간 이후로 다시는 그의 얼굴을 보지 못했다. 열다섯 살이 지난 후, 샘은 날마다 느끼는 고통과 외로움에서 벗어나고자 술을 마시기 시작했다. 술을 마시면 분노가 치밀어 싸움을 하게 되었는데, 이 때문에 때로는 경찰관과도 문제를 일으켰다. 그는 며칠 구류되었고, 그 지역 청소년구치소에서 여러 달을 보냈다. 열일곱 살 때 그는 어떤 여자애와 만나 그녀의 아버지의 땅 뒤편에 버려져 있던 차 안에서 처음으로 성관계를 가졌다. 그것은 그에게 거의 의미 없는 경험이었다.

고등학교를 졸업한 후 샘은 어떤 공장의 부품조립 부서에서 일했고, 거기서 마찬가지로 미성숙한 동갑내기 여자 페기를 만났다. 그들은 사귀기 시작했고 페기가 임신하자 결혼하기로 결정했다. 그들이 두 번째로 가진 아이는 여아였는데, 한 살 때 심장 질환으로 사망했다. 샘은 절망했다. 자신의 잃어버린 자아를 떠올리게 하는 그 연약한 아기를, 샘은 자기 자신과 아주 강하게 동일시하고 있었기 때문이다. 둘째 아이의 죽음 직후에 샘은 직장을 잃었고 가족은 일 년 동안 돈벌이 없이 살았다.

샘이 계속 직업을 찾지 못하는 와중에 페기는 종업원으로 일하게 되었고, 샘은 다섯 살짜리 아들 조니와 집에 있게 되었다. 샘은 자신이 얼마나 심각한 위기상황에 있는지 전혀 알지 못했다. 이때 처음으로 그는 아들을 성적으로 만졌다. 처음에 그것은 다소 거친 장난과 간지럼 태우기였지만, 이윽고 샘은 조니의 생식기를 만지고 그의 앞에서 자위를 하게 되었다. 샘이 보기에 그의 아들은 아빠의 관심을 즐기는 것 같았고 신체적 접촉에도 개의치 않는 것 같았다. 샘은 힘을 느끼고 흥분감에 도취되어갔다. 그가 항상 갈망해왔지만 경험해본 적이 없었던 존중과 신체적 접촉이 바로 여기에 있는 것처럼 보였다. 어느 날 아들과 놀면서 그는 자신의 음경을 강제로 아들의 입에 넣었다. 잠시 동안 기분이 좋았지만, 샘은 곧 공포를 느끼며 의붓아버지와 있었던 경험을 기억해냈다. 그는 그 행동을 멈추고 울면서 아들에게 절대로 또다시 이 같은 일을 하지 않겠다고 약속했다. 수치심에 사로잡힌 그는 아들에게 이 사건이 얼마나 커다란 파괴적 영향을 미쳤는지 알아채지 못했다. 아들은 악몽을 꾸고, 신체화 증상을 나타냈으며, 학교와 집에서 공포심을 느끼기 시작했다.

그다음 주, 샘은 조니와 함께 놀면서 또다시 그를 학대했다. 이번에 그는 자신의 행동으로 곤란을 겪게 될까 두려워졌다. 그는 울면서 아들에게 지금 일어난 일을 아무에게도 말하지 말라고 강요했다. 공포에 질린 그의 아들은 절대로 말하지 않겠다고 약속했다.

하지만 수개월 뒤, 위험한 시기가 지나갔다고 판단한 샘은 다시 아들과 놀면서 그를 만지기 시작했다. 이것은 습관이 되었고, 샘은 멈추지 않았다. 그는 다시 아들을 일주일 간격으로 학대하기 시작했다. 샘은 자신의 고통을 달래기 위해, 그리고 어느새 자신의 삶이 되어버린 공포에서 벗어나기 위해 다시 술을 마시기 시작했다.

어느 날 그가 술집에 있을 때, 경찰관 둘이 와서 그를 체포해 경찰서로 연행했다. 경찰관들은 유치원 교사로부터 샘이 그의 아들을 추행한다는 신고를 받았다고 말했다. 처음에 샘은 모든 것을 부인했고 아들을 거짓말쟁이라고 비난했으나, 그날 밤에 모든 것을 고백했다.

그가 체포되어 여러 날 구류된 동안, 아동 보호 기관이 그의 가족을 위한 활동을 시작했다. 그 기관은 샘이 아들과 접촉하지 않고, 아파트를 따로 얻어 살며, 성 학대 치료기관에서 하는 프로그램에 정기적으로 참석한다는 조건을 받아들이면 그가 풀려날 수 있게 해주겠다고 결정했다.

석방된 다음 날 샘은 치료기관에서 면접을 받고 페기와 함께 오리엔테이션 집단에 배치되었다. 그곳은 근친상간 문제를 가진 부부들로 구성된 집단이었다. 그리고 내가 그의 치료사로 배정되었다. 나는 약 3주 뒤에 샘을 만났다. 처음 만났을 때 그는 아주 협조적이었다. 그는 구류에서 풀려나 가족과 함께 할 기회를 얻었기에, 그리고 더 이상 아들을 성추행하지 않게 되어서 안도하고 있었다. 그는 경찰, 법정, 구치소의 간수가 자신을 함부로 대우했다고 느꼈다. 그는 분노하면서도 무서워하고 있었고, 우리 기관이 그에게 요구하는 그 어떤 것이라도 기꺼이 하려고 했다. 그는 자신의 삶에 관해서 많은 것을 말했다. 자기 아들을 성추행한 것을 자세히 말해주었고, 그 자신의 슬픈 아동기에 관한 이야기도 세세하게 말했다. 어느 수준에서는 그가 도움을 원했다. 그는 필사적이었고 우리 기관이 그의 삶을 고쳐줄 수 있기를 희망했다. 첫 번째 가족상담 모임에서 샘은 아들과 페기에게 사죄했고, 자신의 잘못된 행동에 대한 책임을 인정했다. 이것은 샘의 아들이 스스로를 비난하는 것을 막기 위해 취해져야 할 일련의 조치들의 조심스러운 첫걸음이었다. 페기는 자기가 사랑했던 남자가 그렇게 파괴적으로 변했다는 사실에 망연자실했다. 그녀가 삶의 위기에 대처할 수 있게 하기 위해 그녀의 전담 치료사가 배치되었고 기타 자원들을 받을 수 있도록 지원이 이루어졌다.

몇 주 후 샘은 조바심을 냈다. 같은 치료집단에 있는 다른 남자들로부터 가족과 떨어지는 기간이 12개월에서 18개월까지 지속되는 경우가 많고, 이혼도 드물지 않다는 이야기를 들었던 것이다. 샘이 자신의 아들 역시 신체 접촉과 놀이를 즐겼다고 주장할 때마다, 상담사들은 그에 맞서 그가 합리화를 하고 있으며, 그의 아들이 진정으로 원하는 것과 샘 자신의 생각을 혼동하고 있다는 사실을 지적했다. 그를 향한 페기의 감정도 오락가락 흔들렸다. 어떤 날에는 절대로 그를 보려 하지 않다가도, 그다음 날에는 무력하게 그에게 전화해 집에 오라고 애원했다. 그것이 법원의 명령을 위반한다는 사실에도 아랑곳하지 않고 말이다. 샘은 자신이 그녀와의 결혼 관계를 계속 유지하기를 원하는지 아닌지조차 헷갈리는 것처럼 보였다. 그는 그의 아들을 굉장히 그리워했고, 왜 상담사가 지금은 아들을 보지 않는 것이 최선이라고 말하는지를 이해하지 못했다.

법원과 지역 아동 보호 기관에서 규정한 제약들과 치료 센터의 규칙은 그를 격노케 했다. 그는 자기가 어른이 아닌 아이처럼 취급당한다고 느꼈다. 샘은 상담사들에게 자신의 분노를 보이지 않으려 노력했지만, 그의 무력감은 자주 분노로 바뀌었다. '제도'는 그의 지배적 위치를 박탈했고, 그가 자기 내면의 공허함으로부터 오는 결핍감을 해소하기 위해 학대했던 가족들을 빼앗아갔다. 이러한 저항과 책임 회피의 단계가 몇 달간 지속되었다. 그는 집단 치료에서는 거의 말을 않다가도, 개인 치료를 받을 때는 가족이 없어 자신이 얼마나 외로운지를 호소했다. 가족을 향한 그의 소유욕은 학대의 근거를 제공하는 패턴의 일부였다. 그는 또한 자신의 실직 상태와 가정 경제에 관한 염려, 그리고 사돈들에 대해 이야기했다. 그는 아주 많은 것들을 털어놓았다. 아들에 대한 성 학대와 그가 저지른 그 밖의 학대 행위에 관한 것을 제외하면 말이다. 모든 것이 잘될 거라는 믿음 속에서 그가 처음에 느꼈던 행복감은 이제 우울함으로 바뀌어 있었다.

어느 날 그는 술을 마신 상태로 치료집단에 왔다. 상담사들은 그를 따로 불러내 또다시 술을 마시고 온다면 앞으로는 치료집단에 올 수 없을 것이라고 말했다. 그는 이 프로그램에 계속 참여할 것인지의 여부를 결정해야 했다.

개인 상담에서 샘은 집단 치료의 상담사들이 자신을 부당하게 대우하고, 자신을 진심으로 돌보려 하지 않으며, 치료를 받는 자신이 얼마나 힘들어하는지 이해하지 못한다고 불평했다. 나는 귀 기울여 들으면서 그가 지금 얼마나 비통한 심정인지 말해달라고 요청했다. 그는 감정을 주체하지 못하고 정신없이 울었다. 그것은 샘이 이전에 보여주었던 것과는 전혀 다른 종류의 울음이었다. 그 울음은 두려움과 실의의 표현일 뿐 아니라, 그의 인생 전체에 대한 깊은 절망감의 표현처럼 보였다. 치료를 시작하고 4개월이 지나면서 그는 마침내 무언가를 느끼기 시작했고, 스스로를 표현할 수 있는 몇 마디의 말을 발견했다. 그는 집단 치료에 좀 더 적극적으로 참여하게 되었고, 자기 상황에 대해 논의할 시간을 요청하기도 했다.

그사이에 샘은 일자리를 구했다. 자영업자인 한 목수의 보조로, 현관을 만들고 방을 리모델링하는 일이었다. 하지만 그는 두 달 동안 일하고도 돈을 받지 못했다. 그의 고용주는 2000달러를 체불했고, 그 돈을 언제 지불할 것인지도 확실히 하지 않았다. 어느 날 밤 상담 중에 샘은 나에게 어차피 절대로 돈을 받지 못할 테니 그 고용주를 폭행할 계획이라고 말했다. 그는 누군가가 자기에게 이런 짓을 했다는 사실에 몹시 분개했다. 그는 자신이 제대로 된 판단을 내릴 수 있는 상태가 아니라는 사실을 자각하지 못했다. 그는 일을 시작하고 2주가 지난 시점, 즉 급료가 제때 지급되지 않을 것임이 명백해진 시점 또는 회사가 제대로 돌아가지 않는다는 신호가 보였던 더 이른 시점에서 일을 그만두어야 했다는 것을 알지 못했다. 그는 충동을 통제하는 것이 치료의 목표 중 하나이며, 자신에 대한 통제력을 발휘하지 못하는 것을 외부 환경의 탓으로 돌릴 수 없다는 사실을 자각하지 못했다. 그가 모욕과 부당한 대우를 당한다고 느꼈던 당시의 상황은 샘 내면의 병리적 측면들을 자극했고, 그래서 그는 폭력을 휘두르겠다는 환상으로 반응했다.

아무리 설명해도 소용이 없었다. 샘은 그의 고용주에게 위해를 가할 가능성이 있었다. 이 상황에 대해 고민하고 내 슈퍼바이저와도 이야기를 나눈 후, 나는 샘의 고용주에게 전화해 그에게 닥친 잠재적 위협을 알리기로 했다. 그리고 내 결정을 샘에게 알려주면서, 이 조치에는 두 가지 목표가 있다고 설명해주었다. 하나는 그의 고용주가 신체적인 상해를 입지 않도록 보호하는 것이고, 다른 하나는 샘이 이런 상황에서 자신의 분노를 억제하도록 돕는 것이다. 폭행죄는 그의 보호감찰 처분과 결혼생활, 그의 치료 모두를 위태롭게 할 것이다. 나는 그가 이 갈등을 해결하고자 노력한다면 기꺼이 돕겠지만, 다른 사람을 보호하기 위한 조치 역시 취할 필요가 있으며, 그것이 위험이 가득한 상황에서 그를 돕는 것임을 말해주었다. 치료사는 비밀을 유지하는 일에도 한계가 있을 수 있다는 것을 반드시 알아야 한다. 특히 다른 누군가의 생명과 안전이 위협에 처한 상황에서는 말이다.

나는 그 고용주에게 전화해 샘이 자기가 폭력을 휘두를지도 모른다고 말했음을 알렸다. 다음 날, 샘은 고용주에게 자신이 부당한 대우를 받는 것 같다고 털어놓았다. 고용주는 샘과 합의해 봉급의 일부를 즉시 지급한 뒤, 일주일 뒤에 나머지를 주겠노라고 약속했다. 다음 상담 회기에 왔을 때 샘은 몹시 기분이 좋아 보였다. 10대였다면 폭력을 저질렀을지도 모르는 상황을 지혜롭게 해결했기 때문이다. 샘은 기존과는 다른 방식으로 행동하는 법을 배우기 시작했고, 집단 치료에서 다루는 여러 주제들에 관해 적극적으로 발언하게 되었다.

이후 별다른 사건 없이 1년 정도 치료받은 후, 샘은 아파트에서 혼자 사는 것에 불안을 느끼기 시작했다. 그는 자신이 치료에 잘 협조했고 법원의 명령도 위반하지 않았는데 여전히 가족과 재결합할 조짐이 보이지 않는다고 느꼈다. 그가 가족을 볼 수 있는 것은 때때로 있는 가족상담 회기에서와 매주 감독받으며 아들을 만날 때가 전부였다. 상담사와 법원에 제기한 샘의 강한 주장은, 몇 개월 전의 불평과는 성격이 많이 달랐다. 이번에 그는 우리에게 도움을 요청했으며, 어느 정도의 양보도 감수하려 했다. 우리 기관에서는 근친상간 가족의 재결합을 법원에 추천할 경우, 모든 상담사와 사회복지사, 보호감찰자 간의 합의가 있어야 했다.

가장 우선해야 할 것은 희생자와 그의 상담사였다. 이제 여섯 살인 조니는 초등학교 1학년이 되었다. 치료를 받으면서 놀이에 참여하는 그의 능력은 서서히 향상되었으며, 심각한 사고를 겪는 일 없이 학교를 다니기 시작했다. 그러나 조니는 여전히 연약하고, 쉽게 낙담하며, 자주 우울증에 빠지는 어린 소년이었다. 성 학대는 그 아이의 발달을 심각하게 저해했고, 충동조절, 또래와의 소통기술, 목표에 집중하는 능력도 크게 부족했다. 그는 성인을 무서워했고 자신과 주변 세계에 대해 부정적인 생각을 가지고 있었다. 그 아이의 상담사는 두 사람의 부자 관계가 회복될 수 있으리라 생각했지만, 가족의 재결합에 대해서는 회의적인 입장을 취했다. 조니가 아버지와 함께 사는 것을 견딜수 있으려면, 아직 가족치료에서 더 많은 작업이 이루어져야 했다.

페기의 상담사도 회의적이었다. 위기 속에서 자주 무력감에 빠지곤 하던 이 연약했던 여성은 조금씩 나아지는 모습을 보이고 있었다. 남편과 비슷하게 자신을 학대하고 무시하는 비정상적인 가정에서 성장한 그녀는, 딸이 죽고 남편이 아들을 성적으로 학대했다는 무서운 사실을 알았을 때 깊은 우울함에 사로잡혔다. 그녀는 아직도 남편의 의사에 직접적으로 반대할 힘이 없었다. 상담사들은 몇 번의 가족치료만으로도 샘이 여전히 가족에 대해 지배적인 태도를 취하며, 아내와 아들이 자신과는 다른 욕구를 가진 별개의 인간이라는 사실을 깨닫지 못한다는 것을 알 수 있었다. 하지만 모든 상담사들은 개인 치료 및 집단 치료에 인간관계 치료를 추가하기로 동의했다. 그래서 정기적인 부부치료와 가족상담이 추가되었다.

이렇게 늘어난 감정적인 부담은 샘과 페기에게 어려움을 주었다. 샘은 자신의 학대 행위를 직시할 때마다 인내심의 한계를 드러냈고 페기 역시 남편과 함께 있을 때마다 무서워하고 불안해했다. 그들은 서로에게 자신의 감정을 표현하고 두 사람 사이의 갈등을 해결하는 능력이 아주 부족했다. 그들이 상담사들과의 대화에서 얻은 교훈들은 좀처럼 부부간의 의사소통에서 활용되지 못했다. 어느 날 샘은 아무런 설명도 없이 한 주 동안 모든 치료 회기에 불참했다. 페기도 그에게서 아무런 연락을 받지 못했다. 샘은 자신의 상담사들에게도 전화하지 않았다. 샘은 2주가 지나서야 벌건 눈으로, 면도도 하지 않은 채 상담 회기에 나타났다. 그는 50마일을 운전해 근처 마을로 가서 며칠 밤은 차에서 자고, 그다음에는 직장 동료의 집에 머물렀다고 했다. 샘은 자신이 '생각하는 중'이라고 말했다. 자신이 페기와의 결혼생활을 원하는지 아닌지, 그리고 아들을 성추행한 아버지로서 살아갈 수 있을지 어떨지에 관해서 생각하고 있다는 것이었다. 그는 어느 질문에도 답할 수 없었지만, 그 밖에 자신이 할 수 있는 일이 아무것도 없다는 것을 깨달았다. 도망치는 일도 그럴듯해 보였지만, 그것으로는 그 어떤 것도 해결하지 못했다. 그사이에 상담사와 만나지 못하고 아들을 방문하지 못해 아쉬워졌다. 그의 관계들에 대한 애착이 그의 가장 어려운 시간 내내 그를 도왔다.

페기는 샘이 결석한 일에 몹시 화를 냈다. 그에 대한 신뢰가 조금씩 싹트고 그에게 자신이 원하는 것을 조심씩 요구하기 시작한 시점에서 샘이 그녀를 좌절시켰기 때문이다. 이제 샘은 그 누구와도 대립할 수 없는 무력한 사람이었다. 이러한 위기는 그들의 관계에서 힘의 역학을 바꾸기 시작했다. 페기는 스스로 생각했던 것보다 자기가 더 강하고 샘도 약한 데가 있다는 것을 보기 시작했다. 이 깨달음은 부부치료에서도 도움이 되었다.

근친상간이 벌어진 가족을 치료할 때 중요한 쟁점 중 하나는, 두 부모 중 학대를 하지 않은 쪽이 자녀를 보호할 수 있을 정도로 충분히 강한지의 여부이다. 설령 수년간의 치료를 받은 이후라도, 아동 성추행자가 아동의 욕구를 자신의 욕구보다 우선시할 것이라고 전적으로 믿을 수는 없다. 이것은 엄마의 역할을 대단히 중요하게 만든다. 샘의 가족은 부부가 파트너로서 함께 그들의 자녀를 양육하는, 건강하게 기능하는 가족의 모습과 거리가 멀었다. 분명 지금까지 페기는 중대한 갈등의 순간마다 샘의 의견에 반대하지 못했다. 그러나 페기의 상담사들은 그녀가 지난 1년 동안 홀로 부모 노릇을 하며 살아왔고, 샘의 행동을 강하게 제한하기도 했다는 사실을 깨닫도록 도와주었다. 그녀는 남편 없이도 삶을 꾸리며 계속 제 역할을 해온 것이다. 이것은 앞으로 그 가족 안에서 그녀의 역할에 힘을 실어주는 밑바탕이 될 것이다.

6개월간의 치료가 더 이어진 후, 상담사들이 마침내 그 가족을 재결합시키는 위험을 감수하기에 충분할 정도의 변화가 이루어졌다고 결정했다. 하지만 그 전에 상담사가 허가하기 전까지는 아들과 단둘이 있을 수 없다는 규칙을 포함해, 샘을 위한 몇 가지 규칙들을 만들어야 했다. 이것은 페기가 일하러 갈 때마다 조니는 할머니와 지내야 한다는 것을 의미한다. 2년간의 법정 보호감찰이 끝날 때까지 상황은 점차 나아져갔다. 보호감찰이 끝난 후, 샘과 페기는 다소 횟수를 줄여서 치료를 계속받기로 결정했다. 그들에게 최초의 18개월은, 지금껏 숨어 있던 많은 어려운 문제들에 직면해야 했던 위기의 시간이었다. 그 뒤 그들은 모든 가정들이 으레 겪기 마련인 문제들에 맞서야 했다. 현대인의 일상적인 스트레스 속에서 서로에 대한 인내심을 기르기, 변화해가는 자녀의 발달적 요구에 적응하기, 친밀감을 나누며 즐길 수 있는 활동에 관해 모두가 만족할 수 있는 횟수를 합의하기, 가치와 우선순위에 대한 갈등을 해결하기 등이 그러한 문제였다. 그들은 이전에 생각했던 것보다 삶이 더 어렵지만, 동시에 더 재미있다는 것을 발견했다. 내가 아는 한, 샘이 치료를 받는 3년 동안 성추행 행위는 반복되지 않았다. 물론 아동 성추행자들의 장기적인 예후는 아무도 알 수 없지만 말이다.

가해자는 어떤 식으로 힘을 악용하게 되는가

샘의 이야기는 그의 삶의 기본적인 얼개만 보여줄 뿐, 그가 어떤 과정을 거쳐 아들에게 성폭력을 저지르는 상황에 이르렀는지를 설명하지는 않는다. 이 장은 우선 여성과 아동을 성적으로 학대해온 남자들의 삶에 자리 잡고 있는 주제들을 분석할 것이다. 또한 자아, 공동체, 종교를 다룰 다음 장들에서 이 주제들을 더 확대해 자세히 설명할 것이다.

남자들의 경우, 아동기에 학대받은 경험이 있는 것과 성인 가해자가 되는 것 사이에는 어떤 분명한 상관관계가 없다. 성폭력의 희생자였지만 가해자가 되지 않는 남자들도 있다. 그들은 개인적인 고통을 가진 생존자가 된다. 비록 그들이 경험한 아동기 트라우마의 학대적인 패턴이 약물 남용과 같은 자기파괴적인 증상으로 나타나기도 하지만, 그들은 아동 성 학대로 알려진 극단적인 힘의 악용을 저지르지는 않는다. 성폭력이 치료될 수 있는 문제로 밝혀지면서, 희생자였던 남자들이 자신을 밝히고 도움을 구하는 경우는 더 많아질 것이다. 이는 남자가 어떻게 학대자가 되는 일 없이 피해 경험을 극복할 수 있는가에 관한 연구를 가능케 할 것이다.[10]

성폭력에 희생당한 적이 없었던 남자들도 성폭력의 가해자가 된다. 이것이 의미하는 바는, 성폭력 행위에는 개인적인 병리 탓으로만 돌릴 수 없는 요인이 작용하고 있다는 사실이다. 성폭력과 젠더 사이에 함축된 몇몇 의미들에 대해서는 뒷부분에서 탐구하도록 하겠다.[11]

성폭력의 희생자였던 남자들 중에는 샘처럼 스스로를 보호할 줄 모르는 타인에게 자신의 트라우마를 재현해버리는 학대자로 발전하는 사람들이 있다. 왜 희생자들 중 어떤 이들은 이 같은 가해자가 되는지는, 우리의 조사 연구가 의문시하는 점 중 하나다.

여자보다 남자들이 가해자가 되는 경우가 더 많다. 성폭력 가해자 가운데 남자가 차지하는 비중이 80~95%라고 추산되기도 한다.[12] 양성 간에 이러한 극단적인 차이가 있는 것이 밝혀질 때마다, 우리는 반드시 그 차이를 설명하려고 노력해야 한다. 우리는 왜 남자들이 여자들보다 더 성폭력의 가해자가 되기 쉬운지 질문할 필요가 있다.

여기에서 이런 의문들에 완전한 답을 제시할 수는 없다. 왜 어떤 남자들은 가해자가 되는지, 그리고 왜 성적으로 폭력적인 남자들이 여자보다 더 많은지에 관해서는 많은 이론이 있다. 데이비드 핀켈러는 네 가지 요인분석을 고안해냈는데, 이 분석틀은 이후 우리의 논의에 여러 정보를 제공해줄 것이다.

핀켈러가 제시하는 바에 따르면, "성폭력이 일어나려면 네 개의 전제 조건이 충족되어야 한다".

1. 잠재적인 범죄자에게는 아동을 성적으로 학대할 동기가 있어야 한다.
2. 그 잠재적인 범죄자는 그 동기를 행동으로 옮기지 못하게 하는 내적인 억제를 이겨내야 했다.
3. 그 잠재적인 범죄자는 성 학대를 막는 외적인 장애를 극복해야 했다.
4. 그 잠재적인 범죄자 또는 어떤 다른 요인이 그의 성 학대에 대한 아동의 저항을 약화시키거나 압도해야 한다.[13]

핀켈러의 이론이 중요한 까닭은, 책임이 부적절하게 다루어지는 곳에서는 개인의 전력前歷이나 이전의 학대 경험 여부와 무관하게 어떤 남자든 성폭력의 잠재력을 지닌다는 사실을 보여주는 데 있다. 이 연구는 남자가 범한 성폭력의 원인을 반드시 세 가지 영역에서 분석해야 한다고 강하게 주장한다. 개인적이고 심리내적인 영역, 사회적 제도와 이념의 영역, 그리고 종교의 영역이다. 이 절의 끝에서는 성폭력 가해자가 되어버린 남자들에게 일정 부분 내재된 것으로 보이는 네 개의 심리내적인 주제들로 구성된 이야기를 보여주려 한다. 그 네 주제란 '성적으로 표현된 의존성', '파괴적 공격성', '과장된 거대자아巨大自我', 그리고 '한계를 존중할 줄 모름'이다.

이런 주제들은 심리분석, 페미니즘, 해방신학으로부터 나온 비판이론들의 도움을 받아 이후의 장들에서 더 연구될 것이다. 이것들은 일부 남자들이 성폭력 가해자가 되어가는 과정을 이해할 수 있도록, 또한 이 과정이 미국 문화에 내재된 남성과 여자에 관한 고정관념과 연결되어 있음을 이해할 수 있도록 도와준다.

우리는 우리 자신이 성폭력 안에 깃든 힘의 악용을 이해할 수 있는지, 많은 희생자들을 위한 정의를 발견할 수 있는지를 알아야 한다. 또한 우리는 성폭력을 통해 힘을 악용하는 것이 살아가는 하나의 방식이 되어버린 남자들에게 변화의 희망이 있을지도 알 필요가 있다.

성적으로 표현된 의존성

아동 성추행범을 이해하는 방법 중 하나는 그가 겪고 있는 의존 장애이다.[14] 이것은 사랑과 보살핌에 대한 욕구를 다른 성인과 더불어 충족시키는 능력에 문제가 있을 때 발생한다. 성추행범은 자신의 정서적 욕구를 성적인 욕구로 이해하고 그것을 아동에게 투사한다. 그는 취약한 사람을 학대함으로써 자기가 이 욕구를 채우는 것이 정당한 일이라고 느낀다.

아동이 이 같은 투사의 대상이 되기 쉬운 이유가 몇 가지 있다. 첫째, 성인의 보호를 받지 못하는 아동은 취약하다. 보호를 받지 못하는 적지 않은 수의 아동들은 부적절한 욕구를 위해 아동을 이용하길 원하는 성인에게 대항해 스스로를 방어할 능력이 없다. 둘째, 아동은 어리고 순진무구하기 때문에 어떤 남자들에게는 삶의 원천에 더 가까워지는 상징처럼 보인다. 내면의 삶이 텅 빈 성인에게 아동의 천진함과 에너지는 삶의 충만함으로 오인될 수 있다.[15]

아동기의 내력을 살펴보면 추행범은 대부분 기본적인 의존욕구가 충족되지 못하는 환경에서 성장했다. 로버트는 부모와 조부모가 모두 알코올중독자였던 가정에서 자랐다. 그의 가장 어릴 적 기억 중 하나는 몸싸움하는 어머니와 할머니를 떼어놓으려고 애썼던 일이다. 그때마다 남자 식구들은 집 밖으로 나가버렸기에 그는 두 여인이 서로를 죽이지 않도록 말릴 책임이 자기에게 있다고 느꼈던 것이다.

여덟 살인가 아홉 살일 때, 로버트의 삼촌은 그를 낚시 여행이나 캠핑에 데려가곤 했다. 로버트는 삼촌을 사랑했다. 삼촌이 자신을 남성들만의 문화에 끼워준다고 느꼈기 때문이었다. 하지만 불행히도 삼촌은 그를 성추행했다. 이로 인해 그는 평생 친밀감과 성행위를 혼동하게 되었다. 성 학대는 그에게 남자들에게 수용되기 위해 참아야 하는 어떤 것이 되어버렸다.

열 살 때 로버트는 동생과 함께 대리양육 가정으로 보내졌다. 그 가정의 아버지와 형제들은 그를 매혹시켰다. 그들은 로버트를 어린 남자로 대해주면서 자신들의 활동에 그를 끼워주었고, 그에게 자신을 긍정적으로, 가치 있게 느끼도록 만들어주었다. 하지만 불행하게도 양어머니는 로버트와 동생을 목욕시키면서 그들의 성기 부분을 몇 분씩이나 고통스럽게 닦았다. 로버트는 목욕과 함께 이때 겪었던 혼란과 고통을 싫어했다. 어린 마음에 그는 성적인 학대가 정상적인 가족생활에서 흔하게 벌어지는 일이라고 생각하게 되었다.

로버트의 이야기는 일부 아동 성추행자들의 아동기에 일어나는 한 가지의 현상을 묘사한 것이다. 그의 삶에서 가장 중요한 관계에는 언제나 성적인 학대가 포함되어 있었다. 그는 성적인 학대를 양육과 수용의 일부로 내면화시켰다.[16] 그의 마음에서는 성적인 학대가 사랑과 동일시되었다. 이것은 그의 심리적인 삶에서 사랑, 성행위, 학대를 혼동하도록 만들었다.

성인이 된 그는 산업재해로 심각한 부상을 입었고 이후 회복까지 18개월이 걸렸다. 그때까지 로버트는 일에 몰두함으로써 내면의 고통에서 눈을 돌릴 수 있었지만, 이 회복 기간에는 그럴 수 없었다. 위기에 대처할 내적 힘이 부족했던 그는 자신이 어릴 때 배운 양육의 행동을 답습했다. 성추행을 저지른 것이다. 그는 열한 살인 의붓딸을 강간했다. 그의 왜곡된 마음에서 아동과의 성적 접촉이란 그의 욕구, 자신을 있는 그대로 받아들여주고 위협을 가하지 않는 사람에 대한 욕구를 충족시키는 일이었다. 이것이야말로 그가 어렸을 때 알았던 사랑처럼 보였다.

그는 학대를 저지른 후 약간의 두려움을 느꼈지만, 사람과 가까워지고 싶다는 그의 욕구는 너무나도 왜곡되어 있었고 다른 성인과 관계를 맺기 위해 필요한 그의 능력은 너무나도 제한되어 있었기 때문에, 그의 눈에는 아동 성학대가 자신이 세상을 살 수 있는 유일한 방법으로 보였다. 그의 아내가 이러한 일이 벌어진다는 것을 눈치채고 그를 막을 때까지, 로버트는 딸을 위협하고 그녀에게 비밀을 강요하며 3년 동안 학대를 지속했다.

이 이야기는 로버트가 왜 아이를 성추행했는지를 설명해주지 않는다. 다만 그 학대의 기여요인이라고 볼 만한 몇 가지 주제는 있다. 로버트에게는 가해자가 되는 일이 '반복충동'이 되어버렸다.[17] 그것은 그 자신의 아동기에 성적으로 변한 의존욕구를 충족시키기 위한 행위였다. 이는 어린 시절 주된 애착의 대상들이 그를 추행했고, 이때 그의 내면에서 학대가 친밀한 인간관계의 한 형태라는 왜곡된 인식이 자리 잡았기 때문이다. 로버트는 아동학대에 관심을 두지 않는 사회에서 그 여자아이가 그의 힘에 대항해 스스로를 지킬 수 없었기 때문에, 또한 자신의 행동이 그 아이에게 해를 입히지 않는다고 합리화할 수 있었기 때문에 어린 소녀를 학대했다.

남자들이 여자들보다 아동 성추행을 더 많이 저지르는 이유 중 하나는, 성적으로 표현되는 의존욕구가 주로 '남성적'이라고 알려진 이미지와 잘 부합하기 때문이다. 어떤 학자들은 가부장제 사회에서 성장한다는 것은 곧 남성과 여성이 매우 다른 형태로 의존욕구와 성의 표현법을 학습하는 것을 의미한다고 설명한다.18 여자는 취약할 때, 다른 사람에 의해 돌봄을 받도록 자신을 내버려둘 때, 사람들에게 훨씬 더 많이 용납된다. 여자들에게는 감정을 나누거나 정체성 상실을 두려워하지 않고 다른 사람과 접촉하는 일이 권장된다는 것이다.

아이처럼 사랑받는 것에 남자들은 모순된 느낌을 자주 받는다. 그들은 자신이 강하고 자율적이어야 한다고 생각하기 때문이다. 자신의 의존욕구를 부인하는 일이, 어떤 남자들에게는 성적·공격적 방향으로 나타난다. 강간이라는 패러다임 안에서 남자는 다른 사람을 완전히 통제하는데, 이는 친밀해질 수 없는 대상과 신체적으로 가까워지는 가장 간편한 방법이다.19 접촉에 대한 욕구를 충족시키면서도 남성은 자신의 연약함을 드러낼 필요가 없기 때문이다. '진정한 남자'는 모든 관계를 지배해야 한다.

로버트의 이야기에서 우리는 이 같은 혼란을 볼 수 있다. 어릴 때 그는 성적인 학대를 통해 애정을 표현했던 남자에게 애착을 갖게 되었고, 이 애정이 너무나도 간절했기 때문에 친밀감과 성을 혼동하는 사회의 조장 속에서 그의 어린 마음은 애정과 성적 접촉을 동의어로 여겼다. 그가 성인이 되어 위기가 오고 우울해졌을 때, 그는 자기의 행동에 대항해 방어할 능력이 없는 아이와 친밀해지려 했다. 이 열한 살짜리 여자아이는 그에게 자신이 타인과 대화할 수 있고, 자기 자신으로 있을 수 있다는 느낌을 선사해주었다. 이는 로버트가 아는 그 어떤 성인도 해주지 못한 일이었다. 친밀감을 표현하는 방식으로써 아동을 강간하는 것은 미국 사회에서 '남자가 된다'는 것이 무엇을 의미하는지를 보여주는 회화적戱畵的 상징이다.

파괴적 공격성

아동 성추행범을 이해하는 또 다른 방법은 그가 겪고 있는 공격성 장애aggressive disorder이다.[20] 자기 자신을 보호하는 능력이나 다른 사람을 해치지 않고 목표를 추구하는 능력에 문제가 있는 것이다. 그는 자신의 행동이 다른 사람에게 파괴적일 수 있다는 사실을 이해하는 데 어려움을 겪고, 자신의 공격성이 다른 사람들에게 미치는 결과를 이해하지 못한다. 특히 이런 성범죄에 대해 거의 책임을 묻지 않는 사회에서는 더욱 그렇다.

존은 이웃에게 성적으로 학대를 받았다. 돈, 알코올과 약물 등의 뇌물과 잔인한 협박을 통해 그 이웃은 존에게 몇 년이나 계속 올가미를 씌울 수 있었다. 그 성추행자와의 관계는 존의 삶의 중심이 되었다. 이것은 '공격자와의 동일시'의 분명한 사례이다.[21] 빈곤한 인간관계와 심리적인 미성숙 때문에 존은 이 파괴적인 관계에서 벗어날 힘이 없었다. 그가 생존하는 방법은 그 학대를 그의 성격 핵심에서 내면화하는 것이었다.[22]

그가 받은 학대의 주된 특징 중 하나는 폭력과 죽음에 대한 끊임없는 위협이었다. 추행범은 가학적으로 존을 대했고, 노골적인 말로 그를 위협했으며, 그를 협박하기 위해 항상 집 주변에 장전된 총을 준비해두었다.

성인이 되었을 때 존은 똑같은 행동을 답습했다. 존은 자신이 추행을 당하는 동안에도 다른 아이를 추행했고, 그의 성적 학대와 약물중독의 전력은 그를 아이들에게 위험한 존재로 만들었다. 어떤 이유로든 두려움을 느끼거나 혼란스러워질 때마다 존은 다른 사람들을 위협했다. 그의 부적절한 공격성은 내적 균형을 잃어가고 있다는 표시였다. 두려워질 때마다 그는 분노했고 통제력을 거의 상실했다. 너무나 연약한 상태였던 그는 자신에게 닥치는 그 어떤 상황에 대해서도 커다란 위협을 느꼈다. 그에게는 분노가 최상의 방어였기 때문에, 그는 자기가 위협받는다고 느낄 때마다 권위에 맹렬히 대들고 폭언을 해댔다.

파괴적 공격성이 특히 위험스러운 때는 성추행자가 아동과 있을 때다. 어떤 가해자들은 자기보다 힘이 적은 사람이라고 생각되는 사람과 있을 때 가학적으로 변한다.

아동 성 학대는 언제나 폭력적인 행위이다. 성적으로 아동을 학대하려는 성인은 아동이 보내는 신호들, 자신의 행동이 아동의 욕구와 부합하지 않는다는 신호들을 무시한다. 그 아이가 얼마나 손상되어 있든, 그 아이가 얼마나 어른의 애정과 수용에 굶주려 있든, 진정으로 민감한 성인이라면 누구라도 그 아이가 성적인 접촉 이외에 다른 것을 요구한다는 것을 알 수 있다.[23]

> 성폭력은 근본적으로 폭력, 증오, 그리고 공격의 행동이다. 치료적 관점에서 보든 법적 관점에서 보든, 객관적으로 보든 주관적으로 보든, 성폭력의 공통분모는 폭력이다. 폭력의 다른 행위들(폭행, 전쟁, 살인, 핵전쟁)처럼 성폭력은 희생자에 대한 침해이고 상해이다. 그 상해는 심리적인 것일 수도 있고 신체적인 것일 수도 있다. 성폭력의 행동으로 입는 상해는 대개 양쪽 다이다.[24]

아동 성추행자가 가진 문제 하나는, 아동을 자신과는 별개의 존재로 볼 수 없다는 점이다. 그는 공감능력이 결여되어 있다. 만일 그가 뭔가를 원한다면, 그는 자신의 지각을 왜곡시켜 결국에는 그 아동도 같은 것을 원한다고 생각하기에 이른다. 그의 공격성은 해제되지 않고, 그는 아동을 자기 욕구의 연장으로 취급한다.[25] 그는 자신이 뭔가를 원한다면 그것을 반드시 가져야 한다고 느낀다. 특히 그 대상이 보호되지 않고 어떤 효과적인 방어도 할 수 없는 경우에는 더 그렇다.

파괴적인 공격은 미국 문화에서 '진짜 남자'라는 말의 지배적인 이미지와 잘 어울리기 때문에, 이것은 왜 남자가 여자보다 더 많이 성폭력을 범하는지 이해하는 데 도움이 된다. 다른 사람을 배려하지 않고 원하는 것을 얻는 남성의 이미지는 남성적 능력에 관한 고정관념이다. '진짜 남자'란 욕구를 채우는 일에서 어떤 저항에도 너그럽지 않은 사람이다. 만일 그가 저항에 직면하면, 협박과 폭력을 사용한다. 어떤 저항도 그에게는 자신의 남성성에 대한 공격으로 지각되기에 반드시 무너뜨려야 한다.

어떤 아동 성추행자는 사회적으로 행동할 때 이렇게 과격한 남성 우위적 supermacho 이미지를 모방한다. 그들은 자신의 힘을 자랑하고, 자기가 어떤 반대에도 참지 못한다는 사실을 자랑한다. 하지만 그들의 '과격한 남성 우위적' 품행은, 아동을 학대하는 그들의 증상과 완벽하게 대조된다. 그들은 자신의 분노를 해소할 대상으로 의도적으로 가장 무력하고, 가장 무방비한 사람을 고른다. 그들은 어떤 것도 두려워하지 않는 남성과 거리가 멀다. 왜곡된 공격성을 숨기며 감춰둔 그들은 아이들 근처에서만 거친 남성이 된다.

반면 어떤 성추행자는 거친 남자 행세를 하지 않는다. 실제로 그들은 매우 공손하다. 그러나 그 같은 선한 행위를 신뢰해서는 안 된다. 그들은 권위를 가진 사람을 두려워해 공손하게 행동하는 것일 수 있다. 그러나 권위자의 눈 바깥에서 취약한 사람과 있을 때, 그들은 폭군이 되고 통제하는 인간이 되며, 항상 숨기고 있었던 깊은 분노를 표출한다.

과장된 거대자아(巨大自我)

아동 성추행범을 이해하는 또 다른 방법은 그가 겪고 있는 자기애적自己愛的 성격장애이다.26 자아와 타자를 정확하게 평가하는 능력에 뭔가 문제가 있는 것이다. 하인즈 코헛Heinz Kohut에 따르면, 어떤 사람에게든 자기애의 균형, 자아self와 타자 사이의 균형을 유지하는 것은 가장 어려운 일 중 하나이다. 어떤 식이로든 균형을 잡지 못하면 자아와 타자 둘 중 하나를 평가절하하게 되며 자아와 타자, 그리고 그 상관관계에 대한 정확한 지각을 할 수 없게 된다.

학대받은 사람은 자기애적 불균형을 경험할 때 '과장된 거대자아'와 '전능한 대상'이라는 유아기적 이미지들로 퇴행한다. 여기에서 '거대자아'란 절대로 틀리지 않는 자아, 상호관계에서 얻을 수 있는 모든 특권과 즐거움을 누릴 자격을 가진 자아를 말한다. '전능한 대상'이란 많은 것을 요구하며 모든 힘을 가진 타자인데, 그에게 대항해서는 어떠한 방어도 할 수 없다. 불균형 상태에서는 자아와 타자 간의 생사를 건 싸움이 벌어진다. 만족할 줄 모르는 '거대자아'가 격노하게 되면 타자를 파괴할 수 있다. 복종할 줄 모르는 '전능한 대상'은 자아를 소멸시킬 수 있다.

밥Bob의 삶은 '전능한 대상'에 대한 두려움으로 둘러싸여 있었다. 그는 치료를 받을 때 상담사에게 지극히 공손했고, 직장에서는 상사에게 극도로 공손했다. 그는 사람들 앞에서 자신이 쓸모없는 인간인 양 행세했다. 어린 시절, 그는 비열하고 잔인한 대우를 받았다. 그는 통금 시간이 되기 직전까지 기찻길 옆에서 놀곤 했다. 그리고 집으로 돌아온 그는 아버지의 주의를 끌지 않고 자기 방으로 몰래 들어가려고 노력했다. 하지만 그가 들어오는 소리를 들은 아버지는 밥을 거실로 불러서 그를 모욕하고 학대하곤 했다. 그의 아버지는 상상할 수 있는 모든 방법으로 그에게 상처를 입히곤 했다.

그 뒤 밥은 홀로 자기 방에 틀어박혀, 멀리서 들리는 경적 소리에 귀를 기울이며 기차를 모는 자신의 모습을 상상하곤 했다. 이러한 상상은 어린 시절 그에게 큰 위안이 되었고, 성인이 된 밥은 기차에 푹 빠져들었다. 그의 어린 시절은 두 가지로 요약할 수 있다. 바로 '전능한 대상'과 '쓸모없는 자아'이다.

밥은 그의 아버지처럼 학대적인 성향을 가진 여자와 결혼했다. 아내는 자주 밥을 모욕했고, 결국 그에게 정나미가 떨어져 밥과 이혼했다. 밥이 어린 시절의 트라우마를 재현한 것은 그가 주말에 아홉 살짜리 아들을 방문했을 때였다. 그는 추행당한 경험이 없었지만, 여러 차례의 캠핑에서 밤마다 아들을 강간했다. 이것은 그에게 판을 뒤집어엎는 시도, 자신이 느꼈던 굴욕감을 그대로 다른 사람에게 주려는 시도였다. 모욕과 학대의 상처로 고통을 겪은 사람이 다른 사람에게 같은 짓을 저지른다는 것은 이해하기 힘든 일이다. 대다수의 여성과 남성은 그 자신이 고통스러운 경험을 했기 때문에 결코 다른 사람을 학대하려 하지 않는다. 그러나 많은 남자들은 자신의 트라우마를 타인에게 재현하면서 끝이 없는 것처럼 보이는 폭력의 순환을 이어나간다.

다른 추행범들도 어린 시절 비슷한 모욕을 당한 경험이 있다. 그들은 학대를 받는 상황에서 스스로를 과장된 거대자아와 동일시하며 자신을 방어했다. 그들은 가족이 자기를 학대하는 것은 잘못이라고 느꼈고, 그래서 가족을 미워하고 가족의 오만함을 미워하는 것이 정당하다고 느꼈다. 어떤 의미에서 그들은 스스로를 학대자의 과대성과 동일시하고, 자기표현에 극단적인 나르시즘(자기애)을 통합시켰다고 할 수 있다. 그러한 성추행자들 중 일부는 성인이 되고 나서, 자신이 저지른 행동의 결과에 전혀 겁을 먹지 않는 것처럼 보인다. 그들은 자신이 설정한 목표를 가로막는 사람이라면 누구든 학대할 준

비가 되어 있고, 기꺼이 학대하려 든다. 그들은 자신의 거대자아의 관점에서 평가절하된 대상을 경멸한다.

삶을 자아와 타자 간의 생사가 걸린 싸움으로 보는 이러한 경향은 남성이 세상을 보는 전형적인 태도이다. 이런 방식으로 인식된 세계에서는 두 사람이 상호작용을 할 때마다 한 사람은 지배하게 되고 다른 한 사람은 종속된다. 만일 자기가 종속적인 위치에 있다는 생각이 들면, 피해를 보거나 도전받는 일이 없도록 아주 조심스럽게 공손해져야 한다. 만일 지배적인 위치에 있다면, 다른 사람에게 자신이 원하는 무슨 일을 하든 그 결과에 책임지지 않아도 된다고 느낀다. 이런 사람들은 자기 자신이나 다른 사람을 해치지 않고 서로 힘을 합쳐 협조할 가능성이 거의 없다. 폭력이 자기 힘을 강화시키는 수단이 된다. 그들은 힘의 악용에 희생자가 되거나, 아니면 다른 사람을 희생시킨다. 그 밖에 다른 방법은 없다.

한계를 존중할 줄 모름

성추행자와 작업하는 데 가장 힘든 일 중 하나는 한계를 정하고 적절한 테두리를 만드는 일이다.[27] 아동을 추행한 사람이 자신의 파괴적인 행위에 한계를 설정할 줄 모른다는 점은 명백하다. 그는 다른 사람이 생존하기 위해서 필요한 테두리를 존중하지 않는다. 성추행자들을 치료하는 일은 누가 무엇에 책임이 있는가에 대한 줄다리기 싸움이 되어버리는 경우가 많다. 성추행자는 치료사가 관계당국과 협조해 성추행자 자신이 최초에 저지른 행위보다 더 큰 피해를 만들어낸다고 비난할 것이다. 한계와 테두리를 계속 혼란스럽게 만드는 것은 성추행자들의 장기 중 하나이다.

몇 달 동안 치료를 받았던 폴이 아내에게 말했다. "신디는 수건만 걸치고 돌아다니면서 내게 눈길을 줬어. 그 애가 그러는 걸 당신도 알잖아. 그러니 그런 일이 일어났다고 나 혼자만 비난받는 건 잘못이야." 그의 아내는 대답했다. "신디는 겨우 일곱 살이잖아!"

몇 달을 치료받은 후에도, 폴은 여전히 의붓딸을 성추행한 일이 자신의 책임이 아니라고 느꼈다. 그 자신의 행동에 제한을 가하고 다른 사람의 테두리를 존중하는 능력은 여전히 결핍되어 있었다. 그의 이런 태도는 10세부터 15세까지의 5년 동안 형, 여동생과 근친상간을 벌이면서 형성되었다. 성적인 태도와 행위, 포르노에 노출되면서 가정생활에 대한 그의 가치관은 몹시 왜곡되어 있었고, 이 때문에 그는 자신이 저지른 죄를 제대로 이해할 수 없었다.

또한 성추행자들에게는 자기 삶을 위한 현실적 목표를 세우는 것이 어려운 일이다. 10년 동안 폴은 어떤 직장에서도 6개월 이상 일한 적이 없었다. 그는 현실적으로 달성할 수 있는 목표를 세우고 실천할 줄 몰랐다. 의붓딸을 성추행한 동기 중 하나는 그의 삶의 다른 부분에서 경험한 실패를 보상하는 것이었다.

우리 문화에서 벌어지는 남성의 힘에 의한 학대는, 남성이 지배적인 위치에 있을 때 자신에게 적절한 한계를 설정하는 데 어려움을 겪는 경우가 많다는 것을 의미한다. 위계적으로 조직된 사업과 교육에서는, 각 수준의 힘이 한 단계 더 높은 수준의 힘에게 보고할 의무를 부여받음으로써 점검받는다. 그러나 각 수준의 힘은 주어진 과업의 한도 내에서는 그것을 완수하기 위해 필요한 일을 행사할 수 있다. 이것이 의미하는 바는 힘의 차이가 있을 때마다, 할당된 과업에 지장이 없는 한, 누군가가 통제되거나 침해당할 위험이 있다는 것이다.

여자들은 직장에서 심각한 성희롱을 당한다고 항의한다. 많은 경우 이러한 힘의 악용은 위협보다는 남성과 여성 간의 성적 유희로 인식되기 때문에, 심각한 문제로 취급되지 않는 경우가 많다. 폴은 신디를 성적으로 학대한 것을 심각한 문제라고 생각하지 않았다. 그가 보기에는 그가 원했던 만큼 신디도 원했고, 그것이 가정에서 어떤 다른 일을 훼방 놓는 일도 아니었기 때문이다. 그는 가정 밖의 관계당국이 그의 삶에 간섭하고 그가 신디에게 접근하는 것을 제한하는 것에 대해 엄청나게 분노했다. 자신이 학대, 특히 여성과 아동에 대한 학대를 할 수 있다는 남성의 특권의식은 사회 전반에 퍼져 있는 심각한 문제이다.

희망은 어디에 있나?

아동에게 직접 가해지는 성폭력의 개인적·사회적 병리현상에 관해 앞에서 설명된 것들을 고려할 때, 성폭력이 중단될 수 있고 가해자가 자기 범죄에 책임을 질 거라는 희망을 어떻게 가질 수 있겠는가? 지금까지 우리 사회는 이 문제를 이해하고 여기에 적절히 대응하기 위해 필요한 그 어떤 결단도 보여준 적이 없다.

침묵을 깨고 자신들의 고통과 치유에 관해 이야기하는 생존자들의 용기가 희망을 준다. 그들은 모든 사람이 이 문제를 이해하고 있다는 우리의 잘못된 믿음을 이미 변화시킨 바 있다. 생존자들의 이야기는 많은 자리에서 청취될 필요가 있다. 그래야만 일반인들이 성폭력의 범위와 비극을 이해하기 시작할 수 있기 때문이다.

대답을 찾기 위해 희생자, 가해자들과 기꺼이 작업하는 심리치료사와 의료계 종사자의 공동체들이 희망을 준다. 이 책은 지난 10년간 성폭력 문제에 응답하기 위해 애쓰면서 저술된 수많은 책 중 하나일 뿐이다. 많은 사람들이 성폭력 문제에 대한 우리 사회의 태도를 변화시키려고 헌신하고 있다.

자신의 병리증상에 직시하면서 비범한 용기를 보여준, 회복 중인 가해자들 역시 희망을 준다. 우리는 성추행범 그룹으로부터 희망을 보여주는 몇몇의 이야기를 들으면서, 희망을 위해 지속적으로 연구할 힘을 얻는다.

청소년 성추행자들 역시 희망을 보여준다.[28] 이제 막 가해자가 된 열두 살에서 스물한 살 사이의 청년들은 그들의 학대적인 행위 양식이 깊이 자리 잡기 전에 교정치료가 가능하다. 청소년인 가해자들 대부분은 도움이 가장 필요했던 시기에, 즉 아동기에 처음 성추행을 당했을 때 도움을 받지 못한 성폭력의 희생자였다. 그때 치료를 받았다면 그들은 혼란을 극복하고, 성인들이 자신을 학대하는 존재가 아니라 진정으로 자신을 살펴주고 보호해주는 존재라는 사실을 발견했을 것이다. 그래도 그들은 성폭력을 통해 다른 사람들을 고통스럽게 하는 행위 양식을 고착시키기 전에 도움을 받을 수 있었다. 많은 경우 그들은 자신에게 일어난 일에 대해 다른 사람과 이야기를 나누기 원했고, 자기 정체성에 대한 물음에서 답을 찾고자 노력했다.

이 집단에게서 제기되는 가장 어려운 임상적인 문제 중 하나는 자율성이다. 자율성은 미국 사회에서 남자가 되려고 노력하는 시기에 아주 왜곡되는 이슈이다. 이 나이 또래의 젊은 남자들은 자율성이 침해되는 것을 매우 싫어한다. 그래서 스스로 결정을 내릴 수 있는 권리가 치료 작업에서 존중되어야 한다. 그렇지 않으면 그 치료는 실패할 것이다. 이것은 힘들 수 있는데, 그 이유는 그들이 생각하는 자율성의 의미가 미성숙하고 아직 발달되지 않은 것이기 때문이다. 그런 어려움을 헤치고 적당한 도움을 줄 수 있다면, 장래에 젊은 남성들의 학대 행위를 누그러뜨릴 수 있다.

감옥에 가지 않으려고 억지로 치료를 받게 된 성추행자들에게서도 몇 가지 희망의 근거를 발견할 수 있다. 통제된 환경 안에서 상담사와 함께할 때, 그들은 온전한 사람이 되고자 하는 갈망을 자주 표현한다. 더 이상 학대하지 못하도록 막아줄 구조가 일단 형성되면, 어떤 사람들은 자신이 여태껏 지녀왔던 괴로움에 대해 말할 수 있게 되어 안도하고, 앞으로 또 아동을 다치게 만들지 모른다는 두려움에 관해 말할 수 있게 되어 안도한다. 이 집단을 상대하면서 우리는 안전장치와 치료를 효과적으로 조합하는 방법에 대해 앞으로도 더 많이 연구할 필요가 있다.

상담사를 위한 문제제기

나에게는 아동 성추행자와의 작업이 그 어떤 일보다도 더 강렬한 역전이逆轉移를 일으켰다.[29] 이 역전이의 원인은 주로 성性과 공격성에 관해 해결되지 못한 당혹감이 나에게 있었기 때문이다. 누군가와 심리치료 작업을 하려면, 그의 세계를 상상해 그 안에 들어가고, 그 세계가 만들어진 방식을 이해할 필요가 있다. 이것은, 성추행자와 함께할 경우, 성적으로 다른 사람을 착취하고 싶어 하는 마음과 폭력적인 인간이 되고 싶다는 갈망을 이해하려고 노력한다는 의미이다. 내가 깨달은 것 중 가장 괴로운 것 한 가지는, 내가 자신의 욕구를 마음껏 충족한 내담자들을 부러워할 때가 있었다는 것이다.

성추행자들에게는 합의, 배려, 상호성을 포함한 건강한 성행위가 없다. 아동 성추행자들은 만족스러운 애착의 관계를 만들어나가는 능력이 크게 부족하기 때문에, 자기가 사랑하는 사람을 성추행하고 그 파괴적인 결과를 이해하지 못할 수 있다. 그러나 그들의 증상은 인정받고 연결되고 싶다는 인간적인 갈망을 충족시키지 못한다. 아동 성추행자들과 작업하면서, 내가 만족스러운 애착의 관계를 형성하는 데 얼마나 서투른지, 그리고 나의 성적 환상이 어떻게 실제 사람들과 연결되는 일을 대신했는지를 볼 수밖에 없었다. 이렇게 남용되는 성적 환상은 남성 지배가 우리 문화에 얼마나 단단히 뿌리박고 있는지를 보여준다. 성 이슈에 관한 내 자신의 병리증상을 알아차리는 것은 두려운 일이었다. 그리고 이를 알게 됨으로써 나는 내 자신의 관계들에서 윤리적으로 더욱더 민감해지지 않을 수 없게 되었다.

성추행자들에게 있는 분노와 파괴적 공격성은 아동기 때의 학대로 받은 깊은 상처와 이후 지속적으로 인간관계에서 자기와 비자기非自己를 구분하지 못하는 무능력함에 대한 방어인 경우가 자주 있다. 중화中和되지 않은 공격성과 분노가 드러나는 자리에 있는 것이 나에게는 두려운 경험이었다. 그 같은 경험은 내 자신의 분노를, 그리고 그 분노가 감싸고 있는 상처를 보호하는 내 연약한 방어기제를 무너뜨릴 수 있는 위협이었기 때문이다. 이런 내담자들과 함께하면서 그들이 아동에게 행했던 일들을 듣는 것이 어려웠던 부분적인 이유는, 그들의 이야기가 내 자신이 지니고 있는 공격 충동에 대한 두려움을 건드리기 때문이다. 나는 아동을 추행하는 꿈을 꾸게 되었고, 어떤 경우에는 상담 회기 중에 내담자의 분노가 가진 힘을 온전히 경험하기도 했다. 이런 경험은 먼저 공포심을 자아낸 뒤, 이어서 분노를 만들었다. 나는 내담자가 나를 해치거나 내가 내담자를 해칠지도 모른다는 환상을 갖게 되었다. 많은 남자들에게 폭력의 환상은 특별한 것이 아니며, 그러한 환상은 통제의 욕구가 남성의 심리에 새겨져 있다는 사실을 지적해준다. 어떤 면에서 성추행자들은 정당화할 수 있는 분노를 위한 표적으로 자신을 내어놓는다. 그러나 나에게는 분노가 이렇게 '가지고 놀 거리'인지 몰라도, 내 내담자들에게는 그렇지 않다. 내담자들은 지금껏 그들을 '돌보아주는 제한들'을 경험해본 적이 전혀 없다. 그 대신 파괴적인 침범을 당하고 그로 인한 심각한 박탈을 경험했을 뿐이다. 그들의 분노 아래에는 자신처럼 산산조각 나지 않는, 또 자신의 분노 앞에서도 강인함과 자상함을 잃지 않는 누군가와 결합되고 싶다는 절박한 바람이 놓여 있다.

내가 성추행자들과 함께 있는 것이 아주 불편한 이유 중 하나는, 그들이 보여주는 부서진 모습이 두렵고, 그들이 마치 나를 부서지게 하는 원인인 양 그들을 거부하고 싶기 때문이다. 이것은 내가 내 자신의 연약함에 직면하기 위해 고군분투하고 있는 것과 관련 있다. 그들을 거부하는 것이, 내가 통합되지 않은 존재이고 나의 심리적 자아psychic self는 지성화된 에고ego*와 경직된 슈퍼에고superego가 최소한으로만 통합된 상태임을 스스로 인정하는 것보다 훨씬 쉬운 일이다. 내 자신의 공생적인 의존성과 파괴적 공격성에 관해 나는 얼마나 알고 있는가? 나는 전문가로서의 나의 정체성이 내 자신에 숨겨진 추한 부분을 지켜주면서 내가 타인을 잘 돌보는 겸손한 사람이고, 그래서 나보다 운이 없는 사람들을 돌보는 데 관심 있는 사람이라는 신화를 유지시키는 방어기제 역할을 했음을 알게 되었다. 감사하게도, 아동 성추행자들과의 작업은 내가 그 이전보다 훨씬 더 내 자신에게 솔직해질 수 있는 거울을 제공해주었다.

* 'Ego'라는 단어는 보통 '자아'라고 번역되지만, 이 책에서는 'Self'를 '자아'로 번역하기 때문에 구분을 위해 원문의 'Ego'는 일관되게 '에고'라고 쓴다. _옮긴이

희망은 어디에 있는가? 표면적으로는 희망이 분명하게 드러나지 않는다. 수많은 사람들이 매일 지옥 같은 삶을 산다. 성폭력의 희생자이기 때문이다. 우리가 사는 사회는 이제 겨우 이 공포와 이 공포가 만연된 현실을 검토하기 시작하고 있을 뿐이다. 교회는 이런 악에 대해 침묵해왔으며, 그 악의 심각성을 교회가 이해하기 시작하려면 해야 할 일이 많다. 그러나 그 표면 바로 아래에는 우리를 분발케 하는 희망의 빛이 있다. 생존자들과 그들 상담사들의 공동체가 자라나고 있으며, 그들은 성폭력의 원인과 결과에 관해 점점 더 많은 것을 이해하고 있다. 회복 중인 가해자들과 그들의 상담사들이 모인 작은 집단은 현대사회의 모습을 변화시킬 수 있는 미지의 영역을 탐험하고 있다. 후속 장들에서 우리는 성폭력이라는 쟁점을 이해하기 위해 계속 노력하고, 인간의 고통과 희망이라는 영역에 대해 기독교 복음이 무엇을 말할 수 있을지 이해하려고 노력할 것이다.

5장 슈레버의 사례: 분석방법

슈레버의 사례

1903년, 다니엘 파울 슈레버Daniel Paul Schreber는 『나의 신경질환에 대한 회고록Memoirs of My Nervous Illness』이라는 책을 냈다.[1] 그 책에서 그는 성인이 된 후 12년 동안 앓았던 정신질환의 전력을 기록했다. 그는 성공한 사람이었고 겉보기에도 건강했으나, 마흔다섯 살에 정신과 병동에 입원해야 할 정도로 질병으로 고생했다. 그의 사례가 역사적으로 흥미로운 이유 중 하나는, 판사 슈레버가 근대적 병원에서 새로운 정신의학으로 치료받은 제1세대에 속한다는 사실이다.

그의 사례는 지그문트 프로이트가 1911년에 슈레버에 대한 해석을 출간하면서 유명해졌다. 정신의학계에서 그의 사례는 진단과 치료가 가장 어렵다고 알려진 피해망상의 병인론病因論과 구조에 대한 고전적 연구가 되었다. 여성과 동성애자 등에 관한 부정적인 이론을 남긴 프로이트이기에 그의 글을 읽을 때는 반드시 비판적인 관점을 가져야 하지만, 그는 개인의 고통스러운 소리를 듣는 것과 그 이야기들 속에 있는 보편적인 의미를 발견하는 데에는 천재적이었다. 그는 고통이 개인과 사회에게 어떤 의미를 갖는지에 대해 혁명적인 개념들을 도입했다. 프로이트는 개인의 고통을 경청하는 것이 체제전복적인 행위일 수 있음을 우리가 이해하도록 도와준다. 개인의 고통을 경청하는 것이 어떤 특정 사회에서는 금기를 의미하기 때문에 경청 자체만으로도 체제전복적일 수 있다. 미쳤다는 꼬리표가 붙은 사람들의 증언을 이해하기 위해 그가 많은 시간을 쏟았다는 사실, 그리고 이를 통해 그가 억압적인 사회에서 고통과 희망의 본질에 관한 논쟁을 시작했다는 사실은 프로이트의 연구가 갖는 장점에 속한다.[2]

1951년, 윌리엄 니덜랜드William Niederland는 판사 슈레버에 대해 자신이 발견한 사실을 책으로 출간했다. 슈레버의 아버지는 그 당시 유명한 의사였던 다니엘 고틀리프 모리츠 슈레버Daniel Gottlieb Moritz Schreber였고,[3] 건강과 자녀양육 분야에서 저명한 저술가였다는 내용이었다. 니덜랜드의 책은 자녀양육에 관한 어떤 부모의 이론과, 그 부모의 아이가 성인이 되어 경험한 정신병에 대해 자서전적으로 보고한 내용을 역사적으로 비교할 수 있는 유일무이한 기회를 제공해주었다. 아버지와 그 아들이 모두 책을 썼던 것이다. 최근에는 이 사례에 나오는 사회적·종교적 이슈를 탐구하는 해석이 더 많이 나오고 있다.[4]

이 책에서 이 사례를 중요하게 다루는 이유는, 이것이 제공하는 힘의 악용에 대한 분석이 우리의 사례연구에 필요한 정보를 주기 때문이다. 이 논의를 검토하는 일은 힘의 악용으로 비롯된 장기적인 결과를 이해하고, 아동과 여성에 대한 폭력을 양산하는 사회적·종교적 분위기를 이해할 수 있도록 도와줄 것이다. 또한 침묵을 강요받아온 희생자의 고통을 사회가 어떻게 오해하고 잘못 해석했는지 우리가 볼 수 있도록 도와줄 것이다.

다니엘 파울 슈레버의 회고

판사 슈레버는 자신의 발병을 다음과 같이 기술하고 있다.

나는 신경성 질환을 두 번 앓은 적이 있다. 두 번 모두 정신적으로 지나치게 긴장한 결과였다. 첫 번째는 (켐니츠 지방법원장 재직 중) 국회의원에 출마했을 때였고, 두 번째는 드레스덴에 있는 고등법원의 판사회 의장이라는 특별한 임무를 맡았을 때였다.

첫 번째 병은 1884년 가을에 발병되어 1885년 말에 결국 치유되었다. 그래서 라이프치히 지방법원장으로 다시 일을 시작할 수 있었다. …… 두 번째 신경질환은 1893년 10월에 시작되었는데 아직도 계속되고 있다(그의 회고록은 1903년에 출간되었다).[5]

그는 인생에서 커다란 스트레스가 있는 시기마다 입원했다. 첫 번째 경우는 국회의원 선거에서 낙선한 후였고, 두 번째는 책임이 훨씬 무거운 직책에 임명된 직후였다. 그의 질병은 심각한 것으로, 오늘날에는 보통 망상형(편집성) 정신분열증paranoid schizophrenia이라고 이해되는 것이었다. 그는 자살을 생각했고, 잠을 잘 수 없었으며, 며칠씩이고 몸이 굳은 것처럼 긴장된 상태로 있었고catatonic, 괴로운 환각으로 고통을 겪었다. 그는 사방에 패드를 덧댄 방에 갇혀 많은 날을 보내야 했던 적이 자주 있는데, 자신과 타인에게 해를 입히지 않기 위해서였다. 비자발적으로 입원한 그에게 내려진 처방은 휴식과 약물요법, 그리고 주치의인 플레지히Dr. Flechsig와의 대화였다.

판사 슈레버는『회고록』에서 병을 앓는 동안 겪은 주관적인 경험을 이야기한다. 그는 자신이 치밀한 종교적 망상을 구성해 고통을 설명해내고 자기 인생에 희망의 느낌을 주었기 때문에 살아남을 수 있었다고 말한다.

슈레버는 자신이 겪는 고통이 하나님의 박해 때문이라고 믿었다. 그의 망상 속에서 "인간의 영혼은 몸의 신경 안에 담겨 있다. ······ 애초에 하나님은 몸이 아니라 신경일 뿐이고, 그래서 인간의 영혼과 유사하다".[6] 보통 하나님과 인간 사이에는 접촉이 거의 없는데, 하나님이 인간의 신경계에 갇혀버릴 위험이 있기 때문이다. 그러므로 하나님과 인간 사이의 의사소통은 보통 꿈속에서, 때로는 기적 안에서, 그리고 사후死後에 일어난다. 그때 인간의 신경이 하나님의 영혼을 풍성하게 해준다.

그러나 슈레버의 경우는 뭔가가 잘못되었다. 하나님은 슈레버의 신경에 매력을 느끼게 되었고, 그래서 '세상의 질서the Order of the World'를 어기면서, 즉 인간과 관계를 맺는 일반적이고 공정한 방식을 어기면서까지 슈레버의 신경에서 헤어나지 못하게 되었다. 그 결과 슈레버에게는 믿기 힘든 신체적·정신적 고통이 찾아왔고, 그는 이 고통을 '영혼 살인'이라고 불렀다. 하나님 역시 질서와 정의에 대한 자신의 책임을 위태롭게 했기에 위험에 빠졌다. 이 우주적 딜레마의 유일한 해결책은 슈레버의 몸이 여성의 몸으로 변형되어 세상을 구원하는 것이었다. 이 변화는 하나님과 슈레버가 하나가 될 수 있도록 해 새로운 인류를 창조하고, 하나님과 세상 사이에 더 나은 조화를 이끌어낼 것이다.

승리의 눈금은 점차 내 편으로 기울고 있으며 나를 대적하는 그 싸움은 이전의 적대적인 성격을 계속 상실한다. 영혼의 관능성이 자라면서 내 신체적 조건과 외부 상황이 더 견딜 만해진다. 그래서 나는 승리의 아주 특별한 종려나무가 결국 내 것이라는 기대를 하는 것이 실수가 아니라고 믿는다. 그 승리가 어떤 형태일지는 내가 확실하게 말할 수 없다. 다만 말할 수 있는 것은, 내가 남성성에서 벗어남으로써 성취될 결과가 신의 수정受精에 의해 내 무릎으로부터 후손들이 흘러나오는 것, 또는 내 이름에 명성이 덧붙여지는 것이라는 사실이다.[7]

슈레버의 망상은 그에게 수년 동안 겪어온 엄청난 고통이 하나님으로부터 오는 학대라고 설명해주었다. 그는 자기 고통에 대한 해결책을 발견했다. 그것은 세상을 구원하기 위해 스스로를 고통당하는 여자로 변형시키는 것이었다. 슈레버의 고통은 모든 인류를 위한 희생이며, 도래할 성취에 대한 조짐으로 정당화되었다. 그의 망상과 그의 글이 슈레버를 살아가도록 만들었음은 틀림없다. 비록 사람들은 그의 생전에 그가 온전히 치료되었거나 정상적이라고 여기지 않았을지라도 말이다. 그 『회고록』은 슈레버가 그의 고통과 희망에 관해 기록한 글이다.

프로이트의 논평

위의 요약을 읽으면, 망상형(편집성) 정신분열증이라는 정신의학적 진단에 많은 사람이 동의할 것이다. 실제로 슈레버를 알았던 모든 의학자들이 그 진단에 수긍했다. 지그문트 프로이트는 『회고록』에 대한 1911년의 논평을 통해 슈레버를 정신질환이 있는 평범한 환자에서 유명 사례의 주인공으로 바꾸어놓았다.[8] 겉보기에 건강하고 능력 있는 성인이 어떻게 그런 병이 들 수 있는가라는 의문은 프로이트를 연구하게 만든 수수께끼 중 하나였다. 더구나 프로이트는 피해망상 편집증에 특별한 관심이 있었다. 그것은 이해하기도, 치료하기도 아주 어려운 정신질환이다.

프로이트는 슈레버와 만난 적이 없었다. 하지만 그는 편집증 환자가 치료 시간에 자신의 주관적인 경험에 대해 말하는 경우가 드물기 때문에, 출판된 슈레버의 진술이 훨씬 나으며 이 질병의 내적 구조에 대한 통찰을 줄 수도 있다고 주장했다.

따라서 프로이트는 최초로 정신적인 증상들을 이해 가능한 대상으로 만들었다고 할 수 있다. …… 프로이트는 철학적이고 심리학적인 사변思辨 대신 무의식의 정신을 탐색하는 새로운 기법을 제공함으로써, 비로소 정신 병리에 대해 말하는 것이 가능해졌다.[9]

간단히 말하면 프로이트의 해석은 다음과 같이 요약될 수 있다. 프로이트가 보기에 슈레버의 질병에서 가장 중요한 측면은 자신이 박해를 당하고 있다는 생각과 그의 종교적 망상, 즉 "자신에게 세상을 구원하며, 인류가 상실한 지복至福의 상태를 회복시킬 사명이 있다는 그의 믿음"이었다.[10] 프로이트는 그 망상에서 두 부분이 가장 중요하다고 보았는데, 그것은 "그 환자가 자신에게 구원자의 역할을 부여하는 것과 자신이 여자로 변형되는 것을 가정하는 것"이었다.[11] 누구나 예상할 수 있겠지만 프로이트는 그중 성적인 이미지가 더 근본적이라고 판단했다.

우리가 알게 된 것은 여자로 변형된다는 생각(즉, 남성성에서 탈피한다는 생각)이 그의 일차적인 망상이라는 점, 그가 그 행동을 박해의 일부, 심각한 상처로 간주함으로써 망상을 갖기 시작했다는 점, 그리고 그 망상은 그가 구원자 역할을 하는 것과는 부차적인 방식으로만 관계된다는 점이다.[12]

중년에 찾아온 삶의 위기에서 판사 슈레버는 최근에 죽은 자신의 아버지를 강렬하게 그리워했다. 그리고 이러한 에로틱한 이미지들에 두려움을 느꼈다. 자신이 동성애자일까 봐 겁났기 때문이었다. 그는 불면증, 자살충동, 내적 공황을 경험했고, 이로 인해 입원하게 되었다. 첫 번째로 발병했을 때 그는 회복되어 정상적인 생활로 돌아갈 수 있었다. 그러나 9년 후 그 느낌들이 다시 분출되었고, 그의 상태는 급격하게 악화되었다. 이때 그는 자신이 주치의에게 박해받고 있다는 망상을 만들어냄으로써 동성애에 대한 자신의 두려움으로부터 스스로를 방어했다. 그는 동성애에 관한 두려움을 의사 플레지히에게 성적으로 공격받고 있다는 환상으로 투사했다. 이것이 그의 질병에서 가장 좋지 않은 부분이었다.

이 같은 망상은 점점 거창해져서 하나님에게 박해받는다는 환상으로 발전했다. 만약 하나님이 그를 박해하고 있는 것이라면, 그의 고통에는 뭔가 목적이 있을 것이다. 결국 판사 슈레버는 자신이 세상의 구원자로서 부름을 받았고, 성적 쾌락이 자기 역할의 한 부분이라고 믿게 되었다. 프로이트는 그것을 다음과 같이 요약한다.

주치의를 위해 자신이 여성 창녀의 역할을 한다는 것은 슈레버에게 상상조차할 수 없는 일이었다. 하지만 하나님에게 그가 요구하는 관능적인 감각을 제공한다는 과제는 슈레버의 에고에서 어떠한 저항도 일으키지 않았다. 남성성의 박탈은 이제 더 이상 치욕이 아니었다. 그것은 '사물의 질서에 합치되는 일'이 되었다. 그것은 위대한 우주적 사건들의 연속성 안에 자리를 잡고, 인류의 멸종 이후 인류의 재창조를 위한 도구로 쓰이는 일이었다. [13]

이 사례에서 프로이트는 동성애에 대한 두려움이 피해망상 편집장애의 기초라는 이론을 고안해냈다. 이 관점이 여전히 오늘날의 정신의학에 영향력을 미친다는 점에서, 동성애가 정신질환의 원인이 된다는 프로이트의 생각은 위험하다. 이 같은 편견은 성적 느낌이나 환상을 지나치게 두려워하도록 만들어왔고, 그 결과 오늘날까지 동성애자들이 억압받는 결과를 초래했다. 프로이트의 이론을 가지고 작업할 때마다 우리는 그의 방법론적 천재성과 우리 문화를 손상시키는 그 편견을 반드시 구분해야 한다.

프로이트는 한 개인의 삶에서 실타래같이 얽혀 있는 수많은 사고와 감정을 밝혀내는 데 천재적이었다. 그는 큰 고통을 경험하는 사람들을 이해하고 치료할 수 있다고 믿었다. 그는 보통 버림받고 주변부로 밀려난 사람들, 즉 정신적으로 병든 이들의 말을 경청할 수 있는 방법과 이론을 남겨주었다. 프로이트는 자신이 개인의 내면에서 발견한 고통에 위축되지 않았고, 이러한 악을 적절히 설명할 이론을 찾는 데 전력을 기울였다. 그는 살고자 하는 의지가 정신병의 증상 뒤에 숨어 있다고 믿었다. 얼마나 왜곡되어 있든지 간에 그 의지를 이해하고 해석한다면, 그 개인 안에 있는 희망을 회복시킬 수 있다고 그는 믿었다. 우리는 6장에서 이러한 전망으로 되돌아갈 것이다.

정신병이 있는 아들과 학대적인 아버지

1951년에 슈레버 사례의 다른 면이 드러나면서 아동학대가 초래하는 결과에 관한 극적인 논쟁이 개시되었다. 윌리엄 니덜랜드는 판사 슈레버가 아동학대의 희생자였으며, 프로이트나 이 사례를 다룬 다른 논평자들은 이 사실을 고려하지 않았음을 알게 되었다. 슈레버의 아버지는 유명한 의사였으며,

자녀에 대한 부모의 태도를 주제로 쓴 그의 글은 19세기의 부모 세대 전체에 큰 영향력을 미쳤다. 이러한 자료의 발견은 이 사례연구를 다시 분석하게끔 만들었다.

의사 슈레버가 제시한 교육체계의 핵심은, 그가 부모와 교육자들에게 자주 반복했던 충고에 집약되어 있다. 그 충고란 아동의 생애 최초 몇 년 동안 최대한의 압력과 강압을 사용하라는 것이었다. 그는 이런 훈육이 나중에 생길 많은 문제를 미연에 방지할 수 있다고 강조한다. 동시에 아이를 엄격한 체계 안에서 맹렬한 신체 훈련을 하도록 복종시키고, 체계적인 근육운동에 신체적·정서적 제한을 조합한다면 몸과 마음의 건강이 모두 증진된다고 주장하기도 했다.[14]

니덜랜드가 발견한 자료를 이용해 모턴 샤츠만Morton Schatzman은 유사한 해석을 했다.[15] 샤츠만은 그 아버지의 가학적인 학대와 그 아이의 정신병에 1대 1의 상관관계가 있음을 발견했고, 이를 자기 해석의 기초로 삼았다. 그는 슈레버의 『회고록』에 나오는 박해망상 중 많은 것이 실제로 어린 시절 학대받은 기억의 흔적이라고 주장한다. 슈레버가 어린 시절의 경험에 관해 정신적으로는 기억을 상실했을지라도 그의 몸은 여전히 신체적·정서적 상처를 지니고 있다는 것이다.

그 아이의 모든 독립적인 의지가 가차 없이 붕괴되어야 한다고 믿는 것만으로는 충분치 않았던 듯, 그 아버지는 한층 가학적인 방법을 썼다. 아이가 먹거나 공부하거나 심지어 자는 동안에 완벽한 자세와 자리를 억지로 유지하도록 철사와 줄로 만든 괴상한 장치들을 발명한 것이다. 니덜랜드와 샤츠만 모두 신체적·정서적으로 심각한 학대를 기록하고 있는 의사 슈레버의 책을 읽으면서, 그 장치의 도해圖解를 그려냈다. 의사 슈레버는 아이가 밤에 잘 때 몸을 뒤집지 못하게 하려고 가죽 끈을 이용해 팔 둘레와 가슴을 십자로 묶어 놓았다. 그는 꼿꼿하게 균형 잡힌 자세가 건강을 위해 필수적이라고 믿었다. 또한 그는 책을 읽을 때나 공부할 때 아이가 머리를 완벽하게 올곧은 상태로 유지할 수 있도록 하는 금속 막대와 머리 벨트를 고안해냈다.[16]

슈레버가 아동기에 당했을 것이라 짐작되는 고문에 관한 정보를 프로이트는 이용할 수 없었지만, 그 정보를 사용한 니덜랜드와 샤츠만은 판사 슈레버가 심각한 아동학대의 희생자임을 확인해주었다. 니덜랜드는 내면화 과정에 대한 프로이트의 관심이 옳다고 생각하려 했다. 내면화 과정이란 사건들이 그 개인에게 갖는 주관적인 의미에 초점을 맞추기 때문이다. 반면 샤츠만은 별로 주저하지 않고 아버지 슈레버가 아들 슈레버의 정신질환에 책임이 있다고 비난하며, 슈레버의 『회고록』에 나오는 망상을 그가 받은 학대에 대한 저항으로 본다. 더 나아가 니덜랜드와 샤츠만 둘 다 이러한 가학적 취급과 나치 홀로코스트에 기여했던 독일 철학들을 연결시킨다.

우리의 목적을 이루기 위해서 이 두 사람의 연구는 중요하다. 그들은 어떻게 가족 안에서 학대가 체계적으로 이루어지는지, 정의를 위한 희망이 학대 당하는 아동의 내면에서 어떻게, 심지어 고통스러운 수십 년이 지난 후에도 사라지지 않는지를 탐구했기 때문이다. 판사 슈레버는 그의 트라우마로부터 풀려나기를 원했고, 자신의 건강을 회복하기 위해 정신병으로 진단받는 위험을 감수했다. 그는 그의 고통으로 인한 분노와 치유에 대한 희망 사이에서 내적인 갈등을 완전히 해소할 수 없었다. 비록 인생 후반에 어느 정도 즐거운 망상을 가지긴 했지만 말이다.

페미니즘 논평들

프로이트의 해석에 반대하는 사람들도 있다. 여자와 남자의 이미지라는 관점에서 그의 해석을 본다면 어떨까? 프로이트는 슈레버의 정신병을 거세되어 여자가 되는 것에 대한 두려움으로 해석한다. 그러나 몇몇 연구자들은 슈레버의『회고록』원본을 다시 읽고, 여성이 된다는 의미에 대한 긍정적인 이미지들을 발견했다.[17] 그들은 비록 슈레버가 여자가 되어 성적으로 학대당하는 환상을 가졌지만 이것이 곧장 거세나 남성성 상실의 공포로 해석되지는 않는다고 주장했다. 사실 여자로 변형되는 것은 즐거움과 잠재적인 생산력으로 이어진다. 프로이트에게는 여성성이 곧 거세와 같은 의미인데 가부장제도 여성성을 그렇게 생각한다. 그러나 슈레버에게는, 적어도 그의 이른바 정신병 상태에서는, "여자가 된다는 것은 사실상 인간이 된다는 것이다".[18] "그의 두려움은 기본적으로 자신이 이 세상의 착취적인 구조 속에서 여자가 되는 것에 대한 두려움, 다른 존재에게 성폭력을 당하도록 넘겨지는 것에 대한 두려움이다."[19]

간단히 말해, 페미니즘 입장에서 볼 때 슈레버의 저항이나 항거는 아버지의 학대에 대항한 것일 뿐 아니라 가부장제 이념에 대항한 것이다. 가부장제 이념은 여자를 평가절하하고 여자들이 보여주는 인간의 특성을 평가절하함으로써 이러한 학대를 암묵적으로 승인한다.

슈레버를 위협했던 것은 그의 '잠재된 동성애적 충동'이 아니라 그가 몸과 마음으로 깨달은 사실들, 즉 그의 영혼이 살해되었고, 그의 의지와 영혼은 붕괴되었으며, 그의 몸에 고문이 가해졌다는 깨달음이었다. 그는 확실히 상징적인 방법으로 그러한 깨달음에 도달했다. 인간의 본성, 부드러움, 편안함, 즐거움, 어머니의 사랑을 악한 것으로 믿었던 그의 아버지가 슈레버의 영혼 가운데에 자리 잡은 이러한 측면들을 체계적으로 파괴하려 시도했다는 사실을 그가 깨닫게 된 것이다. …… 어떤 의미에서 그의 고통은 인간 본성에 대한 그 시대 문화의 왜곡된 관점으로 인한 것이다. 그 관점이 그의 아버지의 신념과 방법을 통해 그에게 전염되었다. 따라서 슈레버가 정신병 환자가 되었을 때 '돌파한' 것은 그의 인간성 중에서 부정되고 억압되었던 면들, 즉 여성성, 부드러움, 편안함과 쾌락을 느끼고 싶은 육체적 갈망, 오랫동안 억압된 그의 자의自意 또는 자율성이었다.[20]

슈레버의 아버지는 자신의 아이, 슈레버 안에 있는 인간적인 모든 것을 파괴하기 위해 일종의 심리적 수술을 시행했다. 페미니즘은 어떤 사회적 이념이 한 집단을, 그 집단이 아동이든 여성이든 소수인종이든 종교집단이든 관계없이, 온전하지 못한 인간 집단이라고 규정할 때마다 그 집단에 속한 사람들의 정신에 대한 영적 살해가 이루어진다고 주장한다. 개인들과 사회는 가정폭력과 성폭력의 결과를 간과하는 경향이 있다. 그러나 우리가 판사 슈레버와 같은 희생자들 또는 오늘날의 아동과 성인 희생자들의 증언을 귀담아들을 때 알게 되는 사실은, 사적인 폭력이 그 영혼을 해치거나 심지어는 죽일 수 있다는 것이다. 사람들을 선한 집단과 악한 집단으로 나누는 경향은 억압의 구조를 만들어내며, 그 구조는 모든 사람의 영혼에 파괴적이다.

판사 슈레버는 그의 문화가 가지고 있던 왜곡된 성의 이미지를 극복하려고 한다.

그가 찾는 관능의 상태는 남성도 여성도 아니었다. 그것은 이를테면 **축복받**

음의 상태, 세상의 질서이며, 그 질서 안에서 "모든 합법적인 이해관계가 조화를 이룬다". 이 문장만으로도 슈레버는 위대한 신비주의자들과 위대한 유토피아적 사회주의 철학자들 사이에서 한 자리를 차지할 자격이 있다. 그의 독특한 심리학적 표현법은 여전히 흥미롭지만 …… 그것은 본질적으로 그의 철학적 담론을 명료하게 표현하기에는 부적절하다.[21]

이 사례에서 볼 수 있는 것은 여성과 남성에 관한 고정관념적인 태도들이 판사 슈레버의 선택을 어떻게 왜곡시켰는지에 관한 것이다. 그는 평생 남성의 성취와 통제라는 엄격한 기대 역할에 맞추어 살고자 애썼다. 그러나 중년기에 그는 자신의 분노와 공포, 그리고 자신의 성에 대해 더 온전히 통합된 방식으로 표현하고 싶은 깊은 욕구에 압도되었다. 우리는 성역할이 어떻게 인간의 잠재력을 창조적으로 온전하게 개발하는 일에 장애가 되는지, 우리의 무의식적 기대가 어떻게 여성과 아동을 빈곤하게 하고 학대하는 억압적 구조들을 만들어내는지 주목할 필요가 있다. 억압받는 남자들이 치르는 대가에 대항하는 슈레버의 항거는 가부장제에 대한 일종의 저항이었다.

이 연구에서 페미니즘의 논평이 중요한 이유는, 고통이 사회적 이념의 결과로 어떻게 조직되는지에 대해 공들여 설명하고, 사람들이 자신의 온전한 통합을 추구하기 위해 이용하는 증상들 안에서 저항과 희망이 어떻게 표현되는지를 기술해주기 때문이다.

종교적인 논평들

루시 브레그만Lucy Bregman은 비록 위의 해석들이 흥미롭지만 그것들 모두 슈레버 자신의 증언, 즉 그가 하나님의 본성에 관한 새로운 계시를 발견했다는 주장을 무시한다고 지적한다. 슈레버의 망상에서 문제는 하나님이다. 보통 하나님은 사람이 죽은 후에야 비로소 그 사람을 다룰 수 있다. 하나님은 죽은 자의 영혼으로부터 나오는 에너지를 사용해 쾌락을 창조하는 존재이다. 그러나 하나님은 슈레버의 신경에 매력을 느끼게 되는 실수를 범했고, 거기에 고착되어버렸다. 하나님과 슈레버의 연결은 하나님에게는 즐거움이었지만 슈레버에게는 고문이 되었고, 이 공생관계가 해소되지 않는 한, 이 세상의 장래는 위험스러웠다. 그러므로 하나님을 돕고 세상을 구하는 사명은 자신에게 달려 있고, 따라서 자신의 몸이 여자의 몸으로 변형되도록 허용해야 한다는 것이 슈레버의 망상이었다.

자신인 '관능성을 개발'함으로써, 슈레버는 그의 몸에 매력을 느끼게 되었던 하나님의 신경이 축복받음('영혼의 관능성')이라는 상실 상태로 회복되기를 바랐다. 그렇게 되면 하나님 자신이 다시 한 번 그의 피조물과 조화롭게 존재할 것이다.[22]

브레그만은 슈레버가 이 종교적인 상상을 통해 서구 신학 안에 있는 기본적인 문제 하나를 확인해주었다고 본다.

종말론적이고 에로틱한 이 상상은 이상하고 특이한 표현을 사용한다. 그러나 그 메시지는 우리에게 그렇게 생소하지 않을 수도 있다. 즉, 하나님은 억압과 착취 안에 깊이 함축되어 있는 존재가 될 수밖에 없는 운명이다. 이러한 하나님에게는 과실이 있다. 통치자와 권력자의 편에 있기 때문이다. 그는 우리에게 충성하라고 주장할 수 있는 권리를 상실했다. 그러나 그 권위의 하나님에게 화내며 저항하는 대신, 슈레버는 하나님이 하나님 자신의 피조물을 배신할 수 없다고 우긴다. 왜냐하면 "세상의 질서the Order of the World는 세상이 입은 상처를 치유하기 위한 그 자체의 처방을 지니고 있기" 때문이다.[23]

슈레버가 아버지의 폭압과 고문이라는 학대를 통해 알게 된 하나님, 그리고 나중에 자신이 판사로서 성공한 문화의 종교적 승인을 통해 알게 된 하나님은 참지 못하는 하나님이었다. 슈레버나 캐런과 같은 작은 아이들에게는 그 부모가 도전할 수 없을 만큼 막강한 신이다. 그 자녀는 어쩔 수 없이 부모에게 의존적이기 때문이다. 만일 그 부모가 학대하는 사람이라면, 자녀와 부모 사이의 힘의 차이는 영혼의 살인을 낳는다. 특히 그 폭력에 대응할 양육적인 존재가 없다면 더욱 그렇다.

판사 슈레버에게 아버지는 전능하고 도달할 수 없는 존재로, 교회의 하나님과 많이 닮았다. 슈레버가 성공한 성인, 판사가 되었을 때 그의 문화 속에서 알게 된 것은 자기 아버지의 행위가 그 문화에 의해, 하나님 아버지의 권위를 통해 승인되었다는 사실이었다. 그러나 무의식적으로 그 아이는 의심받지 않는 권위를 가진 아버지의 학대를 용인할 수 없다. 그의 영혼의 한구석에서 이러한 파괴적인 권위에 대한 저항이 자란다. 판사 슈레버에게 어린 시절의 학대와 그의 문화가 경배하는 폭군적인 하나님은 연관성이 있었다. 그 하나님은 자신의 말이나 행동에 대해 설명할 책임이 없는 하나님이었다. 신학의 하나님은 근친상간이 벌어지는 가정에서 전능한 아버지가 작은 폭군이 되고 싶은 유혹을 느끼는 것과 동일한 유혹을 느꼈다. 학대하는 아버지가 학대할 수 있는 이유는 그의 권위를 강제로 누르거나 제한하는 것이 전혀 없기 때문이다.

어떤 면에서 학대적인 가족이 반영하는 신학 안에서는 하나님의 힘이 피조물에 대한 하나님의 관계와 사랑에 의해 비틀리고 틀어진다. 브레그만은 질문한다. "그러나 하나님 아버지가 그 자녀들에게 범한 죄라는 것이 무엇이란 말인가?"[24] 슈레버는 하나님에 대한 교리에까지 손을 뻗는다. 그 교리 안에서 자녀들은 하나님의 권위에 의문을 가질 권리가 있다. 이렇게 그의 상상은 건설적인 대안을 포함하고 있다.

슈레버는 "세상의 질서"를 "하나님보다 더 높은" 비인간적인 실체로서 정의하기보다 "하나님의 본성과 속성에 의존하면서, 하나님과 하나님에 의해 생명을 갖게 된 피조물 사이에 존재하는 법적 관계"로 정의하고 있다. 달리 말하자면, 이 관계는 창조된 질서를 대신해 하나님이 스스로 행동할 수밖에 없도록 만들거나, 임의성과 불화의 결과로 고통당할 수밖에 없게 한다. 오늘날 우리는 이것을 '생태 신학'이라고 언급할 수도 있다. 이것은 하나님의 초월성과 세상에 대한 지배를 강조하는 전통적인 신학과 정반대되는 것이다. …… 슈레버는 모든 피조물을 포함하는 초월적인 에로스에 대해 이야기하고자 했으나, 그가 아는 하나님의 언어는 아버지의 권위를 가진 언어였다. 이는 그가 아는 '여자'의 언어가 오로지 육체적인 감각성과 착취의 언어였던 것과 마찬가지였다. 슈레버와 동시대인들 중에는 이러한 언어가 가진 도덕적 위협과, 그 종교적·심리적 결과를 자각한 사람이 거의 없었다.[25]

브레그만이 이 사례와 종교를 연결시킨 것은 우리 연구의 목적에 맞는다. 그녀의 분석을 통해 우리는 개인의 깊은 고통과 아픔, 그리고 결코 사라지지 않을 종교적 희망 사이의 연관성을 보기 시작한다. 종교와 신학의 과제 하나는 문화를 형성하고 변형하는 것이다. 사회에 의해 부인됨으로써 소리를 빼앗긴 비밀스러운 고통은 사회 안에서 종교에 대한 중요한 논평이 된다. 판사 슈레버는 자신의 어린 시절 겪은 고통을 알아차리지 못하는 사회 속에서 하나님의 권위에 대한 자신의 의문을 알아차릴 수 없었다. 그는 자기 아버지의 학대에 대한 승인이 곧 하나님의 전능함에 대한 승인이라고 들었다. 그는 자신의 심리적 고통, 가부장제에 대한 항거, 가부장적인 하나님에 대한 저항을 자신의 정신이상을 통해서만 분출할 수 있었다. 하나님에 관한 그의 의문들을 공적으로 말할 토론장이 없었기 때문에 그는 사적인 망상을 만들어냄으로써 자기 아버지에 의해, 주치의에 의해, 남성이 된다는 것에 대해 그가 지닌 가부장적으로 왜곡된 이미지에 의해, 그리고 돌보지 않는 하나님에 의해 자기가 박해받았음을 알아차렸다. 그리고 그의 정신병적인 망상 속에서 그는 일종의 희망의 신학에 더 가까워졌다. 그 신학은 그가 문화나 교회를 통해 접해온 어떤 신학보다도 그의 고통과 그의 온전한 인간성을 인정해주었다.

슈레버의 가족과 문화 안에서 하나님에 대해 만연되어 있던 이미지는 판사 슈레버의 일생 동안, 특히 정신질환을 가진 18년 동안 그가 싸운 악과 고통에 기여했다고 말해도 과장이 아닐 것이다. 그에게는 자신의 종교적 직관을 설명할 언어가 없었기 때문에, 그는 자신의 괴로운 영혼을 다시 통합하기 위해 그 문화가 용납하는 규범으로부터 이탈했다. 특이하게 표현된 그의 신학에서 그는 하나님과 사람들 사이의 새로운 관계를 발견했다. 그 관계의 특징은 쾌락과 관능성이었다.

힘이 인간 경험 안에서 어떻게 조직되는가?

판사 슈레버는 학대받은 아동이었으나 수십 년이 지나도록 그는 고통의 증상들을 온전히 표현하지 못했다. 이 사례에 관해 75년 동안 발전되어온 연구들은 지배의 구조와 힘의 악용이 낳은 인간의 깊은 고통에 관한 단서를 제공해준다. 힘과 힘의 악용을 이해하는 데에는 다섯 가지 분석이 가능하다. 이유형들을 탐구하는 것이 오늘날의 여성과 아동 성폭력의 사례를 이해하는 데 도움이 된다.

개인 안에서 조직되는 힘

개인의 인격 안에서 힘이 어떻게 조직되는지에 관해 프로이트가 발견한 것들이 있다. 그가 때로 비판받는 이유는 심리내적인 쟁점에만 너무 초점을 맞춘 나머지 그 주변의 현실을 놓쳤기 때문이다. 그러나 그는 개인의 주관적인 경험에 대한 이해를 과감하게 열어젖혔다.

그는 인격의 가장 깊은 곳에 있는 죽음의 본능death instinct의 가능성에서 마음을 뗄 수 없었다. 그가 그 깊은 곳에서 본 파괴성의 질량 때문이었다. 그러나 이러한 끔찍한 가능성에도, 그는 죽음의 본능에조차 그 나름의 논리가 있고, 그 논리 안에서 결국 죽음의 본능을 이해할 수 있다고 가정했다. 그의 결론은 사랑과 미움이 인간의 마음 내부에서 아주 완벽하게 짜 맞춰져 있기 때문에, 그 둘을 분리하는 일은 결코 성공할 수 없지만, 사랑과 미움을 정리하고 파괴의 가능성들을 중화하는 노력은 절대로 포기될 수 없다는 것이다. 그래서 그는 자기가 보는 고통이 얼마나 끔찍한 것이든 간에 움츠러들지 않으려

고 했다.[26]

우리 조사 연구의 쟁점 중 하나는 개인의 정신 안에 있는 선과 악의 관계를 발견하는 것이다. 성폭력을 저질러온 개인을 보면 내면에 악이 체계적으로 조직되어 있는 사람을 보는 것 같다. 한 개인 안에서 악이 때로는 선을 이길 가능성이 있음을 우리는 직면해야 하며, 우리 각자 자신 안에 지니고 있는 악의 가능성에 반드시 직면해야 하고, 우리 안에 있는 선을 향한 희망을 키워야 한다. 사랑의 역량과 미움의 역량이 모든 개개인 안에 존재하는데 그 균형은 연약해 깨지기 쉽다. 우리는 언제나 우리 마음 안에 있는 사랑과 미움 사이의 긴장과 에너지 안에 살고 있다. 우리가 자신 안에 있는 미움의 완전한 잠재력을 알고 통합할 때, 또한 사랑의 완전한 잠재력을 발견할 때, 그때서야 사랑으로 사는 것을 선택할 수 있다. 우리에게는 자신과 타인을 수용하기 위한 은혜가 필요하며, 사랑이 대결과 한계설정을 요구할 때 그것을 행할 용기가 필요하다. 기독교 신앙의 의미는, 그리스도 안에서의 삶이란 부지런함과 용기를 요구한다는 것이다.

가족 안에서 힘의 조직

선과 악은 인간 마음 안에 있는 동기 그 이상의 것이다. 선과 악은 사람들 사이의 상호반응과 애착이 조직적으로 이루어진 양태이기도 하다. 니덜랜드와 샤츠만은 힘의 악용이 가족이라는 바탕에 어떻게 조직적으로 끼어들어갈 수 있는지를 보여준다. 그러나 그들의 뛰어난 분석에도, 다니엘 파울 슈레버의 부모와 형과 누나에 관해서 우리가 아는 것은 여전히 많지 않다. 아는 것이라고는 그의 아버지인 의사 슈레버가 말년에 머리 부상으로 고통을 당했고 정신착란을 일으켰다는 사실이다. 우리는 의사 슈레버의 다른 두 자녀가 자살과 정신병으로 죽었다는 사실을 안다.[27] 그의 어머니에 대해서는 거의 알려진 바가 없다. 이 가족에 관해 알고 있는 것으로부터 우리가 추정할 수 있는 것은, 모든 식구가 심리적 고통을 당했다는 사실이다. 그들은 모두 삶보다는 죽음을 지향하는 체계에 참여했다. 그 아버지의 자녀 양육 철학은 체계적으로 가학적이고 잔인했다.

그 가족의 행위양태는 악했고, 그래서 평생에 걸쳐 도출된 결과들도 악했다. 그러나 이들이야말로 서로 깊이 애착되어 있었으며 그 사회에서 존경받는 사람들로 이루어진 가족이었다. 판사 슈레버는 죽을 때까지 자기가 겪은 많은 잔인한 일들과 관련해 아버지를 비난한 적이 없었다. 우리가 아는 한은 그렇다. 그 아버지의 양육방식은 아들이 아버지에게 위대한 존경, 심지어 애정까지 갖게 만들 정도로 효과가 있었다. 말하자면 그의 정당한 분노는 부인된 것이다.

힘이 어떤 제도 안에서 조직될 때마다 힘이 악용될 가능성이 생긴다. 가족이란 우리 문화에서 대단한 권위를 가진 제도이다. 부모는 자녀의 양육과 사회화를 위임받는다. 가족은 자원을 배분하고 친밀함의 환경을 제공하는 사회제도 중 하나이다.

가족 안에서 힘이 악용될 수 있는 방법은 여러 가지다. 체계적인 신체적 학대나 성적 학대, 박탈, 알코올 남용이나 약물 남용 등으로 인해 생기는 변덕스러운 행위, 자기애적인 과도한 침범 등이 그것이다. 근친상간이나 다른 성적 학대가 있는 가정에서는 여러 세대에 걸쳐 힘이 조직적으로 악용되는 것을 볼 수 있다. 가족이 개인들을 매개로 삼아 그 악을 영속시키는 것처럼 보이는 이유는, 반복되는 힘의 움직임이 아주 강하기 때문이다. 분명한 것은 가족이 보호가 필요한 사람보다는 학대하는 사람을 보호하는 경우가 자주 있다는 사실이다.

가족이 지나치게 이상화되어 가족의 강점과 약점을 정직하게 평가하지 못하게 막는 것을 보는 일은 괴롭다. 많은 성인이 아동기에 공포를 경험한 적이 있는데, 반드시 이 사실이 인정되어야만 그들이 사랑하는 능력을 성숙시킬 수 있다. 그러나 그들은 자기를 학대한 부모에게 깊이 애착되어 있다. 가족은 선과 악의 잠재력을 가지고 있어서, 우리는 힘을 분석할 때 이 두 가능성에 대한 현실적인 이해를 반드시 포함시켜야 한다.

제도 안에서 힘의 조직

제도적 힘을 분석하는 일이 슈레버 사례에 대한 논평들에서는 잘 전개되지 않는다. 판사 슈레버는 그의 주치의와 그 병원 간호사들이 그를 박해하고 있다고 증언했다. 사람들은 이것이 아동기 학대에 대한 슈레버의 감정이 전이된 것이라고 해석해왔다. 그러나 이것이 슈레버가 그들에게 실제로 박해받은 사실을 말한 것이라는 증거가 있다. 의사 플레지히는 슈레버의 고통의 원인을 오해했다. 그 의료진은 그의 상태를 '치매성 피해망상 편집증'으로 진단했다. 그러나 '그 질병을 자극하는 원인'은 이해하지 못했다.[28] 우리가 아는 것은 그가 입원한 동안 그의 시민권이 축소되었다는 사실이다. 이는 그가 자신의 『회고록』을 출판할 자유를 얻기 위해 복잡한 소송을 해야 했다는 사실에서 알 수 있다. 우리는 또한 그의 주치의가 다른 정신질환 환자들이 위법행동을 했을 때 그 처방으로 거세를 실행했다는 사실을 알고 있다.[29] 신체적 학대에 대한 슈레버의 두려움은 사실이었을 수도 있다. 확실히 모르핀이나 클로

랄 수화물 같은 약물의 사용은 현대 정신약리학에 비추어보면 학대라 할 만한 처방이었다.[30]

이상적인 세상에서는 제도가 사회를 조직하고 향상시키는 데 사용되는 사회적 힘의 중심이 된다. 그러나 생존자들이나 회복 중인 가해자들의 증언에 따르면 학교, 법원, 병원, 일터 그 밖의 다른 기관들은 서로 합세해 그들의 고통이 현실임을 부인하고, 그들을 학대하는 자들을 지원한다. 그들에게 침묵이 강요되는 방식은 바로 그러한 사회의 기관들에서 힘이 조직되는 방식과 똑같다. 힘이 한 제도 안에 집결될 때마다 악을 위한 잠재력은 선을 위한 잠재력과 나란히 증가된다. 제도에 의한 학대에 적응하는 일은, 현대의 삶이라는 사치를 위해 우리가 지불하는 대가에 속한다고 간주된다. 우리 개인의 삶과 공동의 삶에 제도적인 악이 미치는 결과를 비판적으로 검토하는 일이 우리에게는 드물다. 그러나 우리는 성폭력의 기반을 온전히 이해하기 위해 제도들을 비판적으로 보는 법을 반드시 배워야 한다.

사회적 이념 안에서 힘의 조직

페미니즘 학자들은 가부장제 이념 안에서 인간 정신이 심각하게 왜곡되는 것을 발견해왔고 그것이 개인에게 미치는 결과들을 보여주었다. 성차별주의는, 이해하려면 고도의 민감성이 요구되는 미묘한 현상으로 오해되기도 한다. 그러나 슈레버의 사례와 같은 사례들은 가부장제 폭력의 실체를 더 명확하게, 가시적으로 만들어준다. 슈레버는 자기 몸과 느낌과 의지에 대한 권리가 있는 아기였지만, 그 아버지는 과학과 사랑의 가면을 쓰고 그 아기의 권리를 벗겨버리면서 미워했다.

성폭력의 생존자들은 여성과 아동을 비하하는 사회적 이념의 희생자들이다. 7장에서 우리는 그들의 고통이 가족과 성에 대한 이념과 힘 있는 특권계층에 의해 어떻게 괜찮은 것으로 승인되는지를 탐구할 것이다.

교회의 역할 하나는, 고통을 확인하고 그것이 표현되는 것을 허용할 상징들을 제공하는 것이다. 상징들이 정의되는 방식은 공동체 안에서의 힘의 구조를 결정한다. 사회적 이념과 개인의 고통 사이에는 직접적인 연관이 있지만 힘과 특권을 가진 사람들에게는 보이지 않는다. 모든 사회의 이념과 권력 구조는 모호하며, 그 악은 사람들이 그것을 인정하고 직면할 때까지 번성할 것이다.

신학 안에서 힘의 조직

슈레버의 신앙체계 안에서는 그의 아동기 학대라는 악이 종교적으로 승인받는 것처럼 보였다. 그의 아버지는 그 문화 안에서 존경받았고, 자녀 양육에 관한 그의 책은 40판이나 인쇄되었다. 그는 자녀양육 철학에서 주도적인 전문가였고, 프로이트조차 이런 아버지가 "그 아들의 애정 어린 기억 속에서 하나님으로" 전환되는 것은 놀라운 일이 아니라고 지적했다.[31]

이 같은 전환에는 한 아이가 아버지라는 인물을 숭상하는 그 이상의 것이 들어 있다. 브레그만이 제안하듯이, 아버지에 대한 이런 이미지는 하나님에 관한 전통적인 신학에 부합한다.

알브레히트 리츨Albrecht Ritschl은 공식적·공적 관점을 다음과 같이 요약했다. "하나님 나라에 대한 진정한 비유는 민족국가가 아니라 가족에게서 찾아야 한다. …… 하나님 아버지가 죄를 용서하는 것에 국가수반에게 속한 사면권을 들이대는 것은 제대로 된 비교 기준이라 할 수 없다." 그러나 하나님 아버지가 자기 자녀에게 범한 죄는 어떠한가? 이 죄는 용서될 수 있는가? 아니, 언급될 수조차 있는가? 국가수반은 이론적으로 법에 종속되지만(슈레버는 판사였다), 하나님 아버지는 어떤 법에 대답해야 할 책임이 있는가? 우리는 이것이 슈레버의 문화가 직면했던 종교적 문제이며, 비록 형태는 달라졌을지언정 우리가 여전히 직면하고 있는 문제라고 믿고 있다.[32]

하나님이 절대권위와 절대자유를 가진 아버지로 정의될 때, 핵가족 안에서는 전능한 아버지가 승인된다. 슈레버의 심리에서는 하나님 아버지와 학대적인 자신의 아버지가 연결되었다. 환자의 심리 안에서 이루어지는 이런 연결은, 잘못 알기 때문에 생기는 일이라고 프로이트 학파는 분석한다. 왜냐하면 종교란 그 종교를 가진 개인의 무의식적인 투사일 뿐인 망상이기 때문이라는 것이다.

인간이 자신의 아버지와 하나님 아버지를 동일시하는 것이 '잘못 받아들임'으로 인해서라는 프로이트의 분석을 수용하는 신학자들이 많다. 다만 그 이유는 다르다. 즉, 신학자들은 타락할 수 있는 인간의 아버지와 하나님 아버지가 결코 동일시될 수 없기 때문에 프로이트의 분석이 옳다고 여긴다. 그러나 브레그만이 제시하는 바에 의하면, 슈레버에게는 학대적인 그의 아버지와 주도적인 신학의 하나님 아버지 사이에 더 깊은 연속성이 있었다. 그 두 상징들은 사회적인 측면에서, 가족의 측면에서, 그리고 개인적인 측면에서 연관된다. 교회가 하나님의 본성에 대해 가르치는 내용은 인간이 타인과의 관계를 어떻게 구성하느냐에 영향을 미친다. 하나님의 성격에 관한 질문은, 인간의 삶이 어떻게 구성되느냐에 결정적으로 중요하다. 슈레버의 아버지는 전능함과 절대적 자유를 가지고 행동했다. 그런 행위 양식은 그의 아들이 스스로 통합성을 가진 정체성을 형성할 여지를 전혀 주지 않았다.

우리는 아버지 슈레버와 하나님 아버지 사이의 이러한 연결을 의도적인 왜곡이라고 묵살해버릴 수도 있지만, 그 의도 때문이 아니라 그것이 미치는 영향력 때문에라도 반드시 그 상징들을 평가해야 한다. 완벽하게 자유롭게 피조물을 사랑하거나 버릴 수 있는 전능한 아버지로서의 하나님이라는 상징은, 땅의 아버지들로 하여금 자신을 하나님과 동일하게 보고, 자신의 통제와 학대하는 힘을 사랑의 표현, 오직 자신만이 판단할 수 있는 사랑의 표현으로 해석하게끔 만든다. 슈레버는 하나님에 대한 이런 관점을 거부했고, '세상의 질서'라는 원칙을 포함시키는 하나님 편에 선다. '세상의 질서'는 슈레버에게 '하나님은 이 세상의 구원을 위해 피조물과 사랑으로 상호작용할 의무가 있다'는 의미였다.

브레그만의 논문의 천재성은 그녀가 정신질환을 가진 슈레버의 왜곡된 종교적 신비주의를 기꺼이 경청하고 하나님의 성격에 관한 통찰을 얻었다는 점에 있다. 또한 그녀는 진정한 인간 존재와 연결되기 위해 스스로 자신의 존재 위기를 겪는 하나님이 있음을 발견했다. 슈레버는 하나님에게 매력적인 것(그의 영혼의 신경들)이 자기 안에 있다고 믿었고, 피조물의 장래는 하나님과 인간의 동반자 관계에 달려 있으며, 그 관계가 구원받은 인류라는 새로운 세대를 낳을 것이라고 믿었다. 이것은 고통스러운 한 사람이 하나님의 본성에 관해 증언한 것이었다. 이 증언이 우리에게 중요한 이유는, 하나님이 창조한 생태계 안에서 우리가 우리 자신을 하나님의 온전한 동반자로 이해하기 위해 애쓰고 있기 때문이다.

요약

　슈레버의 사례는 아동학대와 그로 인해 장기간에 걸쳐 나타난 결과의 개인적·사회적·종교적 근거에 대한 통찰을 준다. 판사 슈레버는 사랑이라는 미명하에 체계적으로 학대하는 가정에서 성장했다. 이 학대는 학대적인 사회에 적합한 성격 구조를 만들어냈다. 그 사회의 가족구조, 제도, 이념, 그리고 종교를 고려해볼 때, 그 사회는 학대적이었다. 그는 잘 적응하는 인간으로 인정받았고, 양심적이고 열심히 일하는 성인이 된 것으로 보상받았다. 그러나 그가 입은 손상은 심각했고, 결국 중년기에 심각한 정신질환을 야기했다. 그 위기상황에서 그가 추구했던 답은, 힘의 악용이 비밀인 문화 안에서는 부인되는 것들이었다. 그는 대안적인 상상을 구성했는데, 이것은 과학자들과 그 사회 지도자들에게는 정신병적인 것으로 간주되었다. 학자들은 그의 『회고록』에서 특이하게 표현된 그의 증언 가운데 건강을 추구하는 내용이 들어 있음을 발견했다. 그의 인생에서 진실의 추구는 금기나 비밀로도 사라질 수 없었다. 오늘날 우리가 힘의 그 악용에 대한 증언을 귀담아들을 필요가 있는 것은 그것이 바로 가족, 사회제도, 이념, 신학에 관한 숨겨진 진실이기 때문이며, 또한 증언의 저항이 드러내 보여주는 잠재된 희망을 우리가 분별할 필요가 있기 때문이다.

힘에 관한 연구 방법

　슈레버의 사례는 힘과 힘의 악용에 관한 연구 방법을 한 가지 제시해주었다. 첫째, 증인들은 진실함과 통합성을 지닌 자아를 탐색한다. 개인 정체성의 중요한 측면들이 가족 안에서의 애착을 통해 나오기 때문에 자아에 대한 탐색은 주로 대인관계에 관한 것이 된다. 4장에서 우리는 자아의 구조를 검토했고, 자아가 대인관계 경험을 통해 어떻게 형성되고 붕괴되는지 검토했다.

둘째, 증인들은 정의와 자비의 공동체를 탐색한다. 힘의 악용이 가능해지는 이유는 제도와 이념들이 지배구조에 따라 인간의 경험을 왜곡하기 때문이다. 특권을 가진 사람들이 타인을 학대하고 착취할 자원을 지니며 사회적 승인도 받는다. 우리 사회에서는 부모가 자녀를 학대할 힘을 갖고, 남성은 여성을 학대할 힘을 가지며, 백인은 흑인을, 지배계급은 주변부에 속한 자들을 학대할 힘을 지닌다. 정의의 원칙에 따르면 모든 인간은 공정하게 대우받아야 하고, 질적인 삶을 위한 적절한 자원을 가져야 한다. 지배의 구조는 정의에 대한 위반이다. 7장에서는 공동체와 사회의 역학을 검토하며 어떻게 힘이 숨겨진 채로 사용되고 악용되는지를 볼 것이다.

셋째, 증인들은 인간 경험을 확대해주는 종교적 비전을 추구한다. 종교는 사회와 관련해 애매모호한 방식으로 기능한다. 그것은 궁극적 의미의 선에 대한 비전에 따라 사회 안에서 힘이 조직되는 방식에 대해 도전하는 경우도 자주 있다. 그러나 종교는 사람들이 의문을 느낄 만한 사회적 행위를 승인하는 기능을 하기도 한다. 예를 들어, 종교는 어떤 것이 좋은 양육인지 비판적으로 평가하지 않은 채, 자녀를 통제하고 훈육할 부모의 권리를 지지하는 경향이 있다. 종교는 여성이 종속적인 지위를 강화시키는 일도 자주 한다. 여자들이 어머니로서 부당하게 대우받는 사회 환경을 비판적으로 평가하지 않은 채 여자의 모성 역할을 높이는 일이 그런 것이다. 이것 말고도 하나님에 관한 기본적 은유와 하나님과 이 세상의 관계에 대한 기본적 은유는 의도하지 않게 힘의 악용을 승인한다. 6장에서 우리는 하나님의 이미지를 검토하고 그 이미지들이 개인의 힘과 사회의 힘에 관해 어떻게 기능하는지 검토할 것이다.

6장 자아 추구

성폭력 생존자들은 자신 안에 뭔가 잘못된 것, 실종된 것, 적절치 않은 것처럼 보이는 것이 있다고 느꼈다는 사실을 증언해주었다. 내면의 자아 깊숙한 곳으로부터 올라오는 불편함이 있었다는 것이다. 성폭력에서 치유되는 일은 더 강한 자아감을 추구하는 일과 연관되어 있다.

캐런은 치유 과정에서 가장 힘들었던 일 중 하나가 자기 자신과 씨름하는 것이었다고 기록한다. 그녀가 대학원 과정에 들어간 후 죽을 정도로 아팠을 때 직면해야 했던 사실은, 자신이 경험한 성 학대를 숨기고 있는 것이 그녀의 자아를 해치고 있으며 가해자들을 보호한다는 것이었다. 그녀가 가족과 자기를 강간한 사람을 대면했을 때 직면해야 했던 사실은, 배반의 시간을 보낸 후에도 자신이 여전히 그들에게서 호의를 보고 싶어 한다는 것이었다. 교회에서 그 가해자들이 모범적인 기독교인으로 세워지는 것을 보았을 때 그녀가 직면해야 했던 사실은, 자기가 아직도 인간의 악에 관해 순진한 생각을 품고 있었다는 것이었다.

성폭력은 캐런의 과거에 있었던 그저 먼 기억이 아니라, 그녀가 살고 타자와 관계하는 행위 양식으로 구조화되어 있는 현실이었다. 그녀가 어릴 때 추행당하는 동안 느꼈던 공포와 죄책감, 그리고 수치심은 성인이 된 삶에서도 갈등과 스트레스의 상황에 닥칠 때마다 여전히 함께했다. 만일 그녀가 그녀의 새로운 삶에서 강하게 되기를 원한다면, 그녀는 자기 자신과 대면해야 했다. 그녀는 자기 고통의 아픈 진실을 기억해야 했다. 그녀는 학대의 고통이 어떻게 자기 자아에 내면화되어 예측할 수 없는 방식으로 그녀의 장래를 통제하는지를 이해해야 했다. 그녀는 자신의 미래와 자신을 위한 희망을 구현할 수 있게 만들어줄 새로운 행위 양식을 자기 자신 안에 만들어놓아야 했다.

샘은 체포되고 치료를 시작하게 된 후 크게 기뻤다. 자기에게 필요한 도움을 받게 될 것이라는 믿음이 있었다. 그의 인생 중 처음으로 누군가에게 상처 주고 상처받는 일을 중단할 기회를 얻었다. 그는 거리에서 싸우거나 어린 아들을 추행하지 못하게 되었다. 그의 삶은 다른 사람에게 상처를 주거나 다른 사람을 이용해 자기의 성적인 만족을 얻으려는 강박에 의해 조종당하지 않게 되었다. 그는 자기에 대한 희망이 완전히 파괴되지 않았다는 것을 발견했다.

그러나 곧 샘은 궁지에 몰린 느낌을 받았다. 그를 미치지 않게 막아주었던 그의 증상은 사라졌다. 즉, 그는 압도되는 느낌을 받았을 때 자신의 분노와 성적인 환상을 행동으로 옮기는 일을 더 이상 하지 않게 되었다. 그러나 그의 욕구를 만족시킬, 의지할 만한 새로운 행위 양식을 발견하지는 못했다. 그는 자신을 직시해야 했고, 자기 삶이 실제로 얼마나 피폐했는지 보아야 했다. 그는 자기 가족을 보고 그들이 얼마나 연약한 사람들인지 보아야 했다. 진정으로 흥미를 느낀 직업도 없었고, 그의 결혼생활은 위태로웠으며, 의지할 친구도 없는 그는 공허함과 우울함을 느꼈다. 그는 포기하고 싶었고, 어떤 때는 자살이 멋있어 보이기까지 했다.

샘의 희망은 깨지기 쉬운 것이었는데, 그 이유는 그에게 앞으로 수행해야 할 힘든 작업을 해낼 활력이 없었기 때문이다. 엉망진창인 자신의 삶을 정직히 바라본 이후, 그의 고통은 더욱 강렬해졌다. 그는 자기가 처음에 느꼈던 희망을 행동으로 옮길 자원이 자기 내면에 없다는 것을 발견했고, 자기가 치유되려면 스스로 인식하는 그 이상으로 자기 자아 안에 깊은 변화가 어떤 식으로도 있어야 함을 알게 되었다. 단순히 행위가 변하는 것 이상으로 훨씬 더 많은 것이 변화될 필요가 있었다. 그는 바로 자기 자아를 변화시켜야 했다.

학대라는 것은 끝났어도 끝나는 것이 아니다. 학대는 한 아이에게 일어났다가 이후에 잊히는 그런 일이 아니다. 아이들은 그 가해자와의 관계를 내면화하기 때문에, 그 경험이 그들 자아를 이루는 한 부분이 된다. 이 경험이 직시되고 다루어지지 않는 한, 학대 경험의 결과는 장기간 지속된다. 공포와 미움과 불신이 엮여져 수십 년 동안 그 사람을 통제하는 영향력을 행사한다. 자아가 입은 손상은 그 생존자가 친구와 지속적인 인간관계를 형성하고 자녀를 키우며 직업에 만족감을 누리지 못하도록 방해한다.

학대의 경험은 자아가 견디다가 나중에는 벗어날 수 있는 그냥 외적인 사건이 아니다. 학대받은 바로 그 경험은, 특히 부모나 다른 권위자에 대한 애착의 상황에서 일어난 학대의 경험은, 실제로 내면에서 볼 때 결함을 가진 자아를 구성한다. 하지만 그들 삶의 공포에도 굴하지 않고 어떻게든 모든 희망을 포기하지 않는 생존자들이 많다. 우리의 조사 연구의 수수께끼 하나는 학대로 인한 극심한 고통의 한가운데 있는 희망의 탄력적인 복원력이다.

자아를 찾기 위해서 캐런과 샘은 각각 성폭력으로 인한 장기간의 결과들과 싸웠다. 캐런은 수십 년을 혼자서 고통당하다가 비로소 억압된 기억을 회복했고 새로운 자아를 추구하기 시작할 수 있었다. 샘은 자기 내면의 고통을 다른 사람에게 투사해 학대했고, 투옥될 위기 앞에서 겨우 자신과 대면했다. 이 둘은 그들 인생에서 학대 때문에 아주 다른 정반대의 경험을 했다.

여성 희생자와 남성 희생자의 경험이 다른 것을 보면서 제기되는 질문은, 자아 형성에 성별 차이가 있느냐의 여부이다. 성폭력의 가해자는 대부분 남자들이다.[1] 어떤 문헌은 여자들이 남자들보다 희생자로서의 정체성을 입기가 더 쉽고 자기 파괴적인 방법으로 행동하기가 더 쉽다고 주장한다. 남자들은 자기 내면의 고통을 다른 사람을 학대하는 것으로 투사하기가 쉽다. 이것은 남자들이 지배적인 행동을 하도록, 여자들이 복종하는 사람이 되도록 사회화하는 가부장제 사회의 이념과 맞아떨어진다.[2] "왜 여자들은 남자가 하는 정도로 아동을 성적으로 학대하지 않는지 우리가 이해한다면, 남자들이 이런 종류의 학대를 저지르지 않도록 도울 수 있는 방법에 관한 중요한 결론들에 닿을 수도 있을 것이다."[3]

이 장에서 우리의 관심은 다음과 같은 질문들에 있다.

● 무엇이 인간 자아의 본성인가? 이것은 학대의 장기적인 결과를 이해하고 새로운 자아를 개발하는 고통스러운 과정을 이해하는 데 어떤 도움을 주는가?
● 학대를 경험하고 이에 대처하는 방식에서 남자와 여자는 어떻게 다른가?

이 질문에 대답하기 위해서 우리가 탐구할 것은 관계적인, 애매한 자아의 이미지이다. 그 이미지는 성폭력 희생자들이 장기간 겪는 고통을 설명하는 데에 자아의 다른 어떤 개념보다 더 적절하다. 또한 그 이미지는 생존자들의 희망의 복원력을 더 적절하게 설명해준다.

억압과 폭력에 대한 연구들은 학자들과 신학자들로 하여금 자아의 본성에 관한 이 근본적인 질문들에 대해 어떻게 대답할 수 있을지를 탐구하게 만들었다. 성에 관련된 억압을 보는 페미니즘 학자들과 성과 인종과 계급의 관계성을 보는 아프리카계 미국인 학자들은 자아의 본성을 연구하는 우리에게 중요한 안내자가 된다.

우리 중 어느 누구도 스스로를 자율적이고 객관적이며 이성적이고 고정된 존재로 보는 것이 점점 더 어려워지고, 어쩌면 거의 불가능해지고 있다. 우리 중 어느 누구도 스스로를 갖추어진 완성된 자아로, 즉 각자 서로에게서부터, 우리 몸으로부터, 우리의 역사적 상황으로부터, 우리의 사고방식으로부터 어떤 식으로든 의미심장하게 분리될 수 있는 온전한 의식을 가진 자아로 보기가 점점 더 어려워지고, 어쩌면 거의 불가능해지고 있다. 이것이 바로 내가 '자주적이고 제왕 같은 자아의 붕괴'라는 말로써 가리키고자 하는 바이다. 이 붕괴는 더 건설적으로 관계적 자아를 회복시킬 수도 있다.[4]

관계적이고 애매모호한 자아라는 이미지는 '자주적이고 제왕 같은 자아의 붕괴'에 대한 하나의 대답이다.

관계적 자아

내면화 과정이란 관계들이 자아를 만들어가는 길이다. 아이가 학대받을 때 그 파괴적 관계가 지금 생성되고 있는 아동기의 자아에 의해 내면화된다. 학대 자체에 대한 기억이 없을지라도, 내면화의 그 과정이 그 자아의 구조에 반드시 영향을 끼친다. 캐런은 그녀의 인생 대부분의 시간 동안 학대받은 경험을 기억하지 못했다고 말했다. 그러나 그녀는 공허감을 느꼈고, 자신이 다른 사람들과 관계를 맺는 능력에 결함이 있다고 느꼈다. 아동기 발달 시기에 중요한 관계에서 받은 학대가 한 개인으로서의 그녀의 정체성에 내면화되었고, 성인기에는 목표를 이루는 그녀의 능력을 제한했다.

과정신학과 정신분석 이론에서 볼 때, 관계의 내면화는 자아의 성격을 이해하는 데 중심이 된다. 내면화 이론은 학대가 어떻게 자아의 일부가 되며, 어떤 종류의 관계가 새롭고 건강한 자아의식을 세우는 데 도움을 줄 수 있는지 이해하는 데 도움이 된다.

과정신학에서의 관계적 자아

과정신학에 따르면, 자아는 자아의 관계들로부터 구성된다. 자아와 타자들 사이의 상호작용이 삶 자체의 리듬이다. 우리는 우리의 관계를 통해 우리 자신이 되고, 우리 자신을 인간관계에 투입한다. 한 인간 존재란 이러한 주고받는 순간들의 연속체이다. 우리는 타자에 대한 우리의 민감성에 의해 존재하게 된다. 그리고 우리는 타자에 대한 우리의 창조적 반응에 의해서 미래에 기여한다. 관계들이 자아의 경험 내면에 있다. 앨프리드 노스 화이트헤드Alfred North Whitehead는 이것을 "내면의 관계 원칙"[5]이라고 말했다. 자아가 내면화하는 과정은 민감성과 창조성을 지닌 하나의 리듬이다. "인간의 경험은 상호작용의 과정이다. 그 상호작용의 특징은 민감성, 즉 타자의 느낌을 느끼는 것과, 창조성, 즉 타자에게 새로운 느낌으로 반응하는 것이다."[6]

자아의 민감성　인간 자아의 민감성이란 다른 사람들과의 관계가 우리의 경험의 내면에 있음을 의미한다.[7] 이것은 갓난아기에게서 확실하게 볼 수 있다. 유아는 태어날 때부터 부모처럼 돌보는 사람의 얼굴에 초점을 맞추고 눈으로 그 사람을 받아들인다. 성인기에 우리의 경험은 주로 우리가 속해 있는 관계적 환경에 의해 결정된다. 이런저런 상황에 따라서 우리가 행동하는 방식은 아주 달라진다.[8] 우리의 경험 중 일부는 타자의 느낌에 민감한 수용적인 형태를 띠고 있다.

타자에 대한 민감성이 애착과 힘의 불균형 상황에서는 대단히 증폭된다. 자녀는 그 부모의 기분을 자세히 살핀다. 학대받는 자녀가 극도로 조심스러운 모습을 보이는 것은, 그 아이의 생존이 위험에 대한 그 아이 자신의 경각심에 달려 있기 때문이다.

화이트헤드에 의하면 '터득prehension'은 관계의 내면화 뒤에서 작동하는 기제이다. 터득은 사람과 사람을 연결하거나, 상황과 상황을 연결하는 에너지의 매개체vector이다. 주체는 무언가를 터득한 후 그것을 평가하는데, 터득된 것은 어떤 방식으로든 느껴지게 되어 있다. 화이트헤드는 그것을 "단순한 신체적 느낌"이라고 했다. 그 이유는 터득된 것이 주체에게 인과적으로 영향을 미치며, 몸을 포함해 전인적全人的으로 느껴지기 때문이다.[9]

화이트헤드는 경험의 어떤 순간이 만들어지는 때는 과거의 여러 관계가 느낌의 한 초점이 될 때라고 믿었다. 자아에게 주어진 관계들로부터 자아가 만들어놓은 것으로 인해 자아는 정체성을 지닌다. 타자들은 자아의 바로 그 본체 내면에 있다. 자아는 그 삶의 내면에 미친 타자의 인과적 영향을 피할 수 없다.

소통하는 관계적 자아라는 개념은 간단히 말해서, 주로 우리의 과거 자아를 포함해 타자들이 우리에게 준 것으로 인해 만들어진, 그리고 타자들로부터 우리가 흡수한 것으로 인해 만들어진, 우리 자신이 무엇이고 누구인지를 의미한다. 그 의미는 우리가 서로를 창조하고, 우리가 정말 말 그대로 서로에게서 유래된다는 것을 의미한다. 이 상호창조의 유기적 과정 안에서 우리는 심리적으로, 지적으로, 영적으로 서로서로 양육한다. 그것은 우리가 물리적 음식으로 다른 유기체들을 양육하는 것과 같다.[10]

자아의 창조성　인간 자아의 창조성이란 우리가 타자에게 반응함으로써 타자에게 자신을 기여함을 의미한다. 각각의 순간은 타자와의 상호작용을 통한 새로운 느낌의 반응이다. 창조성은 우리 자유의 원천이며, 우리 자신의 미래와 타자의 미래에 강한 영향을 주는 능력을 부여하는데, 그 능력에는 어느 정도 제한이 있다. 우리가 관계적이 될지 아닐지는 선택의 여지가 없다. 그러나 어떤 특정한 순간에 우리에게 주어진 관계를 어떻게 평가할지에 관해서는 작지만 선택권이 있다.[11]

화이트헤드는 개인의 창조성이 그의 합생合生, concrescence이론에서 어떻게 작용하는지를 상세히 묘사했다.[12] 어떤 특정한 순간의 관계가 내면화되자마자 그 자아는 이 관계를 평가하고 다시 구성하는데, 연속성과 변화 모두를 바라보는 눈을 가지고 이 작업을 수행한다. 더 창조적인 순간들에서는 완전한 새로움이 강화되지만, 어떤 순간에는 좁은 범위의 반복이 개발되어 자아와 타자에게 해를 끼칠 수 있다.

이 창조성의 묘사는 중인들의 이야기에서 나타나는 양상과 상통한다. 그들은 그들이 반응할 자유가 그들 삶의 어떤 한 지점에서 좁은 범위로 제한되어버렸다고 말해주었다. 캐런은 어떤 갈등 상황에 놓일 때마다 자신이 분노와 무기력 사이에 끼인 느낌을 받았는데, 분노도 무기력도 그 상황에 필요한 적절한 것이 아니었다. 그녀는 자기가 원하는 해결책을 발견할 수 있도록 만들어줄 창조적인 반응으로부터 단절되었다고 느꼈다. 그녀는 이 창조성의 상실을 자기가 아이 때 학대를 받으면서 발달시킨 두려움의 탓으로 돌린다.

양극적 (조울증의) 자아   민감성과 창조성은 양극적 자아 안에서 함께 나타난다.[13] 수용적 관계성(민감성)과 자기주장적 관계성(창조성)이 상호작용하는 리듬이 인간 경험의 기초를 제공한다. 타자와의 관계가 재료가 되어 우리 경험의 기초가 이루어진다. 즉, 우리의 관계가 우리의 경험 내면으로 들어온다.

화이트헤드는 우리의 경험을 일련의 '응고물'이라고 묘사한다. 즉, 일련의 새로운 결정의 순간들이라는 것이다. 그 각각의 순간은 과거와 사회적 환경과 관계가 있지만, 여전히 그 사람 내면의 주관성으로부터 아주 새로운 것이 그 순간에 첨가되고, 그런 식으로 그 사람의 경험이 모양을 갖춘다.[14]

민감성과 창조성의 이런 리듬은, 학대가 어떻게 자아에 내면화되는지, 그리고 학대라는 이 악이 어떻게 극복될 수 있는지 부분적인 설명을 가능하게 한다.

민감성이 의미하는 것은 학대가 실제적으로 그 결과를 낳는다는 것이다. 특히 부모와 자녀처럼 동등하지 않은 힘의 상황에서는 더욱 그렇다. 그 자녀는 부모로부터 받은 정서와 행위의 패턴을 내면화하는 것 외에는 다른 선택의 여지가 없다. 그리고 이 패턴은 장기적으로 축적되는 결과를 낳는다. 공포심을 가지고 성장하는 아이는 인생 대부분의 시간을 두려움과 싸우게 될 것이다.

민감성은 또한 학대의 결과를 어느 정도 극복하는 방법을 제공한다. 폭력적이지 않은 새로운 관계를 내면화할 때 치유가 가능해진다. 사랑과 지지의 성격을 지닌 새로운 관계가 충분히 강하게 내면화되면, 그 관계들이 이전의 트라우마에 대응하게 해주고 새로운 자아로 이끌어준다. 우리의 증인들은 그들의 심리치료사, 목사, 지지집단의 사람들이 보여준 애정이 그들 안에서 확신이 자라도록 도와주었으며, 이전에는 이런 것을 경험해본 적이 없었다고 말해준다. 새로운 관계의 경험이 새로운 자아감을 만들어냈다.

개인의 창조성은 가족과 사회 안에 조직화된 억압을 극복하기에 역부족일 수 있다. 가부장제 문화에서 아동기의 학대 경험은 그 개인의 선택 범위가 줄어들었을 수 있음을 의미한다. 부모가 자녀를 학대할 때 저지당하는 경우가 거의 없듯이, 남편이 아내나 자녀를 학대할 때도 저지를 당하지 않는다.

그러나 또한 창조성은 관계의 새로운 패턴이 효력을 발휘할 수 있게 한다. 치유를 발견할 수 있는 새로운 경험을 하나둘씩 찾음으로써, 그 사람은 자기 자유를 이용해 자신의 학대받은 과거를 점차 대수롭지 않게 여기고 더 건강하게 내면화된 가치들에 의존하는 것을 늘려나갈 수 있게 된다. 변화의 한 순간이 우리 증인들에게도 왔다. 그때 그들은 자기 과거의 파괴적인 사람들로부터 돌아서기로 결정했고, 새롭고도 더 건강한 관계들을 자기 경험 안으로 가지고 들어왔다. 그들이 변화의 위험을 무릅쓰고 자신의 자유를 사용할 때 완전한 새로움이 그들의 삶으로 들어왔다.

화이트헤드의 자아 이론에 따르면, 학대받은 아이는 학대적인 상호반응 패턴을 내면화하는 것 외에는 달리 선택할 수 있는 것이 없다.[15] 그러나 일생 동안 생존자들은 비학대적인 관계와 공동체를 찾기 위해 애쓴다. 그리고 이 비학대적인 새로운 관계와 공동체는 조금씩 생존자들에게 나타나고 있는 자아 안에서 힘의 기초가 되어간다. 그러므로 관계적 자아는 학대가 내면화되는 방법과 그 결과들이 극복되는 방법 양쪽 모두에 대한 철학적인 설명을 가능하게 해준다.

정신분석에 관한 저술에서 나타나는 관계적 자아

정신분석 이론에서 자아는 타자와의 관계와 사회와의 관계를 내면화함으로써 등장한다. 대니얼 스턴Daniel Stern은 내면화를 다음과 같은 과정이라고 정의한다. "실제적으로 일어나는 일들, 즉 관찰할 수 있는 사건이 …… 주관적인 경험으로 변화되는데, 그것을 임상치료사들은 심리내적인 경험이라고 부른다."[16] 거트루드 블랭크Gertrude Blanck와 루빈 블랭크Rubin Blanck는 내면화를 "외부 세계와의 상호작용으로 발생하는 규정들이 내면의 규정들로 대체되는 과정"[17]이라고 정의한다.

내면화를 이해하기 위한 중요한 상호작용이 바로 부모와 유아 사이의 상호작용이다. 내면화는 부모처럼 돌보는 인물에 대한 정서적인 애착을 통해서 그 아기에게 생긴다.[18] 상호작용의 반복적인 리듬을 통해서 자아와 타자에 대한 내면의 이미지가 형성된다.[19] 만일 그 관계가 자애로우면, 이 이미지들은 일차적으로 긍정적인 성격을 띠며, 좋은 측면과 나쁜 측면이 통합된다. 예를 들어 배고픔의 고통 뒤에 알맞은 시간이 지나서 수유와 포옹의 만족스러움이 뒤따르면, 자아와 타자에 대한 긍정적인 이미지들이 점점 균형 있게 형성된다. 그러나 학대와 정서적 고립으로 인해 육체적 고통이 확대되어 항상

성恒常性을 유지하려는 그 아기의 능력을 넘어가면, 고통과 만족이 섬처럼 각각 고립되어 나타날 것이고 그 아기의 전인적 기능을 방해할 것이다.[20]

다음의 도표는 건강한 아이와 학대받은 아이의 내면화 과정의 결과를 나타낸 것이다. 이것은 이론적인 모형이기에 우리 증인들의 증언에 비추어 검증될 필요가 있고, 또한 학대가 경험되고 내면화되는 방식에서 현실적으로 양성兩性에 따른 차이가 있으므로 이에 비추어 검증될 필요가 있다. 정신분석적 모형 자체가 어떻게 성적 편견을 내재하며, 가부장제 사회를 전제하고 그 사회를 지속시키는지에 관한 논의도 활발히 이루어지고 있다. 이어지는 논의에서는 이런 이론들이 내면화 과정을 이해하도록 기여하는 바와 그 이론들의 한계들을 탐구하려 한다. 내면화 과정이 우리로 하여금 성폭력의 개인적 측면과 사회적 측면을 이해하도록 도울 수 있기 때문이다. 어떤 점에서 정신분석 이론은 가부장제의 전제들의 가면을 벗겨주지만, 또 어떤 점에서는 이 악의 구조를 영속시킨다.[21]

대상관계 이론에 따르면,[22] 임상자료로부터 확인되듯이, 자아 안에는 다섯 개의 발달궤도가 있다. 리비도, 공격성, 자기애自己愛, narcissism, 슈퍼에고, 그리고 에고가 그것이다.[23] 리비도의 기능은 자아의 애착욕구를 조절하고, 홀로 있고 싶은 욕구와 타자와 친근해지고 싶은 욕구의 균형을 잡는 것이다.[24] 공격성의 기능은 자아가 위험할 때 자아를 보호하고 창조적인 과제를 추구함으로써 '분리와 개별화를 추구하고 유지하려는' 자아의 욕구를 조절하는 것이다.[25] 자기애의 기능은 적극적인 자기긍정의 욕구와 건설적인 자기비판의 욕구 사이의 균형을 맞춤으로써 자아의 자기존중을 조절하는 것이다.[26] 슈퍼에고의 기능은 자아를 위한 가치 있는 이상과 포부를 제공하고, 파괴적인 행위 경향을 제한하는 것이다.[27] 에고의 기능은 자아의 다양한 능력을 조화롭게

건강한 모델

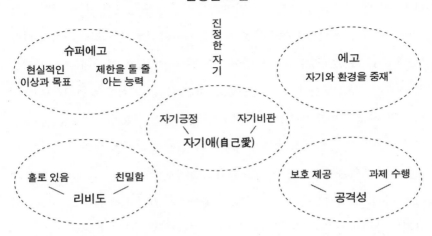

학대가 자아에 초래할 수 있는 결과

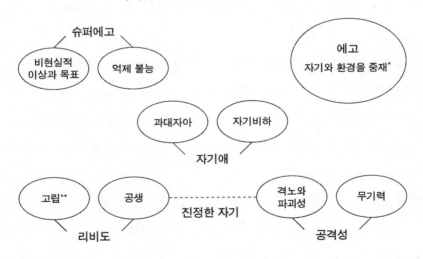

* 에고의 기능으로는 현실과의 관계, 본능의 규제, 대상관계, 사고과정, 방어 기능, 자율적 기능, 합성 기능이 있다. 이 기능들은 서로 갈등을 일으킬 수도 있고 아닐 수도 있다.[28]

** 가령 '고립'과 같이 왜곡되어 내면화된 경험의 섬들을 어떤 저자들은 내사(內射)라고 부른다.[29]

엮어서 본능적인 욕구를 만족시키고 자아와 타자를 위한 긍정적인 환경을 조성하는 것이다.[30]

건강하게 발달한 진짜 자아, 또는 가장 깊은 자아는 그 자아의 구조와 일치하며, 거기에는 진정성의 느낌, 즉 현대사회에서 복합적인 인간의 삶을 구성하는 다중적인 상호작용 안의 진정성이 있다. 건강하지 않게 발달한 진짜 자아는 보호를 위해 억눌려 있으며, 때로는 의식 수준에서 접근할 수 없을 정도로 억눌려 있다.[31]

자아에 대한 긍정적인 감각은 사랑과 지지의 분위기에서 일어나는 사람 간의 상호작용과 공동체의 상호작용을 내면화함으로써 형성된다. 만일 아이가 긍정적으로 애착을 갖는 사람이 자애롭고 그 아이의 내면의 발달에 주의를 기울인다면, 자아의 이 모든 측면들이 그가 속한 문화의 가치와 욕구에 따라서, '한 개인의 배아로부터 성인에 이르는 발달의 개체발생적ontogenetic' 계획을 통해 발달한다.[32] 그러한 발달 끝에 등장한 어른은 자아의 가장 큰 잠재력에 도달해 사회에 공헌할 것이다. 그는 상당한 좌절과 불안을 지탱하는 능력과 타자를 양육할 능력을 얻었기 때문이다.[33]

그러나 만일 아이가 학대와 박탈의 환경에서 자란다면, 내면화 과정은 파괴적일 것이고, 발달은 편향될 것이다. 이것은 그 자아의 대상세계가 왜곡될 가능성을 만들어낸다.[34]

성폭력에 대한 우리의 연구를 통해 드러나게 된 편향된 발달의 양상 중 하나는 성에 따른 불평등이다. 낸시 초도로Nancy Chodorow는 남자와 여자의 내면 대상세계가 아주 다른 이유가 성적 불평등 때문이며, 대부분의 아이에게 일차적 애착인물이 양성에 속한 사람들이기보다는 어머니이기 때문이라고 주장한다. 가족 안에서의 이러한 비대칭의 결과, 남자아이는 지배적인 아버지와 자신을 동일시하기 위해 미성숙한 상태에서 어머니로부터 분리하려는 경향이 있다고 그녀는 주장한다. 이로 인해 남자들은 여자와의 관계에서 지배적인 태도를 취하는 것을 배우지만, 친밀한 관계를 유지하는 능력에는 결함을 안게 된다. 여자아이들은 반대로 자기 어머니와 자신을 강하게 동일시하고 남자아이보다 훨씬 더 긴 시간 동안 전기 오이디푸스적preoedipal 단계에 머문다. 그래서 여자아이는 대인관계에는 능숙해지지만, 여자에게 억압적인 사회에서 여자라는 그 아이의 정체성은 스스로를 평가절하하는 감각을 갖게 만든다. 여자들은 사회가 여자에게 규정하는 종속적인 위치를 내면화하는 경향이 있으며, 특히 남자와의 관계에서 더욱 그러하다. 그러므로 가부장제는 단지 사회적인 현상이 아니라 현실의 구조에 속하며, 그 구조가 가족 안에, 그리고 남성과 여성의 개별적인 정신 안에 들어 있다.[35] 우리가 분석을 지속하면서 연구해볼 필요가 있는 것은, 성 정체성이 학대 경험으로 인해 남자와 여자에게 어떻게 다르게 조직되는가 하는 점이다.

학대의 장기적 결과   최근의 임상연구는 발달 단계가 왜곡된 내사內射의 단계에 고착되어버린 사람들의 집단에 집중되어 있다. 이 조사 연구는 발달이 고르지 않은 환자 집단에서 발견한 것들에 기초를 둔다. 그들은 인생의 어느 한 측면에서는, 가령 직업적 또는 예술적으로는 성공했으나 다른 어떤 측면, 가령 가족이나 친밀한 관계에서는 역기능적인 사람들일 수도 있다. 심리치료사들이 발견한 것은 융통성 없이 통합되지 않은 인지와 정서의 고립된 섬들이 있으며, 그런 것들이 나타날 때 많은 문제가 일어난다는 것이다. 이러한 내사는 가족 안에서 발견되기도 하는 강렬한 감정적 애착에 의해서 건강하지 않은 방법으로 촉발되는 경우가 많다.[36] 어떤 생존자는 대학원 과정을 수료하고 경력도 잘 쌓아나갈 수 있었지만, 네 번이나 이혼했고 대인관계에서도 행복하지 않았다. 그녀는 거리를 둘 수 있는 직업의 세계에서는 기능을 잘할 수 있었으나, 감정적으로 충전되는 관계의 세계에서는 역기능적이었다. 분명히, 아동학대는 '결핍된 발달'의 주요 원인 중 하나이다.[37] 어떤 형태의 학대든지 그 결과의 심각성은 주변의 환경과 내면화의 과정에 달려 있다.

자아의 파편화에 저항하는 주요 방어기제 중 하나가 '분열하기splitting'라고 불리는 것이다. 그것은 '결핍된 발달'에서 고통의 섬과 욕구의 섬이 서로 분리되어 내면화된 것이다.

> 이 모순된 에고의 상태들이 번갈아가며 작용한다. 그리고 서로 계속 분리되어 있을 수 있는 한, 이 갈등에 관련된 불안은 저지되거나 통제된다. 그러나 이 방어기제는 비록 …… 심리내적 갈등으로부터 환자를 보호할지라도, 그렇게 함으로써 환자 에고의 기능을 약화시키는 대가를 초래하고, 그럼으로써 그들의 적응효율성을 감소시킨다.[38]

오토 컨버그Otto Kernburg의 이론에 의하면, '분열하기'는 결핍된 발달로 인한 내면의 파편화로부터 자아를 보호하기 위해 고안된 방어기제이다. 우리 논의에서 '분열하기'를 언급하는 것이 타당한 이유는 이 방어기제가 아동 성 학대의 희생자에게 중요한 역동이기 때문이다. 신뢰하는 어른에 의한 공포와 배신의 경험은 두려움, 증오, 불신의 내사로 이어지게 되며, 이것은 자아의 통합된 양상이 아니다. 균형을 유지하기 위해서 성 학대의 희생자는 자아에게 내사된 것들이 계속 서로 분열된 채로 있게 해야 한다. 비록 그것이 많은 문제를 일으킬지라도 말이다. 예를 들어, 어떤 생존자들은 매우 위협을 당하는 상황에서도 자기는 거의 화가 나지 않는다고 말한다. 이것은 분노의 억제인데, 그렇게 억제하게 되는 이유는 분노가 그 에고를 적절한 보호 없이 노출시키기 때문이다. 화가 나는 것을 그들이 계속 억압해야 하는 이유는, 내재화된 분노가 드러나도록 허용하면 그 분노에 지배될 수 있기 때문이다. 통합되지 않은 분노는 결과를 고려하지 않고, 또한 자아의 내적 분열에도 구애되지 않고 별개의 매개물처럼 기능하는 경향이 있다. 그래서 '분열하기'는 자신이 과거에 당한 성적 학대에 관해 내면화된 분노로부터 에고를 보호한다.

'결핍된 발달'에서 다섯 가지 궤도는 각각 그 나름의 구성형태가 있다.

리비도 일상적인 언어로 말하자면, 리비도는 사람의 의존욕구와 관련이 있다. 즉, 신뢰할 만한 중요 타자에게 확고하게 붙어 있으려는 욕구이다. 학대의 상황에서 이 애착은 갈등을 겪는다. 리비도는 공생과 고립이라는 분열된 내사들로 발달하는 경향이 있다.[39] 공생이란, 정서적 애착이 있는 곳에서 자아가 경계의 감각을 잃고 타자 안으로 흡수되는 경향이 있음을 의미한다. 자아와 타자의 구별이 너무 약하기 때문에 어떤 강한 관계도 자아상실을 낳을 수 있다. 고립이란 실재 대상(인물)이 없을 때 자아가 파편화하는 경향이 있음을 의미한다. 발달의 이 수준에서는, 타자와 함께 있는 것은 자아가 타자에게 흡수될 수 있기 때문에 위험하고, 혼자 있는 것은 자아가 파편화되어 미쳐버릴 수 있기 때문에 위험하다.[40]

아이 때 학대받은 어떤 남자는 아버지와의 관계에서 이런 경험을 했다고 보고한다. 아버지가 있을 때 그는 아버지와 자신을 지나치게 동일시했고, 아버지가 자신을 학대하는 대신 사랑하도록 만들 수 있는 것이라면 무엇이든 되려고 노력했다. 아버지가 없을 때는 아버지가 돌아올 때까지 자신을 책에 고립시켰고, 아버지를 기쁘게 할 자신의 행동에 다시 한 번 초점을 맞출 수 있었다. 이런 자아상실이 일어났던 이유는, 그가 결코 기쁘게 만들 수 없는 학대적인 아버지에게 애착했기 때문이었다. 아버지와 같이 있었든 멀리 있었든 그에게는 하나로 결합된 자아가 없었다. 그가 결함 있는 패턴을 내면화한 이유는 자신의 리비도의 욕구를 만족시키기 위해 병리적인 대상에게 애착되었기 때문이다.

성의 불평등에 의해 야기되는 발달상의 왜곡 중 하나는, 남자들은 관계에서 고립되는 경향이 있고, 여자들은 지나치게 관계에 연루되는 경향이 있다는 것이다. 남자들은 고립되면서 타자와 연관되고 싶은 강한 욕구를 억압한다. 이 욕구는 성적인 것으로 변화되어 타자에게 투사되는 경향이 있다. 결핍된 남성의 발달에서 성적인 것으로 변한 의존성이 때때로 폭력적으로 움직여서 보호되지 않는 자들, 말하자면 여성과 아동에게로 향할 수 있다. 샘이 성추행자가 된 이유 중 하나는, 그가 의미 있는 관계를 형성하고 유지하는 데 결함이 있었기 때문이다. 위기의 시점에서 그는 욕구를 성적으로 만들었고, 그것을 아들에게 투사했다. 왜냐하면 그는 학대할 힘을 가졌고, 그것이 그 자신의 아동기 트라우마를 되풀이했기 때문이다.

가부장제 사회에서 여자들은 자기의 생존과 남자들과의 관계를 서로 연결시켜 생각하도록 사회화되었다. 그리고 자신이 의지하는 남자들이 학대적이기 때문에 그 여자들은 위험한 상황의 덫에 갇히는 경우가 많다.[41] 실제로 생존을 위한 자원을 더 많이 갖고 있는 것은 남자이다. 그래서 여자는 만일 혼자가 되거나, 특히 책임져야 할 자녀가 있을 경우, 극단적인 결핍에 처한다. 두려움과 지원받아야 할 필요 때문에 어떤 여자는 수년 동안 그 남편이 그녀와 자녀를 학대하는 상황을 견뎠다. 남편이 그녀의 여동생을 성추행하는 것을 발견하고 나서야 그녀는 남편의 문제가 자기 스스로 믿어왔던 것보다 더 심각하다는 것을 알게 되었다. 부단히 생명의 위협을 받는 공포 속에 사는 인질처럼 그녀는 자신을 그 남편의 요구에 맞추어왔고 그래서 자아감을 거의 상실할 정도에 이르렀다. 그녀의 생존이 위태로워진 이유는 그녀가 가부장제 사회에서 취약했기 때문이고, 또한 학대적인 남편에 대한 그녀의 애착 때문이었다. 공생은 위험한 상황에 처했을 때 자아의 경계를 상실한다.

리비도가 고립과 공생으로 갈라질 정도로, 이 분열은 가부장제 안에서 남자와 여자에 대한 사회적 기대에 부합한다. 남자들은 타자를 통제하고 타자에 대한 자신의 의존성을 거부하는 식으로 자율적이고 지배적이 되도록 사회화된다. 지배적인 위치에서 남성은 힘을 가졌고, 그들은 자기의 결핍을 보상하기 위해 타자를 학대하며 통제한다. 여성들은 복종하고 순응하라는 요구를 받는다. 그리고 그 대가는 자아의 경계를 잃게 되는 공생적 상실이 된다. 복종적인 위치에서 여성은 종종 덫에 걸리고 학대로부터 자신을 보호할 수 없게 된다.

공격성　'결핍된 발달'에서 공격성은 분노와 무기력으로 갈라지는 경향이 있다. 공격성의 정상적인 과제는 창조적인 과제를 추구하고 자아가 위험에 처하면 자아를 보호함으로써, "분리와 개별화를 추구하고 유지하는 것"이다.[42] 병리학적으로 보면, 공격성은 파괴적 측면과 무기력한 측면으로 양극화되어 그 둘 사이를 오락가락할 수밖에 없다. 가장 위험한 형태는 자아가 좌절될 때마다 그 애착대상을 파괴하고 싶다는 소원을 품는 것인데, 코헛은 이 상태를 '자기애적 분노'라고 말한다.[43] 이런 위험성은, 별거하는 동안 아내를 죽이는 남자들에게서 분명하게 보인다. 이런 남자들은 타자가 자기와 다른 소원을 가질 수 있다는 가능성을 참고 받아들일 줄 모른다. 공격성은 그 타자를 통제하고 싶은 마음으로 왜곡되고, 심지어는 자기에게서 만족을 빼앗아가고 있는 그 대상을 파괴하고 싶은 마음으로까지 왜곡된다.

왜곡된 공격성에서 그 정반대의 경향이 바로 무기력 또는 무엇인가 이루어질 필요가 있는데도 자기는 수동적으로 있으려는 경향이다. 정상적인 발달에서 공격성은 자아가 학대받을 때 자아를 보호하기 위해서 화를 생성해낸다. 따라서 적절할 때는 화를 내어도 된다. 하지만 학대의 희생자들은 자기가 화를 냄으로써 위험한 상황이 되는 경우에 자주 직면한다. 그들이 화를 내면 훨씬 더 폭력적으로 벌을 받을 것이기 때문이다. 그래서 그들의 분노는 억압되고 수동적으로 변한다. 성인이 된 희생자가 자기를 학대했던 사람과 대결하기로 결정할 때에는 주의 깊게 준비해야 하고, 지지하는 사람과 함께 가는 경우가 많다.[44] 그렇게 하는 이유는 그 학대자의 앞에서 무력감에 압도되어버릴 수 있고 자아가 분열될 수 있기 때문이다.[45]

성별 억압으로 인해 발달상에서 왜곡되는 점 중 하나는, 남자는 분노를 표현해도, 특히 가족 안에서는 분노를 표현해도 안전한 반면 여자는 똑같이 행동할 경우 더 위험해진다는 사실이다. 아이일 때는 남자아이든 여자아이든 모두 학대자 앞에서 상대적으로 무기력하다. 그러나 어른의 경우, 남자들에게는 분노를 표출할 안전한 출구가 있지만, 여자들은 자신의 분노를 내적으로, 자신에게로 돌리는 것이 더 쉽다. 남자와 여자는 자기의 공격적인 느낌을 어떻게 표현할지 다르게 학습하는 경향이 있다.

한 가족이 있는데, 부모는 섭식장애가 있어서 둘 다 심각한 비만이었다. 둘 다 자기 파괴적 습관을 가졌는데, 특히 아버지는 끊임없이 화를 냈고 다른 사람에게 요구하는 것이 많았다. 그 가족은 재정적으로 아버지에게 의지하고 있었기 때문에 다른 선택의 여지가 거의 없었다. 아버지에게 대립했다가 만일 그가 집을 떠나기로 결심한다면 그 가족의 경제적 안정은 위태로워질 것이다. 그 어머니는 아버지가 화를 내는 것에 대해, 그리고 자녀와 자기 자신을 보호할 능력이 없는 것에 대해 스스로를 비난하는 경향이 있었다. 그녀는 양가감정을 갖고 남편에게 애착했으며, 남성적 특권이 얹힌 남편의 분노에 맞서는 데 필요한 주변의 도움이나 자원을 얻지 못했다. 그녀가 자신과 자녀를 적절히 보호할 수 있도록 가족의 환경이 변하려면 몇 달이나 되는 시간이 필요했다.

공격성이 분노와 무기력으로 갈라질 정도로, 이 분열은 가부장제도에서 남자와 여자에 대한 사회적 기대에 부합한다. 남성의 분노가 사회적으로 승인되기 때문에, 분노와 폭력 행위는 남자가 여자에 대한 통제를 강화하고 자기의 지배적 위치를 강화하는 수단이 된다. 여자들은 종속적 위치에 갇혀 있기 때문에, 여자에게 분노는 위험하다. 남자는 자신의 폭력을 정당화하는 데 여자의 분노를 이용하는 경우가 자주 있기 때문이다. 사회와 가족 안에서의 여성의 취약함이 결국 개인적 무력감으로 내재화되는 경우가 자주 있다.

자기애 '결핍된 발달'에서 자기애는 과대자아와 자기비하로 갈라진다. 자기애의 기능은 긍정적인 자기긍정의 욕구와 건설적인 자기비판의 욕구 사이에서 균형을 이룸으로써 자기존중을 조절하는 것이다.[46] 결핍된 자아는 상황에 대처하는 자신의 능력을 심각하게 과대평가하거나 과소평가하기를 잘한다. 치유 과정 중 특정한 시점에서, 생존자들은 공통적으로 그들이 대인관계의 갈등을 다루는 일과 같은 정상적인 어른의 과제를 해낼 확신이 들지 않는다고 증언한다. 그들은 다른 사람과의 차이점에 대면하는 순간 절망감을 느긴다. 마치 모든 차이점들이 경쟁적인 승패의 상황인 것으로 느껴지기 때문이다. 이런 자기비하는, 아동 희생자가 전능한 부모에게 패배했던 반복적인 경험으로부터 나온다. 희생자라는 단어 자체가 학대 상황에서 취약한 자기를 묘사해줄 때가 많다.

자기비하를 거울에 비춘 이미지는 과대자아이다. 즉, 자아의 기능과 능력을 과대평가하는 경향을 말한다. 이것은 타자와의 관계를 현실적으로 평가할 능력이 손상된 자기 자신의 또 다른 측면일 뿐이다. 불가능한 상황을 다룰 기술이나 힘이 자기에게 있다고 믿는 것은, 실패할 수 없다고 생각하는 과대자아에 고착된 발달로부터 기인한다. 심리치료사들은 자기비하가 나타날 때마다, 숨어 있는 과대자아 또한 있음을 알게 된다.[47] 성추행자들은 많은 경우 치료에 아주 협조적이고, 권위 있는 사람이라면 그가 누구이든 고분고분하다. 그러나 자기 자녀에 대한 권리가 있다는 생각에 도전을 받으면 격노하면서 한계들을 드러낸다. 자기비하와 과대자아가 이렇게 공존하는 것은 자기애의 왜곡된 발달의 전형적인 모습이다.

성별 억압으로 인한 발달상의 또 다른 왜곡은, 남자들이 사회적인 권력을 갖고 과장된 존재가 되어 여자들을 지배한다는 것이다. 반대로 여자들은 가정과 사회에서 평가절하되고, 생존 때문에 복종적인 역할을 내면화하면서 적응한다. 학대가 일상적으로 일어나는 어떤 가족들의 증언에 따르면, 그 가정의 아버지는 자신이 모든 가족들 위에 있을 권한을 가졌다고 생각한다. 그는 자주 작은 폭군이 되어서 늘 사람들이 자신을 시중들기를 기대하며, 자기의 욕망 외에는 그 어떤 욕망에 대해서도 관용하지 않는다. 그 반대로 학대하는 가정에서 여자들은 생존하기 위해서 적응하는 경향이 있다. 캐런은 이런 행위 양식이 그녀의 가정에서도 있었음을 보고해준다. 그녀의 어머니의 눈에는 아버지가 항상 옳았고, 그래서 그녀는 어머니가 아버지의 의견에 동의하지 않는 일을 상상할 수 없었다.

부모는 그 가족의 사적인 영역에서 때로 역할이 바뀌기도 한다. 어떤 가정에서는 어머니가 지배적이고 과장된 자아를 보인 반면 아버지는 순종적이고 수동적이었다. 그러나 그 아버지가 아들과 단 둘이 있게 되었을 때, 그 과대자아의 행위 양식으로 성추행을 주도했다. 젠더와 관련된 자기애의 행위 양식은 하나 이상으로 나타나지만, 그중 가장 자주 반복되는 양식이 바로 과대자아를 가진 아버지와 비하된 어머니, 자녀이다.

자기애가 과대자아와 자기비하로 갈라지고 이 분열은 여성과 남성에게 대체로 부합된다. 남자들이 가해자가 되어 폭력 행위로 여자를 통제하고 비하하는 것이 그리 놀랍지 않을 정도로 말이다.

슈퍼에고   결핍된 발달에서 슈퍼에고는 과대이상理想과 파괴행위에 대한 억제 불능으로 갈라지는 경향이 있다.[48] 현실적인 목표와 한계를 정하는 슈퍼에고의 능력은 아동기의 학대를 통해 손상된다. 성인이 된 희생자가 알코올중독, 약물중독, 섭식 장애, 자살 충동, 성 중독 등과 같은 자기 파괴적 행위를 하는 경우가 자주 있다. 마치 양심이 정상적으로 기능할 수 없는 것처럼 말이다.[49] 파괴적 행위에 한도를 설정하는 정상적인 능력이 왜곡되는 이유는, 그가 어릴 때 슈퍼에고의 발달에 결함이 있는 어른에게 애착했기 때문이다.

학대는 일종의 한계위반이다. 성인이 된 희생자는 그 부모가 학대 행위를 할 때 감정적으로 완전히 다른 사람이 되었다고 자주 말한다. 자기 자녀가 마치 하나의 분리된 인간으로 보이지 않는 것처럼 행동했다는 것이다. 자기 자신의 파괴성을 적절히 제한하지 못하고 자기 자녀의 개인적 경계를 부단히 침범하는 어른들이 있는 환경에서 성장한 아이들은, 앞으로 자기 삶에서 한계를 정하는 일에 문제가 생기리라고 예측할 수 있다.

마찬가지로 '결핍된 발달'에서는 현실적인 야망과 목표에 대한 감각을 갖기가 어렵다. 어떤 생존자들은 성숙한 관계를 맺을 줄 모르는 병리적인 사람과 인간관계를 형성하면서도 이러한 관계가 어떠해야 한다고 생각하는 자기의 이상적인 견해를 포기할 줄 모른다. 또 어떤 생존자들은 완벽주의로 인한 심각한 문제를 말해주었다. 그들은 탁월해야 한다고 느끼지만, 여전히 자신의 노력이 거의 가치가 없다고도 느낀다. 그들은 자신의 일중독을 통제하기 어려워한다. 건강이 위태로워질 때에도 말이다. 이런 행위, 즉 이상적인 목표와 야망을 정할 줄 모르고, 자기 파괴적 행위에 한계를 정하지 못하는 행위는 슈퍼에고의 발달에 결함이 있다는 표시이다.

성별 억압으로 인한 발달상의 네 번째 왜곡은, 남자들은 과대이상을 갖는 경향이 있고 여자들은 자기 파괴적 행위를 하는 경향이 있다는 것이다. 근친상간을 하는 어떤 아버지는 직업을 계속 유지하지 못했다. 그는 몇 달 안 되어 좌절했고 분노하며 직장을 그만두곤 했다. 그리고 서너 달 기다리다 직업이 구해지면 그 같은 행위 양식을 반복했다. 그가 그런 식으로 일을 하지 못했던 부분적인 이유는, 일하지 않고 부자가 된다는 비현실적인 야망과 이상이 있었기 때문이다. 그는 깊은 바다의 보물을 찾는다거나, 최다 판매기록을 만들어내길 원했다. 그러나 그는 자기 목표 중 어느 것도 이룰 수 있는 수단이 없었고, 자기에게는 하찮은 일이라고 느껴지는 일에서 오는 좌절을 참고 견딜 힘도 없었다. 그와 반대로 그 가정의 어머니는 수년 동안 비서로 일했고, 세 자녀가 있는 그 가정을 거의 혼자서 지탱했다. 그 모든 일로 과도한 짐을 진 그녀는 자신이 어떤 더 나은 직책에 오를 가치가 없다고 느꼈다. 그 아버지와 그 어머니는 결핍된 슈퍼에고라는 거울에 비친 이미지들이었다. 비록 그 어머니에게는 자신의 생존과 자녀의 생존에 관한 선택의 여지가 더 적었지만 말이다.

슈퍼에고가 과대이상과 파괴행위에 대한 억제 불능으로 갈라지고, 이 분열이 대체로 남성과 여성의 차이에 부합되기 때문에, 남자들이 여자에게 파괴적으로 행동하는 가해자가 되리라는 것은 예측 가능한 일이다.

에고 건강한 발달과정에서 에고란, 자아의 본능적인 에너지를 조절하고 자아가 그 환경과 관계를 맺도록 도와주는 책임을 지니고 있는 자아의 한 부분이다. 에고는 다중적인 기능을 하는데, 이 기능들은 취약한 자아의 어려움에 말려들 수도 있고 그렇지 않을 수도 있다. 전문용어로 말하자면, 이 기능들은 자아 갈등의 한 부분이 될 수도 있고 아닐 수도 있다.[50] 예를 들어 성인이 된 어떤 희생자는 지적 능력이나 운동 능력, 예술적 직관이라는 재능이 있어서 마치 자아가 손상되지 않은 것처럼 보이기도 한다.

캐런은 상당히 만족스러운 학업 성취를 이룰 정도로 재능이 있는 사람이었고, 어쩌면 그것이 그녀가 가장 어려운 시기에 살아남을 수 있도록 만들어주었을지도 모른다. 그러나 어떤 사람들에게는 지성을 사용하는 능력이 갈등을 일으키는 것이 된다. 왜냐하면 그것이 한때 학대의 초점이었기 때문이다. 말하자면 그 학대자는 협조와 침묵을 강요함으로써 피학대자의 지적 능력에 굴욕감을 주었다. 샘은 자신의 재능이 무엇인지 몰랐고, 어떤 직업을 찾아야 할지도 몰랐다. 그의 어린 시절이 너무 혼란스러웠기 때문이다. 어떤 점에서 보면 효과적으로 기능할 수 있는 에고의 능력은, 형성 시기에 있던 자아가 어떤 영역에서 손상을 입었는지, 얼마나 심각한 손상을 입었는지에 달려 있다. 에고의 기능과 학대의 관계는 여기에서 논의하는 것보다 더 많이 논의되어야 한다.

요약

지금까지의 논의는 관계적 자아가 학대하는 가정에서 어떻게 형성되는지를 보여준다. 인간의 자아는 점차로 발달하는 과정을 거쳐 조직되고, 타자와 복잡한 상호작용을 할 수 있게 된다. 건강하게 발달한 자아는 관계의 긍정적인 양상을 일차적으로 내면화하고, 이를 통해 균형을 잡으며, 복잡한 현대문화에 대처하기 위한 많은 내적 자원에 접근할 수 있게 된다.

자아는 곧 자아가 가진 관계들이라 해도 지나친 말이 아니다. 사람이 성장하면서 그를 지원하는 풍부한 관계가 있는 환경에서 살게 되면 자아는 강해지고, 가치 있는 목표를 추구하면서 생기는 커다란 좌절을 이겨낼 수 있다. 학대하는 환경에서 성장한 사람은 그 자아가 깨지기 쉽고, 인간관계에서 오는 정상적인 스트레스를 다룰 줄 모르게 되는 경향이 있다. 파편화된 자아의 고통은 학대적인 부모가 바라는 대로, 인간의 고통에 무감각한 사회가 바라는 대로, 오랜 기간 비밀 속에 숨겨질 수도 있다.

학대를 받은 아이의 경우 그 자아는 서로 고립된 내사들을 내면화하는데, 그럼으로써 자아는 파편화되고 갈라진다. 결함이 있는 자아는 인간관계에서의 압박과 현대문화 사회의 기대 아래에서 분열되고, 파괴적으로 행동하게 된다.

이 논의는 왜 남자들이 성폭력의 주된 가해자인지에 대한 실마리를 준다. 가부장제 사회에서 성장하면서, 남자들은 어머니와는 거리를 두고 지배적인 아버지와 자신을 동일시하는 경향이 있다. 그럼으로써 가부장제 사회에서 지배적인 남성의 위치에 맞는 성품을 내면화한다. 말하자면 고립, 과대자아, 격노, 비현실적인 이상과 목표 같은 성품을 내면화하는 것이다. 남성적·지배적 사회에서 여자들은 공생, 자기비하, 무기력, 억제 불능과 같은 전형적인 여성의 기질을 차용함으로써 생존한다. 가부장제가 개인의 대상세계 발달에 어떻게 영향을 주는지에 관한 초도로의 주장에 비추어본 이런 양극들을 전제로 할 때, 남자들이 사회적으로 보호받고, 성 학대를 하는 내적인 경향이 있는 것은 놀랄 일이 아니다. 어떤 남자들은 자기의 욕구를 성적인 것으로 만들어 그것을 스스로 보호할 힘이 없는 여성과 아동에게 투사함으로써 학대자가 되는데, 이는 그것이 그들의 결핍을 표현하도록 사회가 승인해준 배출구이기 때문이다.

과정(신학적) 사고에서는 자아가 민감성과 창조성의 과정을 통한 자아의 관계로부터 형성된다. 정신분석 이론에서는 자아가 내면화 과정을 통해 형성된다. 자아의 발달은 성폭력의 경험에 의해, 그리고 성별 불평등과 가부장제에 의해 왜곡된다. 어릴 때 성적으로 폭행당했던 적이 있는 성인은 사랑하고 일하는 능력이 손상됨으로 인해 장기간 고통을 받는다. 남자들이 성폭력의 가해자가 되기 더 쉬운 이유는 고립, 분노, 과시의 내사가 가부장제 문화에서 남성의 전형적인 모습에 맞아떨어지기 때문이다.

애매모호한 자아

성적 학대의 치유에서 핵심적인 논점은 애매모호한 가운데 사는 능력이다.

애매모호함은 치유 과정에서 건강한 자아를 형성하는 데 필수요소이다. 모순 가운데서 자아를 지탱하는 능력은 더 높은 가치를 유지하기 위해서 매우 중요하다.

내면의 관계들을 지탱하려는 노력에 요구되는 훈련은 아무리 적게 한다 하더라도 힘든 일이다. 그 대가는 크고 때로는 거대하다. 이 훈련을 제대로 하기 위해 치러야 하는 값에는 엄청난 에너지 비용이 포함된다. 적극적인 인내심, 육체적 체력, 정서적이고 심리적인 강인함, 탄력 있는 신뢰와 믿음이라는 형태의 에너지가 필요한 것이다. 무엇보다도 그 대가는 고통이라는 단위로 측정된다. 더 큰 목적을 위해서 커다란 고통을 견디는 능력이 성숙의 결정적 표시 중 하나이다. 기독교 전통에서는 내면의 관계를 지탱하는 대가의 상징이 십자가이다.[51]

버나드 루머가 여기에서 쓰고 있는 것은 선택한 가치와 목적을 위한 자발적인 고통에 관한 것이지 희생자가 되는 비자발적인 고통에 대한 것이 아니다. 캐런은 자기 과거를 대면하고 치유를 시작하기로 선택했기 때문에 고통이 증가했음을 말해준다. 그녀가 부인과 기억상실 속에서 살고 있었을 때는 균형을 유지하고 자기 일을 잘 수행할 수 있었다. 그러나 그녀가 과거의 고통을 기억하기 시작하고, 깨어졌던 자신의 영혼을 수리하기 시작했을 때, 그녀는 고뇌를 뚫고 갔다. 그녀가 하나의 온전한 자아를 발견하기 위해 노력하면서 직면했던 것은 자기 자아가 해체되어버릴 수 있을지도 모른다는 깊은 애매모호함이었다. 그 애매모호함 가운데 자아를 지탱할 능력이 그녀에게는 새로운 자아를 계속 추구하기 위해서 필수적이었다.

애매모호함이 성폭력 생존자들에게는 자아추구를 설명해주는 데 필수적인 범주이다. 우리는 자아가 치유 과정의 내적 갈등과 모순 가운데서 스스로를 어떻게 지탱하는지 알 필요가 있다. 희망의 탄력성을 강화하고 지지하는 과정은 무엇인가? 희망의 탄력성을 이용하려 할 때 직면해야 하는 애매모호함에는 세 가지 형태가 있다. (1) 자아 안에 있는 타자성의 애매모호함, (2) 자아 안에 있는 전환 - 해체의 애매모호한 긴장, (3) 선과 악, 사랑과 증오, 삶과 죽음의 애매모호한 긴장.

자아 안에 있는 타자성의 애매모호함

자아의 관계적인 성격이란 과거로부터, 그리고 사회로부터 자아에게 미치는 모순적인 영향이 크다는 것을 의미한다. 이 영향들은 한 개인의 삶으로 쉽게 통합될 수 없고, 많은 영향들이 낯선 것으로, 다른 것으로 느껴진다. 타자성이란 그냥 다른 것이 있다는 것 이상을 말한다. 타자성이란 환원되거나 제거될 수 없는 '다름'이 존재한다는 뜻이다.

신학자, 철학자, 그리고 사회 이론가들이 상당히 주의하며 다루는 것 중에는 타자로 여전히 존재하겠다는 '그 타자the other, 다른 자'에 의한 주장이 있다. '다른 other'이라는 용어는 그 전문적인 의미에서 볼 때, '다르고 낯설게 보이는 것'을 언급한 것이며, 그래서 '정의 내릴 필요가 있고, 통제하거나 지배할 필요가 있는 것'을 가리킨다. 해체주의자들이 표현하듯, 그것은 '다름'을 언급하며 다른 것이 무엇인지, 또 더 큰 힘을 가진 자들을 따르라고 강요되어온 것이 무엇인지를 언급한다. 이는 바로 '타자의 돌출'이라는 말로 내가 표현하고자 하는 바인데, 그것은 또한 '다르게 말하는 것이 은혜라는 타자의 주장'으로 표현될 수도 있다.[52]

타자성이란 어떠한 문화적 정체성에 일치되기를 거부하는 사람들이나 집단들을 가리킨다. 타자가 자주 발견되는 곳은 "우리 문화 안에 제각기 존재하는, 자신들의 독특한 정체성을 유지하는 인종적·민족적 소수집단들에서이다. 그리고 그들만의 정체성을 주장하는 여자들, 하층 계급, 노숙자들, 병자들에게서도" 타자를 발견할 수 있다.[53] 타자들에게 통제와 지배를 투사하는 것은 사회조직의 전형적인 형태이다. 이것을 7장에서 다룰 것이다.

"타자는 또한 우리 자신들 안에, 즉 무의식, 잠재의식 안에, 그리고 우리의 몸과 느낌 안에 있다."[54] 타자성은 이미 자아 안에 들어 있는 것이다. 말하자면, 실제로 의식적인 정신에는 알려지지 않고 그래서 다룰 수 없다는 의미에서의 타자가 개인 자아의 한 부분이다. 몸은 그 자아의 의식적인 통제를 받지 않으면서도 해야 할 필요가 있는 것을 행한다. 마찬가지로 우리의 과거로부터 이루어진 무의식적인 내사는 우리의 허락이나 평가 없이도 우리의 삶에서 계속 힘을 가지고 있다.

개인성의 통합에는 내면화된 인과적 영향들 사이의 긴장이나 양립 불가능함이 포함된다. 각 영향은 제 나름대로 주장하고 호소한다. 한 개인은 자기의 합성된 통합체 안에서 서너 방향으로 끌려갈 수도 있다. 그의 동기들은 혼합될 수도 있고, 그를 자아와 불화하게 할 수도 있다. 그의 '결정'은 결정되지 않은 것들과 해결되지 않은 것들을 다 끌어안은 것일 수도 있다. (화이트헤드의 믿음처럼) 가능한 것들의 순서가 그 개인에게 갖는 타당성에 따라 정해질 수도 있으나, 이 위계적인 제시가 그 개인의 주관적인 삶 안에서 상응하는 우선순위와 맞아떨어지지 않을 수도 있다.[55]

결함이 있는 발달과정에서 자아가 애매모호해지는 것은 일정 부분 억눌린 내사들이 있기 때문이다. 학대적인 경험 때문에 공포와 증오와 불신의 섬들이 나타나지만 억눌린다. 내사된 이런 것들이 억눌리면서 힘을 얻고, 타자성이 되어 돌아와 자아를 혼동시킨다. 어느 한 시점에 캐런은 죽기 원하는 자아의 일부와 싸워야 했다. 그녀는 아버지의 학대를 자신에 대한 증오로 내면화했다. 이 강력한 정서가 들어 있는 주머니가 그녀의 몸을 통해서 심각한 질병으로 표면에 떠올랐다. 생존하기 위해서 캐런은 죽고 싶다는 자신의 소원과 대면해야 했고, 살기를 원하는지 아닌지를 결정해야 했으며, 살기 위해서 어린 시절의 트라우마를 자발적으로 기억할지 말지를 결정해야 했다. 그녀가 대면했던 타자성이 바로 내면에 있는 적이었다.

한 개인은 자신의 삶의 질을 스스로, 자신의 결단력에 의해서 온전히 결정할 수 없다. 그가 얼마나 깨우친 사람이고 품위 있는 동기를 가졌는지 상관없이 그렇다. 그가 속한 사회의 혼동, 편견, 모순, 갈라짐이 그 개인 내면에서 형성하는 힘으로 존재하기 때문이다. 그는 그 힘을 완화시킬 수는 있을지라도 그 영향력에서 완전히 자유로울 수는 없다. 그 힘이 그의 세상에서 제거될 때까지는.[56]

자아는 관계적이기 때문에, 또한 사회의 태도를 내면화한다. 가부장제에서 남자들의 지배란 남자가 희생자보다는 학대자로 사회화된다는 의미를 지닌다. 정신분석학적으로 보면, 남자들은 여성과 아동에 대해 자신이 마땅한 권리를 갖고 있다고 느끼고, 그것이 도전받을 때마다 격분하는 경우가 많다. 그와 대조적으로, 많은 남자들이 섬세하고 배려하는 것으로 보이도록 가르침을 받는다. 이 같이 사회화가 잘된 남자들은 자기의 권리 주장과 분노가 표면으로 올라올 때, 타자성과 맞서게 된다. 다시 말해서 자신의 의식 안에 있는, 자기 이미지와 양립할 수 없는 것처럼 보이는 충동과 맞서게 되는 것이다.

학대를 당했던 어린 시절과 골목 싸움을 일삼던 과거와 무관하게, 샘은 자기가 다섯 살 난 아들을 추행할 수 있다는 사실에 경악했다. 성적인 것이 되어버린 의존성의 무의식적인 내사는, 좋은 아버지가 되고자 하는 그의 의식적 소원과 관계없이 그의 삶에서 강한 힘을 가지고 있었다. 위기의 순간에 샘은 자신의 깊은 애매모호함과 대면하게 되었다. 그의 의식적인 의도와 무관하게 그는 아들을 추행했다. 수개월간의 치료와 교육은 샘이 자기 자신과 대면할 것을 요구했고, 자기가 도움이 필요한 성추행자임을 받아들일 것을 요구했다.

성적 학대로부터 치유되기 위해서 생존자가 반드시 발견해야 하는 것은, 수치와 자신에 대한 증오를 키우는 자기 자신의 부분들과 대면할 힘이다. 이것은 오랜 기간 애매모호함을 견디는 능력을 요구한다. 증언자들이 가장 고통스럽다고 말하는 것은 자아 안에서 파괴적 태도를 발견하는 일이다. 말하자면, 신뢰하던 사람에게 학대를 당한다는 것은, 자아의 어떤 측면들을 그 가해자와 동일시한다는 의미를 지닌다. 어떤 생존자는 그가 자기 자녀를 사랑하는 만큼이나 증오했다는 것을 발견하고 경악했다. 그는 자기 아버지로부터 경험했던 것과 똑같은 태도들이 자신에게 있음을 발견했던 것이다.

자아 안에 있는 전환 - 해체의 애매모호한 긴장

성적 학대의 손상을 치유하는 과정에는 많은 기복이 있다. 캐런은 치유 과정 중 안식할 수 있을 것 같은 고원에 도달했다고 느꼈을 때마다 그 전에 있었던 도전보다 더 큰 도전에 다시 직면하곤 했다고 말해준다. 그녀는 자기 안에 계속 성장할 것이고 자기의 한계를 시험하겠다는 결단이 있음을 발견했지만, 어떤 소득이 있을 때마다 그녀는 여전히 그 싸움에서 한숨 돌리고 그만 쉬기를 갈망했다. 어떤 때는 치유 과정이 투쟁할 만한 가치가 있어 보였지만, 또 어떤 때는 기진맥진해 차라리 시작하지 말았으면 좋았으리라고 후회했다.

어떤 진전이 있는 성공의 순간에는 대조되는 두 가지 충동이 만들어지는 것 같다. 한편으로는 더 복잡한 단계로 계속 전진하려는 조바심이 있다. 전진하려면 더 세밀하고도 더 많은 것이 요구되는 훈련을 해야 함에도 말이다. 다른 한편으로는 이미 성취된 좋은 것에 만족하고 안식하려는 충동이 있다. 이것은 고착과 방어로 이끌어간다.[57]

샘은 그가 오랫동안 비밀리에 갖고 있었던 고통을 마침내 노출시킨 다음 고무되었다. 그는 그 어둠에서 벗어나기를 원했고, 정직과 진실의 빛에서 살기를 원했다. 그러나 몇 주도 안 되는 시간 동안 그가 자신에 관해 발견한 진실들은 그가 견딜 수 있는 것 이상이었다. 그는 분노했고, 상담사들이 필요 이상으로 자신을 힘들게 한다고 비난했다. 그는 그 애매모호함이 다른 사람들의 것이 아니라 그 자신 안에 있다는 것을 깨닫지 못했다.

진실을 추구하도록 우리를 몰고 가는 열정은, 진실 특히 우리 자신에 관한 진실이 우리가 감당할 수 있거나 감당하기 원하는 것 이상일 때는, 우리를 신경증과 방어로 이끄는 충동과 동일한 충동이 된다.[58]

판사 슈레버가 어쩔 수 없이 정신질환에 걸렸던 이유는 그의 병리를 이해하고, 자비로운 돌봄을 제공할 수 있는 지지공동체를 찾지 못했기 때문이다. 살아남고 나아지겠다고 그가 결심했기에 그는 회고록을 작성했다. 그는 그 회고록이 다른 사람들에게 종교적인 비전이 되어 도움이 되리라고 믿었다. 그러나 자신에 관한, 그리고 세상에 이룬 자신의 공헌에 관한 슈레버의 판단은 과장되고 색다른 것이었다. 그의 회고록은 그의 세대에서 새로운 진실에 대한 계시라기보다는 한 정신병자의 정신 나간 생각으로 묵살되었다. 건강을 향한 그의 욕구는 도리어 그가 원했던 의사소통을 막는 장애물이 되었다.

우리의 미덕을 형성하도록 쏟아지는 강한 힘은 그 힘 이상의 역할을 하면서, 마치 우리의 미덕이 원래보다 더 포괄적이고 적절한 것인 양 우리가 생각하고 행동하도록 우리를 유혹한다. 이런 식으로 우리의 미덕은 악덕이 되고, 우리의 강함은 약함이 된다.[59]

우리 사회의 상황은 자아가 전환하는 일의 애매모호함을 악화시킨다. 그것을 알지 못했던 샘은 우리 문화에 있는 남성 이미지 안에 잠재된 성폭력의 성향을 재연하고 있었다. 그는 좋은 아버지가 되고 싶었지만, 그럼에도 학대적이 되었고 그래서 자기에게 가장 소중했던 바로 그 이상理想을 침범했다.

우리를 존재하게 하고 형성하는 관계들과 제도들은, 우리를 일정한 생각과 행동 양식 안에 제한해 우리의 자유를 최소화하는 경향이 있는 세력과 동일한 세력이다.[60]

정신분석학에서 보자면, 전환은 자아의 발달에 관한 중요한 주제가 된다. 심리치료를 받는 내담자와 부모와 함께 있는 자녀를 관찰해보면, 자아가 극적으로 변화하는 동안에 어떻게 그 자아가 정체성을 유지하는지에 대해 몇 가지 복잡한 것들을 이해하게 된다.

전환이란 애매모호함으로 가득 찬 과정이다.[61] 전환의 시기 전에는 자아가 항상성恒常性이라 불리는 균형 잡힌 상태에 있다. 이 상태에서 사람은 긴장이나 욕구에 대한 자각이 거의 없다. 그러다 무슨 일이 생기면 염려하게 되고, 일이 잘못되었다는 느낌이 만들어진다. 이 불편함이 전환의 시기로 안내하는데, 그 시기의 특징은 균형의 결핍이다. 이때 사람은 자아가 나뉘고, 혼동되는 느낌을 받으며, 자기가 비존재로 해체될까 봐 두려워하는 경우가 많다. 그러나 결국은 긴장의 해소와 더불어 새로운 균형 감각을 갖게 된다. 그 자아는 새롭게 조직되고, 다시 정상적이고 자연스러운 느낌을 갖기 시작한다. 그러다가 염려가 느슨해지면 새로운 상황의 도전을 맞게 된다.[62]

성폭력의 생존자들에게 자아의 전환은 애매모호함으로 가득 차게 된다. 희생자들이 많은 고통과 기타 부정적인 느낌들을 억누르는 이유는 학대의 트라우마로부터 살아남기 위해서이다. 그들은 육체적인 느낌과 정서적인 느낌에 압도되지 않기 위해서 오랜 세월 자신을 무감각하게 마비시켰다. 그들은 기억과 감정을 부인하고 갈라놓아 균형을 유지했다. 거기에는 긴장이나 욕구에 대한 자각이 거의 없다. 부정적인 경험이 의식에서 사라졌기 때문에, 애매모호함의 감각이 거의 없다.

결국 이 균형이 흔들리는 이유는 뭔가 실패했기 때문이고, 생존자들은 그로 인한 고통의 원인을 발견하는 일에 직면하게 된다. 생존자가 새로운 자아감을 찾으려면 먼저 부인과 분열의 방어구조가 무너지도록 허용해야 한다.

그래야만 억눌려져 있는 내사가 모습을 드러낼 수 있기 때문이다. 캐런은 자기방어를 내려놓았을 때 그녀의 기억이 그녀의 몸과 먼저 소통하게 되었음을 보여준다. 그녀는 병이 들었고 자기 삶의 진실을 대면하지 않으면 살 수 없으리라는 것을 알게 되었다. 진실을 대면하는 일은 그녀의 영혼을 부수고 그녀를 죽음으로 내몰겠다고 위협했다. 그녀는 자기 삶의 애통함과 고통의 파도에 직면할 수밖에 없었고, 그것은 자신이 감당할 수 있는 정도를 넘어선 것처럼 보일 때가 많았다. 그녀의 방어벽은 붕괴되었고, 그녀의 일상적인 삶의 방식이 사라지기 시작했다.

전환의 순간은 일종의 심리적인 사망이다. 그것은 자아가 생존을 보장할 수 없는 파편화된 상태로 들어가도록 허용한다는 의미이다. 낡은 자아가 해체되고 새 자아는 아직 형성되지 않은 상태이다. 역설적이게도, 전환이 의식적으로 이루어지려면 희망에 대한 감각이나 강인한 힘이 요구되지만, 실제로 전환은 매우 불안하고 위태로운 상태인 것이다.

결국 치유되면, 새롭게 균형 잡힌 현실을 창조해내는 통합이 생겨난다. 캐런은 자신이 근친상간의 희생자였다는 것을 기억해내고, 치료사와 친구들과 함께 그 경험을 통해서 작업한 후에, 과거에 자기가 희생자였음을 정체성의 한 부분으로 받아들이기 시작했다. 지금은 자신을 성폭력의 생존자로서 많은 사람들 앞에서 말할 수 있게 된 그녀는, 자기 삶에 학대받았던 경험의 기억을 포함시켜 새로운 균형을 찾아내었다.

치유 과정은 자아 안에서 해체와 변형을 지속적으로 행하는 작업을 수반한다. 기억이 떠오르고, 결핍되었던 것들을 치유에 이용할 수 있게 되면, 조금씩 얻는 것이 생기고 평탄한 고원 위로 오르게 된다. 어린 시절 학대받은 과거가 있다는 것은, 끝없이 넘어가야 할 일들이 있는 것처럼 보인다는 의미이다. 이런 종류의 압박감 아래서 재통합 작업을 해내는 능력은 일종의 애매모호함이다.

샘은 거리에서 싸움박질함으로써 어린 시절 학대받은 무의식적인 분노를 제거해 삶의 균형을 유지했다. 그의 딸이 죽자, 그는 심각하게 우울해지고 아들을 성추행하기 시작하는 것으로 자신의 고통을 다루었다. 체포됨으로써 그는 자기가 행한 일과 자기 내면의 갈등에 대면할 기회를 가졌다. 그는 그의 삶에서 전환이 이루어질, 긴 시간 동안 이어질 단계로 들어갔다. 그에게 지속적으로 치료 과정을 견딜 만한 능력이 있느냐는, 그가 이 전환기의 애매모호함 가운데서 자신을 지탱할 수 있느냐에 달려 있었다. 그는 자기가 아들에게 행했던 일에 대한 공포심에 직면해야 했다. 그는 어릴 때 학대받은 기억과 대면해야 했다. 그는 다른 남자들과 둘러앉아서 자기 자신에 대한 느낌과 생각을 말해야 했다. 그가 자기 것으로 받아들일 수 없는 자기 자신의 부분들을 받아들이기 시작하면서, 새로운 균형점들이 생겼다. 그러나 새로운 자아의 모습이 형성되는 데에는 몇 년이 걸렸다. 그동안 그는 그 전환의 애매모호함과 자아의 잠재적 해체를 견디며 살아야 했다.

성적 학대로부터 치유되려면, 긴 시간 동안 이어질 전환의 애매모호함 가운데서 자아를 지탱하는 능력이 요구된다. 자신이 누구이고, 자신이 어디로 가는 중인지에 대한 명확한 감각 없이 수개월이나 수년을 살아가는 것은 몹시도 불안하고 애매모호한 모습을 띤다.

선과 악, 사랑과 증오, 삶과 죽음의 애매모호한 긴장

선과 악이 인간의 자아 안에서 분리될 수 없다는 것과 악이 자신의 삶에서 제거될 수 없다는 것을 깨달을 때 애매모호함은 더 깊어진다. 생존자들은 이 현실을 고통스럽게 돌아보게 된다. 그들 중 많은 이들이 어릴 적 받은 학대로 인한 압도적인 고통에 수년 동안 몰래 대처해왔고, 그 트라우마로부터 살아남을 결심을 했으며, 자기 삶에 적응하고 있다. 그러나 그들은 자기가 과거의 그 고통을 억누르면 억누르는 만큼 현재에 창조적으로 생생하게 살아갈 능력을 파괴한다는 것을 발견한다. 고통과 고통으로 인한 증오의 악한 요소와 파괴적 충동을 억누르는 것은 창조성과 자유가 줄어들게끔 한다.

인간 경험의 근저에는, 단 하나의 정신이 있고 그것은 갈라질 수 없다. 온전하게 활기 있고, 창조적인 존재가 되려면 인간은 반드시 자아 안에 있는 모든 악과 있는 그대로 대면해야 한다.

> 꿰맨 솔기 없는 자아의 실상實相은, 한 개인의 정신이 하나로 구성된 연합체의 집이 된다. 정신의 이 연합체 안에서 선과 악의 역량들의 분리불가능성이 뿌리를 내린다. 이 말의 의미는, 한 사람이 가진 악을 추방하려면 선을 성취할 수 있는 그의 역량도 함께 무너질 수 있다는 것이다. 한 사람의 악한 성향은 그의 본질적인 정신이 변형됨으로써만 바뀔 수 있다. …… 그 사람 전체가 삶의 창조적 진전이 강화되어야 한다는 것을 반드시 받아들여야 한다.[63]

프로이트의 이론 중에서 가장 논쟁거리가 되었던 것 하나가 죽음의 본능이다. 그는 사랑과 죽음이 자아 안에서 결코 완전히 통합될 수 없는 정반대의 세력이라고 믿었다. 프로이트는 임상작업을 하면서 자아 안에 완강하게 들어있는 파괴성의 충동과 자기 파괴적 충동에 대해 깊은 인상을 받았다. 멜러니 클라인Melanie Klein은 사랑하는 대상을 파괴하려는 타고난 충동은 매우 강하며 일생 동안 그것이 존중되어야 한다고 느꼈는데, 이를 통해 죽음의 본능이라는 발상을 포착했다. 위니콧Winnicott은 클라인에게 동의하지 않았다. 그는 파괴적 충동은 초기 아동기에 학대받은 경험으로 인해 건강한 공격성이 왜곡된 것이라고 주장했다. 이 논쟁은 정신분석 이론에서 계속되고 있다.[64] 자녀를 세상에 내보내는 부모가 어떻게 체계적이고도 가학적으로 자녀를 망치려 할 수 있는가? 남자들이 사회에서 가장 무력한 사람들을 어떻게 파괴적인 분노의 표적물로 삼을 수 있는가?

선과 악, 사랑과 증오, 삶과 죽음 사이의 균형은 깨어지기 쉽다. 라인홀드 니버Reinhold Niebuhr는 "선 안에서 전진할 때마다 더 큰 악의 가능성이 수반된다"라고 생각했다.[65] 캐런은 자기 아버지에게 당한 학대로부터 살아남기 위해 평생을 고군분투했다. 그리고 그녀는 살아남았다. 비록 그 대가로 학대는 그녀로부터 행복과 창조성을 앗아갔지만 말이다. 그녀는 어릴 때 자기에게 무슨 일이 있었는지, 그것이 그녀의 삶에 어떤 영향을 주었는지를 깨닫고 나서는 거의 죽은 것 같이 되었다. 그녀는 아버지가 더 이상 자기를 망가뜨리도록 내버려두지 않겠다는 결단을 하게 되었지만, 아버지의 악으로부터 살아남으려고 애쓰면서 자기 자아의 일부분도 상실했다. 자기에게 행해진 악의 결과를 통제하기 위해서, 자기 자신과 가족에게서 추구했던 선을 그녀는 거의 상실했다. 자기에게 잠재되어 있는 선을 발견하기 위해서 그녀는 자기의 뒤섞인 감정과 대면해야 했다. 샘도 살아남기 위해 싸웠다. 그는 아이일 때 자기를 희생시켰던 파괴적 세력들에 대항해 싸워왔는데, 그가 자기 아들을 성추행하면서 악이 그를 이겨버렸다. 그는 자기를 성추행했던 자들처럼 성추행자가 되었다. 자기 삶에서 선의 자원을 찾기 위해서, 그리고 그 선함에 접근하기 위해서, 그는 자기 자신의 악을 있는 그대로 모두 직면해야 했다.

삶의 깊은 애매모호함 중 하나는 인간의 자아 안에서 선과 악이 상호 침투해 있다는 사실이다. 파괴의 가능성과 창조의 가능성이 불가분하게 서로 얽혀 있다. 우리가 선하다 할지라도, 우리는 반드시 자기 자신 안에 있는 악을 대면해야 한다.

관계적이고 애매모호한 자아의 전형, 예수

기독교인들에게 예수는 하나님이 의도한 그대로의 인간 자아의 이미지를 대표한다. 예수는 인간 자아의 잠재력을 이해하도록 돕는다는 점에서 완전한 인간이었다. 관계적인 존재가 되는 그의 능력에서, 말하자면 '서로 내적인 관계를 유지하는 능력' 안에서 예수는 인간 자아가 무엇인지 드러낸다.[66]

힘을 관계적인 것으로 보는 개념 안에서 힘의 치수size를 근본적으로 결정하는 것은, 내적인 관계를 만들고 유지하도록 도울 수 있는 내적 관계의 폭과 강도이다. 가장 큰 치수는, 양립할 수는 있지만 양립하면 거의 혼란에 가까울 정도로 크게 대조되는 것들을 나열할 수 있을 만한 폭을 지닌 관계들 안에서 그 예가 드러난다(화이트헤드). 제일 높은 치수가 되려면 양립불가능하게 대조되는 것들이나 모순들이 양립할 수 있는 것들로 변형되는 과정을 유지해야 하고, 개인성의 통합에 그 대조되는 것들을 지녀야 한다.[67]

예수는 안팎으로 적들에게 둘러싸여 있고 제국의 세력에 억압받는 나라에서 태어났다. 그는 그 백성이 자신들의 정체성을 새롭게 이해하도록 하는 일에 도전한 지도자로서 등장했다. 그의 공생애共生涯*를 통해서, 예수는 친구와 적들과 내적인 관계를 유지했지만 자기의 진실한 온전함을 상실하지 않았다. 위대한 위상을 가진 자로서 그는 친구들과 대면하고 적들에게 도전하는 관계적 자아의 한 표상이 되었다.

캐런이 치유의 일부로서 행했던 일 중에 가장 어려웠던 것 하나는 자기 아버지와 그녀를 강간했던 사람을 마주하는 것이었다. 그녀는 자기의 악을 인정하지 않고 있는 그 두 남자에 관한 진실을 말하고 정의를 찾는 문제에 직면했다. 그들과 말할 때, 그녀는 커다란 도덕적 용기를 보여주었다. 과거의 거짓말과 속임수를 파괴하고, 자기 자신과 타자들을 해방시킬 새로운 가능성을 창조하는 일에 그녀가 책임을 졌다. 그녀는 또한 자신을 그들과의 관계에 다시 놓음으로써 그들이 더 부인하고 학대할지도 모를 위험을 감수했다. 그들이 계속 부인한다는 사실이 캐런에게는 아주 고통스러웠다. 그 까닭은 그들이 그녀의 용기와 정직함을 거절했고, 스스로 새로운 삶을 살 수 있는 기회를 거부했기 때문이다. 그들은 너무 작았기에 캐런이 그녀의 영혼으로 보여주는 해방의 진실을 대면할 수 없었다. 이 사건에서 캐런은 해방시키는 인물이었고, 자신이 속해 있던 그 관계의 그물 안에서 불의한 힘을 깨뜨리기 위해 행동하는 자였다. 진실과 정의로 살겠다는 그녀의 결정은 기만과 부인을 고수하겠다는 그들의 결정보다 더 컸다. 그녀의 공동체가 그녀의 학대자들을 계속 보호했다는 사실은 사회를 지배하는 악을 증언해준다.

예수는 또한 질적인 풍요로움을 위해서 애매모호함 가운데에서 자기 자신을 지탱하는 능력을 가진 인간 자아의 표상이기도 하다.

---

* 신약성서 복음서들에 기록된 예수의 활동을 묘사하는 말. _옮긴이

고난받는 종suffering servant*은 증오를 사랑으로 돌려준다는 점에서, 그리고 관계를 내적이고 창조적으로 유지하기 위해 노력한다는 점에서, 일방적으로 증오하는 자들보다 틀림없이 심리적으로 더 크고 강하다. 이런 강함과 더 큰 치수가 없다면 고난받는 종은 그 관계를 지탱할 수 없었을 것이다.[68]

신뢰하던 어른에게 성적으로 학대당한 아이는 가장 깊은 수준에서 학대의 공포를 내면화할 수밖에 없고, 그 학대자의 분노에 대항해 투쟁할 수밖에 없다. 그 아이는 취약하기 때문에, 보호받지 못하는 그 자아는 그 학대하는 어른의 중화되지 않은 성적 공격을 담아주는 그릇이 된다. 일어났던 일들에 관한 진실을 말하고, 자기를 돌보아주는 사람들과 그 일들의 결과를 다루면서, 생존자는 그 외부의 학대자로부터 자유를 얻을 수 있다. 그 과정에서 생존자는 깊은 애매모호함에 직면된다. 말하자면 자아 안에 학대의 결과가 있음을 대면하게 된다. 그것은 본질적으로 그 자아의 기초에 있는 사랑과 증오, 선과 악, 그리고 삶과 죽음이다.

지금 우리는 왜 신뢰하는 관계의 상황 안에서 학대의 애매모호함이 그렇게 깊은지, 왜 치유의 과정이 그렇게 힘이 드는 일인지 그 이유를 본다. 학대로부터 치유되면서 생존자는 학대자의 위상보다 더 훌륭한 정신적 위상을 찾게 되어 있다. 만일 그 학대자에게 정서적으로 애착하고 있다면 학대 경험이 내면화된다. 그 학대자는 정신분석의 용어로 말하자면 내면화된 대상이 된다. 이 경험이 위험한 이유는 학대자의 더 작은 도덕적 치수의 결과가 희생자 안에서 재생산된다는 점이다. 성인이 된 희생자가 온전한 자아를 발견하기 위

---

* 구약성서 『이사야서』에 나오는 말로, 신약성서의 예수를 예시한다고 보통 이해된다. 신학에서 예수를 지칭하는 말 중 하나이다. _옮긴이

해서는, 학대자로부터 흡수했던 사랑과 증오라는 모순된 것들을 화해시킬 정도로 충분히 강한 도덕적 힘을 얻어야만 한다.

자기 자신의 선과 악의 잠재력에 직면해 일어나, 선을 택할 강인함을 지니는 것이 일생의 가장 어려운 도전 중 하나가 된다. 성폭력의 생존자들은 인간의 깊숙한 곳에 있는 상태를 직면하는 일에서 선구자들이라 할 수 있다. 생존자들과 연대함으로써 우리는 자신 안의 선과 악의 가능성을 대면하고 적들을 사랑할 능력을 유지하는 예수의 능력과 비슷한 것을 오늘 그 생존자들에게서 볼 수도 있다.

애매모호함 가운데서 자신의 진정한 온전함을 유지했던 예수의 이미지가 어떤 사람에게는 중요한 이미지이다. 달리 말하자면, 애매모호함을 자기 안에 포용할 수 있는 능력이 치유 과정과 삶의 충만함을 위해 결정적으로 중요하다. 치유 과정은 치유 받고 있는 사람을 혼돈과 파편화라는 낭떠러지 끝으로 이끌고 가서, 거기서 죽음과 '아무것도 아님nothingness'을 충분히 자각하게 한다. 8장에서는 예수의 삶 안에 있었던 애매모호함을 검토할 것이다.

성인이 된 생존자들은 그들이 삶과 죽음의 선택에 직면했었음을 증언해준다. 크게 위태로운 삶을 살아가는 것, 즉 자기 자신과 자기가 사랑하는 사람 안에 있는 사랑과 증오의 내적인 모순을 직면하는 것은 하나님이 창조했던 방식대로 삶을 사는 것이다. 애매모호한 가운데서 살아가려면, 강한 지지망支持網이 필요하고 불확실함을 가진 채 살아가는 인내가 필요하다. 이것이 사실이라면, 성인이 되어 자신 안에서 이 깊은 애매모호함을 직면할 용기를 가진 희생자들이, 그것을 기꺼이 보려는 자들 앞에서 예수를 드러내 보여주는 사람들이다.

7장 공동체를 찾아서

생존자들은 성폭력을 당했던 상처를 치유하기 위해 살아가는 내내 고군분투한다. 그들의 치유에는 지지받고 이해받는 환경을 제공할 수 있는 사랑의 공동체를 탐색하는 일도 포함된다. 공동체를 찾는 과정에서 그들은 사회의 제도와 이념이 힘의 악용에 공모했음을 밝힌다. 판사 슈레버는 그의 병을 잘못 진단하고 잘못 치료했던 의료계에 분개했다. 캐런은 자기가 고통을 표현하지 못하도록 침묵하게 하고, 치유에 필요한 자원을 제공하기를 거부했던 학교와 교회 지도자에게 배신당했다. 샘은 자신의 가족으로부터 학대당했고, 그의 문제는 학교와 법정에서 잘못 다루어졌다.

생존자들은 그들 나름의 방식으로 귀 기울일 수밖에 없는 질문을 던진다. "나의 '진짜 자아'대로 나를 받아주고 사랑해줄 수 있는 사랑의 공동체는 어디 있는가?" 공동체를 찾는 일과 공동체에게 배신당한 것이 우리가 들었던 증언의 중심 주제였다. 학대받은 아동은 자기 부모에게, 다른 어른들에게, 교회와 학교에게 배반당한 것이고, 더 나아가 힘과 특권이 어떻게 분배될지를 결정하는 이념들에게 배반당한 것이다. 최근 여성신학과 아프리카계 미국인의 신학은 사회제도와 이념을 분석해 공동체가 행한 배반을 밝힌다. 학대는 진공 상태에서 일어나는 일이 아니다. 우리 증인들의 증언은 제도와 이념이 힘의 악용을 노골적으로 또는 암묵적으로 어떻게 승인하는지를 폭로해주었다.

사랑의 공동체에 대한 추구는 때로 성별에 따라 달라진다. 수년간 비밀을 유지하면서 홀로 있던 캐런은 치유를 받으면서 자기를 도와줄 의사, 목사, 심리치료사 그리고 친구들을 찾아나섰다. 고통을 지닌 채 그들을 신뢰하는 것을 배우는 일은 어렵고도 도전적인 일이었다. 캐런은 다른 사람을 학대한 적이 없었지만 그럼에도 그녀의 비밀스러운 고통은 그녀를 고립되게 만들고 두렵게 했다. 공동체에 대한 샘의 갈망은 다른 사람에 대한 자신의 파괴적인 행동을 덮는 위장망에 의해 마치 없는 것처럼 감추어졌다. 그는 자기 내면의 고통을 피하는 방법으로 학대자가 되었다.[1] 그의 공동체 모색은 아픈 딸에 대한 그의 애착에서, 그리고 그의 회복기 동안 아내와 상담사에 대한 그의 궁극적인 신뢰에서 나타났다. 왜 남자들이 여자보다 더 자주 성폭력의 가해자가 되는지에 대한 의문은 계속 우리 조사 연구의 한 부분이 될 것이다.

우리의 증인들은 힘을 악용하지 않는 공동체를 찾고 있으며, 그들은 그런 공동체가 다음과 같은 표식을 지닌다고 증언해준다.

• 사랑의 공동체는 **포용적**이다. 그 공동체는 모든 사람의 내면 경험을 값있게 여기고 삶을 충만하게 포용하는 환경을 창출한다.
• 사랑의 공동체는 **의롭다**. 그 공동체는 내부에서의 힘의 악용과 더 큰 사회 안에서 일어나는 힘의 악용에 대결할 용기가 있다.

공동체의 배신

판사 슈레버의 증언의 중심에는, 자신이 주치의에게 박해받고 있다는 인식이 자리 잡고 있었다. 프로이트의 해석에 따르면 이것은 피해망상적 편집증의 환상으로, 슈레버가 의사 플레지히에게 일으킨 성적인 전이에 그 기초를 두고 있다. 프로이트가 보기에 판사 슈레버는 주치의에 대한 애착을 발달시켰고, 그 애착이 두려움으로 전환된 뒤, 박해의 환상으로 투사되었다는 것이다. 그러나 그 이후의 연구는 판사 슈레버가 지각했던 것에 진실이 담겨 있음을 밝혀주었다. 슈레버가 그의 행동에 대한 의사의 해석에 저항했을 때, 그는 약물치료를 당했고, 신체적으로 억제되었으며, 독방에 갇혔다. 그가 오진誤診된 이유는 그의 심리적 환상들이 아버지에게 받은 신체적 학대로 인한 트라우마와 연결되어 진단된 적이 없었기 때문이다. 그는 이해와 진실을 추구하고 있는 희생자로 받아들여지지 않았다. 오히려 그의 상태 때문에 정신건강기관으로부터 오해와 비난을 받았다. 그가 아동기에 받은 학대의 결과인 그의 트라우마를 이해하지 못하는 사회의 무능함이 바로 공동체의 실패였다.[2]

캐런이 아버지에게 성추행을 당하던 시기에 그녀는 교회에서 부모님의 선함을 믿으라고 배웠음을 기억해냈다.

최근에 내가 몸의 긴장을 이완시키면서 깊은 몰아의 상태에 들어갔을 때, 네댓 살의 아이인 내가 그 무렵 다니던 주일학교의 어느 방 안에 있는 것을 보았다. 벽에 걸려 있는 큰 종이 앞에 내가 서 있었고, 그 종이에는 내 반 학생들의 이름이 쓰여 있었다. 내 이름 옆에는 성서를 암송했을 때 주는 스티커가 한 줄로 붙어 있었다. 나는 "네 부모를 공경하라"라는 구절을 반복하는 내 목소리를 들었다. 나는 친구들과 마루 위에 앉아 있었고, 교사는 부모의 선함에 대해 말했다. "부모님은 너희를 사랑하고, 먹여주며, 입혀주고, 모든 해악으로부터 보호해준단다." 나는 일찍부터, 심지어 성추행을 당하는 동안에도, 내 부모가 나를 다치지 않도록 보호한다고 배웠다. 그 교회는 나에게 부모에게 감사하라고 가르쳤고, 부모가 늘 나를 보호해줄 것을 믿으라고 가르쳤다. 다시 말하자면 내가 다섯 살이었을 때, 나의 어린 마음은 감히 내 아버지가 선하지 않을 수도 있다고 생각하게끔 나를 내버려두지 못했다.

비슷한 경험이 학교에서 반복되었는데, 거기서도 부모의 권위와 선함이 강조되었고 자녀는 복종해야 한다고 배웠다. 의료적인 주의를 요하는 신체증상이 발달되었을 때조차도 그녀에게 학대받고 있는지를 묻는 사람은 없었다. 온전하고 존경받을 만한 가정이라면 그들 자녀에게 올바르게 행동할 것이라 여겨졌고, 그래서 그녀의 고통은 침묵을 강요받아야 했다.

샘은 아동기 공포에 저항하기 위해서 거리로 나갔다. 학교에서 힘든 시간을 보냈지만 그는 학대받은 아이라기보다는 오히려 문제를 일으키는 청소년으로 분류되었다. 샘은 경찰서, 청소년 구치소, 상담센터를 들락날락하기도 했다. 그 기관들 어디서에도 그가 폭력적인 행동으로 표현한 고통의 울부짖음과 사회의 거부에 관심을 두지 않았다. 문제아로 낙인찍히고 처벌받았을 뿐, 그에게 필요했던 진정한 도움을 받아본 적이 없었다. 그는 사회에게 배신당했다. 사회가 그를 아동학대의 희생자로 보지 않고 비행청소년으로 규정했기 때문이다.

공동체와 사회에 의한 이 배신을 이해하려면 가정, 교회, 학교 그리고 사회가 도대체 어떻게 조직되어 있기에 가장 상처입기 쉬운 구성원들이 극도의 고통을 경험하는지를 반드시 이해해야 한다. 학대받은 아동이 삶과 창조성의 자원으로부터 고립되는 것은 부당한 일이다. 힘과 특권은 제도의 형태로 조직되어 변화에 저항하며, 이 제도들은 강력한 이념의 보호를 받는다. 그리고 그런 이념은 일부 집단의 사람들을 희생시켜 가면서까지 특정 집단들의 힘을 조장한다. 부당한 이념들은 성인이 아동에 대해 특권을 갖고, 남성이 여성에 대해 특권을 가지며, 백인이 유색인종에 대해 특권을 갖고, 부자가 가난한 사람에 대해 특권을 갖는 사태를 불러온다. 어떻게 사회가 그렇게 부당한 방식으로 조직되는지, 어떻게 그것이 유지되는지, 그리고 힘의 악용에 의한 희생자들의 증언이 왜 제도와 태도를 거의 변화시키지 못하는지를 우리는 반드시 알아야 한다.

공동체의 본질

과정 - 관계적 사고에서 공동체는 현실의 기초적인 형태이다.3 실제의 경우가 바로 경험을 쌓는 벽돌이 되고, 경험하는 한 순간의 단위가 된다. 경험하는 일이 생기는 것은 과거의 많은 관계가 어느 특정한 시간에 특정한 장소에서 합쳐질 때이다(민감성). 많은 경우들이 하나가 될 때, 그것들은 단 하나의 복합적인 느낌으로 종합되어 그 나름의 특정한 성격을 지니게 되고, 그 이후 다른 경우들에 대한 원인으로 전달된다(창조성). 경우들은 "경험의 물방울들이다. …… 많은 물방울이 합쳐져 하나가 되고, 한 방울씩 덧붙여져 점점 더 큰 물방울이 된다."4 경우는 서로 관계되는데, 그 이유는 어떤 경우의 경험이라는 원자재가 다른 경우들에 대한 민감함이 되기 때문이고, 다음 순간에 생기는 다른 경우들로 인해 창조적인 통합이 되기 때문이다.

'실제의 경우'의 관계적 본질은 반복되는 패턴을 통해 인간의 의식에 들어오기도 한다. 경우들은 이전의 경우들의 본질적인 형태를 반복함으로써 시간이 지남에 따라 그 패턴이 지각되게끔 만든다. 예를 들어 분홍색은 아름다운 석양에 잠시 반복될 수도 있다. 아름다움을 창조하는 것은 정확하게 그 순간의 경우는 아니고, 많은 경우에 걸쳐 반복되는 패턴이다. 어떤 특정한 패턴을 반복하는 일련의 경우들은 사건이라고 불린다.

> 구체적으로 한 사건이라는 연합체는, 연속적인 경우들로 이루어진 역사의 경로經路가 되지만, 경로 그 자체가 경우는 아니다. 그 추상적인 연합체는 거듭 발생하는 구조로 이해될 수 있는데, 그 구조의 특징은 그 포괄적인 사건이 일어나는 내내 꾸준히 견디는 객체가 있다는 것이다.[5]

사건이란, 또는 경우들의 반복된 패턴이란, 하나의 구조이며 많은 경우들을 임시적인 공동체로 묶어준다.

구조화된 관계들을 지닌 경우들의 집합을 연결체nexus라고 부른다. 석양은 시간을 견디는 색깔과 모양의 연결체이다. 경우들의 집합을 이 연결체로 만드는 것은 바로 뚜렷한 특성들의 패턴이다. 사회는 더 많이 합치되어 꾸준히 이어지는 특성들을 가진 연결체이다. 한 나무는 많은 하위체계들, 즉 나무껍질, 모세관, 줄기, 잎 등등을 지닌 살아 있는 하나의 사회이다. 나무는 의식意識이라는 중심을 가지고 있지 않으나, 관계들이 구조를 이루고 있어서 시간에 따른 변화를 예측할 수 있고 체계들 안에서 조정된다.

한 인간 존재는 살아 있는 한 사회이며, 그 하위체계들 모두의 측면들을 조절하는 일을 주재하는 경우를 가지고 있다. 한 인간 존재는 사회들 중 한 사회인데, 경험할 수 있는 높은 수준의 민감성을 지니고, 관계들에 참신성을 도입하는 높은 수준의 창의성을 지닌 사회이다. 이 장에서 사용하는 용어로 표현해보면, 한 인간 존재란 경우들의 공동체이다. 바울이 교회를 그리스도의 몸으로 묘사했을 때(신약성서 고린도전서 12장), 그는 실제로 두 유형의 공동체를 비교하고 있다. 한 인간 존재로서의 공동체는 육체인 몸과 의식과 개성이 있다. 한 교회는 많은 인간 존재들로 이루어진 공동체이며, 특정한 시간에 특정한 장소에서 한 집단이 된다는 것이 무엇을 의미하는지에 관해 공유된 의식을 지닌다. 교회 공동체는 한 인간 존재보다 어느 정도 더 많이 분산되지만, 교회 공동체나 인간 존재나 모두 공통적인 특징을 지닌 경우들, 사건들, 연결체, 그리고 사회들을 모아놓은 것이다. 인간 존재들과 교회들은 둘 다 사회들의 사회들로서 많은 하위체계를 가지고 있으며, 그 정체성과 연속성을 창출하는 의식意識의 중심을 가지고 있다.

이 책의 이 부분에서 우리가 살펴보고 있는 것은, 가족, 교회, 국가, 언어집단 등, 인간 존재의 집단을 만드는 공동체의 형태들이다. 이런 종류의 공동체 삶의 특징은 조직적으로 이루어지는 사고와 행위의 패턴이다. 이 패턴은 시간이 지나도 일관성이 있고, 다양한 형태의 충성심으로 그 집단을 함께 묶어 놓는다.

가령 교회, 이웃, 국가 같은 공동체의 지속적인 패턴이 하나의 **문화**를 이루거나 그 정체성을 만드는 의미와 가치의 패턴들이 된다. 문화란 사람들을 함께 뭉치게 하는 사고와 행위와 언어와 상징의 패턴이다. "그것은 언어, 즉 생각하고 말하는 양식에 영향을 주고 그것을 형성할 뿐 아니라, 사고의 민감함과 심리적인 방향과 심리적인 기대에도 영향을 주고 그것들을 형성한다."[6] 다음 글은 이 장을 전개하는 데 작용할 정의定義가 될 것이다.

> 공동체는 상호반응의 과정이며, 그 과정이 즉각적인 경험들을 역사적이고 사
> 회적인 틀 안에서 뚜렷한 문화적 신화가 되도록 조직한다.

과정 - 관계적 관점이 보여주는 것은, 모든 인간 행위의 의미가 문화적으로
구성된다는 것이다. 성폭력 사건들의 실재와 의미가 부인되고 억압되어왔기
때문에, 그것의 문화적 의미를 탐색하기가 어렵다. 가정에서든지 학교에서든
지 교회에서든지 직장에서든지, 힘 있는 사람이 취약한 사람을 성 학대하는
것은 어쩌다 생기는 별로 의미 없는 사건으로 간주되어왔다. 우리 사회에 있
는 성폭력을 이해하려면, 힘의 문화적인 이미지와 힘의 악용을 그 역사적이
고 사회정치적인 맥락 안에서 검토해야 한다.

미국에 만연한 개인주의적 사고방식을 생각한다면, 공동의식이라는 개념
을 파악하기란 어렵다. 공동체와 문화는 하나로 연합된 실재라기보다 개인들
의 태도의 집합체로 간주되는 경우가 더 많다. 여기에서 문화라고 정의되는
공동체의 공동적인 실재는 개별 인간 존재들의 의식을 결정하는 데 많은 작
용을 한다.

> 우리는 개별 개인의 행위가 그 사회집단을 구성한다는 의미에서 그 집단의
> 행위를 쌓으려고 하는 것은 …… 아니다. 오히려 우리는 기존의 사회적인 많은
> 복잡한 집단 활동을 가지고 시작해서, 그 활동을 구성하고 있는 개인 각각의 행
> 위를 (그 활동의 요소들로 보고) 분석하려는 것이다.[7]

공동체 문화가 얼마나 많이 개인의 행동과 태도를 결정하는지 파악하기 위해서 전제적專制的이고 자율적인 자아에 관한 우리의 개인주의적인 편견을 극복하기란 어려운 일이다.[8] 이 부분에서 공동체에 대한 철학적인 설명으로 논의를 시작했던 이유는 사고의 전환에 필요한 인지구조를 북돋우기 위해서였다. 이 부분의 논의에서는 공동체에 대한 새로운 은유 역시 필요하다.

'관계망'으로서의 공동체

망網이라는 은유가 문화적 실재를 이해하는 데 도움이 된다. 그 은유가 힘과 힘의 악용에 관한 우리의 잠재적 이미지에 영향을 미치기 때문이다.

만일 우리가 인과관계의 개념을 일반화한다면, 세상이란 맞물린 사건들로 짜인 엄청나게 거대한 연결망이라는 개념에 도달한다. 이 연결망은 삶의 역동적이고 관계적인 그물이며, 그 안에서 우리는 태어나고, 좋든 싫든 그 안에서 우리는 삶을 살아간다. 이 연결망은 망들 안에 있는 망들, 또는 사회들 안에 있는 사회들을 명백하게 포함하고 있다. 당황할 만큼 풍부하게 말이다. 이런 사회들은 공간적인 확장, 심리적인 강도, 공유된 특징을 정의하는 일에서의 복잡성, 그리고 의사소통과 상호 영향력의 깊이라는 면에서 셀 수 없이 다양하다.[9]

개인으로서 우리는 관계망 안에서 우리 자신이 특정한 시간과 특정한 장소에 있음을 발견한다. 망은 관계들로 이루어지는데, 그 관계들은 각기 과거의 경우들, 미래의 방향, 그리고 사회적인 구조들을 지니고 있다. 우리는 망을 자각함으로써 의식하기 시작한다. 우리 경험은 우리가 대상, 사람, 언어와 맺는 관계들, 그리고 예술과 대중매체와 같은 문화의 상징들과 맺는 관계들로 이루어진다. 심지어 우리의 사적인 사고 과정도, 우리가 인간의 상호작용에서 배우는 '몸짓의 대화'를 내면화한 것이다.[10] 우리가 행동할 때, 우리는 어느 정도 그 망의 모양과 방향에 영향을 미친다.

더 크고 포괄적인 이 망은 우리가 그 존재를 인정하든 못하든 간에, 기정既定 사실이거나 원초적인 현실이다. 우리가 그것을 창조하는 것이 아니다. 즉, 우리는 존재의 관계적 특성을 창출하지 않는다. 우리는 모든 생명과 연결되어 있고, 그 연결 관계들의 형태는 직접적이든 중개되었든 그 정도가 다양하다. 우리가 우리의 많은 사회들(가정, 교회, 클럽, 국가)을 세울 때는 존재의 기정관계적인 특성의 예를 만드는 것이다. 어떤 지점에서건 망과 접촉할 때, 우리 행동의 결과는 연결망 전체를 통해 파장을 만든다(다시 말하지만, 그 강도와 영향력의 정도는 다양하다). 이것이 바로 생태학의 전제이다. 우리가 인간 삶에 대해 언급하든, 자연의 세계와 그 상호연관성에 대해 언급하든 상관없이 말이다.[11]

망이란, 함께 묶인 개인들의 집합에 대한 은유일 뿐 아니라, 개인의 삶의 맥락을 결정하는 패턴 전체에 대한 은유이기도 하다. 개인의 존재가 바로 집을 짓는 벽돌이고, 그것으로 깨지기 쉽고 임시적인 현실의 망이 만들어진다. 망이 없다면 우리는 존재하기를 멈춘다. 왜냐하면 망은 현실 그 자체의 총합이기 때문이다. 삶 그 자체의 운동인, "창조의 통로Creative Passage"가 조직되어 관계들의 망이 된다.[12] 그 망이 실존의 구조이며, 그 구조가 과정을 조직적으로 만든다.

문화가 조직되어 망과 같은 패턴들이 된다.[13] 컬럼비아 방송국CBS의 뉴스국局처럼 거대한 국제적 협업을 만들어내는 활동을 생각해보라. 리포터들은 전 세계에서 중요한 사건이 일어나기 쉬운 곳이나, 역사적인 이유로 사무실이 과거부터 자리 잡고 있던 곳에 주재하고 있다(예를 들어, 아프리카보다는 유럽에 훨씬 더 많은 사무실이 있다). 이들 리포터와 스태프 간에는 공통 언어가 있고, 위성을 통한 전자장비를 이용해 즉각적인 의사소통을 나눈다. 돈은 시스템을 통해 흐르고, 정보가 수집되어 청취자에게 전해진다. 그 안에는 추정들, 과거로부터 온 이야기들, 기대들, 권위 있는 노선들, 그리고 미래에 대한 관심이 있다. 일어나는 모든 것은 관계들의 이 망 안에서의 위치에 따라 정의된다. 모든 단어는 그 망 안에서 가지는 기능에 따라 정의된다. 그 망은 역사를 지니며, 모든 활동은 이 역사로부터 나오고 이 역사의 일부가 된다. 그 망은 방향이 있고, 모든 사건은 어떤 방식으로든 미래를 변화시킨다. 일어나는 모든 것이 의미와 가치를 지니는 이유는, 그 관계망 안에 자기 시간과 자기 장소를 가지고 있기 때문이다. 그 망은 개인의 모습을 만들고, 그 개인은 그 망의 모습을 만든다. "서로 맞물린 사건들의 엄청나게 광대한 이 연결망" 안에서 모든 것이 존재한다.[14]

성폭력은 관계들과 의미의 망 안에서 일어난다. 우리는 관계망이 성폭력을 만들어내는 방식을 탐구하고, 취약한 사람들의 부당한 고통이 다루어질 수 있도록 그 망이 어떻게 변화되어야 할지를 탐색할 필요가 있다. 생존자들의 증언이 그 망의 결핍에 관한 단서를 제공하고, 그 망 안에 있는 복원력 있는 희망이 사랑과 자비를 증가시킨다는 것에 관한 단서를 제공한다.

요약하면, 우리는 과정 - 관계적인 용어를 사용해 공동체의 본질을 정의 내렸다. 즉, 공동체란 실제의 경우들을 가진 한 사회이며, 주도하는 질서와 문화를 가지고 있는데, 그 질서와 문화가 지각과 인간의 반응을 결정한다는 것이다. 우리의 개인주의적이고 물질주의적인 편견을 극복하기 위해서, 우리는 관계망의 비유를 사용했다. 상호 연결된 사건들의 이 연결망은 인간 경험에 크게 영향을 준다.

교회와 사회 한가운데에서 아동과 성인들이 고통을 받아오고 있지만, 그들 곤경의 정체가 확인된 적이 없었고 현실로서 다루어진 적도 없었다. 성폭력에 관한 우리의 지각을 형성하는 우리 문화를 이제 주목할 필요가 있다.

문화에 대한 페미니즘 분석

성폭력에서 생존한 자들의 말을 주의 깊게 들음으로써, 우리는 그 개인을 넘어선 것들을 보기 시작했다. 인간이 경험하는 사건은 모두 역사적이고 사회정치적인 맥락이 있다. 그래서 개인적인 연관성과 문화적인 연관성의 정확한 본질이 주의 깊게 탐색되어야 한다. 우리는 성폭력이 문화적인 의미가 거의 없는 일탈인지, 아니면 잠재적인 문화적 가치와 규범에 대한 고도의 상징적 표현인지를 알 필요가 있다.

개인의 곤경들을 문화비평과 연결시키는 전통이 있다. 여자들에 관해 이런 형태의 분석을 탐구해온 몇몇 학자들은, 역사적으로 여자들의 속성이라고 치부된 광기狂氣의 형태들이 어떻게 여성의 문화 안에 포함되어 있지만 부인되고 억압되어온 결핍들과 부합하는지를 보여주었다. 한 가지 예는, '히스테리'라는 질병이 가부장제 문화 안에서 여성의 성에 대한 억압과 관련된 방식이다. 프로이트는 여자들의 그 질병에 과학을 적용하려 시도하긴 했지만, 그 질병이 여자들에 대한 가부장제의 억압에서 기인한다고는 보지 않았다. 그 대

신 이를 개인의 병리현상에 귀속시킴으로써 그 시대 문화와 결탁했다.[15]

1975년 정도까지만 해도 정신건강 분야의 몇몇 주도적인 인물들은 아동 성학대를 자주 일어나지 않는 일로, 정신건강 문제로서 주목할 만한 의미가 거의 없는 일로 생각했다.[16] 그러나 최근 조사 연구에 따르면, 모든 여자아이 중 3분의 1에서 2분의 1이 18세 이전에 성 학대를 경험한다고 한다.[17] 어떤 조사 연구는 모든 남자아이 중 5~10%가 성적으로 학대받았다고 추산한다.[18]

페미니즘은 성폭력의 제도적 근거와 문화적 근거를 날카롭게 분석한다. 사실 성폭력이 큰 문제로 '발견되었던' 것은 페미니스트들feminists이 성폭력과 모든 여자들의 억압을 연결시키기 시작함으로써 가능했다.[19] 페미니스트들과 우머니스트들womanists*의 문화분석은 이 연구에서 증인의 증언을 다음과 같은 주제로 나누는 데 도움이 된다.[20] (1) 가족 이데올로기, (2) 여성과 아동에 대한 평가절하, (3) 성과 폭력의 혼동.[21]

가족 이데올로기

가족의 사생활이라는 생각은, 성폭력을 일으키는 미국 문화의 한 양상이다. 캐런은 그녀 가족의 사생활을 둘러싼 벽이 어떤 문제에서도 거의 절대적이었음을 증언해준다. 그녀의 부모는 존경받을 만한 중산층이었기 때문에, 아무도 파괴적인 폭력이 그 가정의 핵심적인 현실이라고 생각하지 않았다. 아무도 왜 캐런이 그렇게 자주 아프고, 그렇게 조용하고, 그렇게 정서적으로 위축되어 있는지를 묻지 않았다. 그 가정을 보호하는 경계가 그녀의 삶을 그

* 백인 여자들이 주도하는 페미니즘과 대조적으로, 우머니즘은 흑인 여자들이 여성의 억압에 인종적인 억압을 포함시켜 발전시킨 이론이다. _옮긴이

토록 파괴하는 힘의 비밀스러운 악용을 감추었다.

역사학자들과 사회학자들은 가정이 언제나 현대적인 의미에서의 사적인 공간은 아니었다는 사실을 발견하고 있다. 이전 시대들에서는 어른도 많고 아이도 많은 공동체에서 구성원들이 일상적으로 접촉하며 사는 경우가 많았다. 비록 이전 시대의 사람들은 빈번히 학대받았지만, 현대의 근친상간 가정에 비하면 비밀이 적었다. 산업화란 성인들이 공장에서 일하고 고립된 핵가족 단위로 살기 시작했다는 것을 의미한다. 이것은 가족 내에서의 불평등과 그에 상응하는 힘의 악용에 대한 사회적 통제가 더 적어졌음을 의미한다.22

가정의 사생활화는 힘의 위계질서를 지속시켜왔고, 그 위계질서가 법의 일부로 이용되었다. 150년 전에 여자와 아동은 아버지나 남편, 또는 다른 남자들의 소유물이었다. 1848년 뉴욕 주의 세네카 폴스Seneca Falls에서 개최된 '여성의 권리 대회The Women's Rights Convention'는 그 당시의 불평등에 저항할 권리 선언서를 통과시켰다. 여자들에게는 투표권이나 재산소유권이 허락되지 않았다. 그들은 학대하는 남편과 이혼할 수 없었고, 설령 남편이 이혼을 하려고 한다든가 죽었다 할지라도 자기 자녀의 양육권이 어떤 남자에게 주어질지에 대해 아무런 영향을 미칠 수 없었다. 그 시대의 금주운동이 상당한 추진력을 받을 수 있었던 것은, 여자들이 알코올중독에 빠진 남편의 학대로부터 보호받을 어떤 법적인 권리도 없었기 때문이다.23

가정 안에서 여성과 아동의 권리를 빼앗아버린 19세기의 공식적 가부장제를 제압한 사건이 아주 없었던 것은 아니다. 그러나 가정의 고립화와 남자와 여자의 완강한 불평등이 합쳐져서 가정은 점점 더 여성과 아동에게 위험한 제도가 되어버렸다. 다른 어떤 사회적 장소에서보다도 가정에서 성폭력과 살인을 포함한 신체적 폭력이 더 자주 일어난다. 한 사람이 강간이나 폭행이나 살인을 당할 가능성은 다른 어떤 곳에서보다 가정에서 가장 높다.[24] 그러나 당국자들은 가정에 개입해 이런 폭력과 대결하기를 꺼린다. 경찰관이 '가정폭력'에 대한 고발을 조사하러 왔을 때, 가해자를 체포하지 않고 떠나는 일이 자주 있다. 희생자가 고소하지 않아도 가정에서 남자를 체포할 수 있는 권한을 경찰관에게 주는 곳은 불과 몇 주州에 불과하다. 경찰에게 말하면 더 큰 폭행을 당할 거라고 협박을 받아온 희생자들은 여전히 많다. 위험에 처한 아동을 보호하기 위해서 가정에 개입하는 아동 보호서비스가 심각하게 제한당하는 주가 많다. 부모의 권리보호단체들은 가정에 대한 개입을 제한하도록 주 정부에 점점 더 큰 압력을 행사해왔다.[25] 우리는 가정폭력의 심각성에 대한 문화적인 이해가 부족하기 때문에 희생자인 여자들과 아동을 보호하는 데 실패한다. 비록 여자들에 대한 법적인 장벽들이 20세기에 많이 변해왔지만, 여자와 남자의 불평등은 이제 가족의 사생활과 경제적 불평등에 의해서 유지되고 있다.

리처드 겔레스Richard Gelles와 머리 스트라우스Murray Straus에 따르면, 세 가지 요인이 결합되어 가정을 점점 더 여성과 아동이 심각하게 불이익을 당하는 폭력적인 제도로 만든다고 한다. 첫째, 폭력을 개인의 대인관계에서 일어나는 합법적인 행위 형태로 봄으로써 폭력을 문화적으로 조장한다. 폭력이 대중매체에서 개인 간의 갈등을 다루는 방식으로서 낭만적으로 그려지는 한, 남자들의 신체적인 힘은 여성과 아동에게 위험의 원천이 된다. 둘째, 가정의 사생활 보장은 가정에서 폭력을 휘두르는 일을 선택한 남자들을 사회가 통제하지 못하도록 만든다. 가정은 성스러운 제도로 간주되기 때문에, 권위를 가진 기관이라 해도 그 테두리를 넘을 수 없다. 이로 인해 여성과 아동을 보호하지 못하게 되고 남자들의 폭력은 계속해서 문제로 남는다. 셋째, 남자들과의 관계에서 여자들과 아동에게는 떨치기 어려운 불공평함이 있다. 20세기에는 여자들의 공적인 권리와 책임에 중요한 변화가 있어왔지만, 시장경제에서 그들은 자신과 자녀를 부양할 권리를 거부당하고 심각하게 불리한 상태에 놓여 있다. 위험상태에 놓여 있는 여자들과 아동이 학대에 대한 대안으로 선택할 수 있는 것은 많은 경우 가난이다.[26]

아프리카계 미국인 학자들의 연구는 역사적이고 사회학적인 이 분석을 정치적이고 경제적인 더 큰 관점에서 보도록 돕는다.[27] 흑인 가정이 조사 연구와 공공정책에서 어떻게 잘못 취급당하는지를 볼 때, 가정에 대해 편견을 가진 이념의 존재가 분명해진다. 남자들이 여성과 아동을 지배하는 고립된 핵가족이 미국 문화에서는 표준이고, 성폭력을 야기하는 사회체제의 일부분이다. 흑인 가정은 이 이상적인 가정 유형과 일치하지 않기 때문에 비난받는다.

19세기 후반기에 미국의 백인 사회가 사적인 핵가족으로 이동하고 있는 동안, 흑인 가족은 노예제도에서 생존하려 애쓰고 있었다. 노예제하에서 흑인 가족은 불법이었다. 말하자면, 노예인 흑인 성인이 결혼하고, 자녀를 낳고, 책임감 있는 시민처럼 개인적인 일을 돌보는 것이 불법이었다. 사실상 노예정책은 많은 경우 흑인들 간의 정서적인 유대를 붕괴시키려는 방향으로 나아갔다. 이러한 심각한 억압 속에서도, 결속력이 형성되었고 가정들은 충직의 끈을 유지했다. 아프리카계 미국인들이 법적인 노예제도로부터 해방된 후, 수백만 명의 사람들이 사랑하는 식구를 찾는 커다란 위험을 감행했다. 아프리카계 미국인에게 가족이란 역경을 이겨낸 제도였다.[28]

그러나 아프리카계 미국인 가정의 규범은 전형적인 미국 핵가족의 규범과늘 달랐다.[29] 첫째, 흑인 가정들은 아프리카 전통의 확대가족의 가치를 어느 정도 보존했다. 인간관계에 관한 그들의 규범적인 태도 때문에 남자들, 여자들, 그리고 아동은 확대 친족집단들로 결속되었다. 부모가 없는 아동들이나 배우자가 없는 성인을 가족으로 삼는 것이 당연히 기대되는 패턴이었다. 확대가족 단위가 규범적인 흑인 가족의 특징이다.

둘째, 노예제도와 인종차별주의의 잔혹성 때문에, 육체적인 생존에 대한 욕구가 흑인 가정의 규범을 형성했다. 가족 단위가 공포로부터 자유로웠던 때는 한 번도 없었다. 남자들, 여자들, 그리고 아이들은 일상생활의 억압에 대처하기 위해서 그들이 기능할 수 있었던 어떤 단위에서도 결속했다. 노예 주인들은 노예들 간의 정서적인 끈을, 노예를 완전히 통제하려는 자신의 욕망에는 위험한 것으로 여겼기 때문에, 노예가족의 단위를 붕괴시키기 위해 노예 매매나 교환을 결정했다. 노예제도 이래 미국 남부에서 사용된 공포 전술과 북부 빈민가의 잔인한 삶은 아프리카계 미국인의 가정을 계속 압박해오고 있다. 그래서 적응력은 흑인 가족의 한 규범이다.

셋째, 적절한 경제적 기반의 결핍으로 인해 흑인 가정은 자원을 공유하는 규범을 갖게 되었다. 착취적인 자본주의 경제에서 실업과 불안정 고용은 심각한 재정적 압박 아래 사는 가정을 다수 만들어냈다. 복지체계는 가난이라는 어려움에 관료적인 통제를 보태는 경우가 많다. 그래서 자원의 공유는 흑인 가정들의 규범이다.

역사적으로 계속되고 있는 억압 가운데서 아프리카계 미국인 공동체 안에 등장했던 가정의 규범적인 모델이 있다. 이 모델의 특징은 남자들과 여자들의 관계가 더 융통성 있고 평등하며, 가족이 포용적인 성격을 가지고 있어서 아이든 어른이든 식구로 수용되고, 확대가족의 개념이 있어서 사람들이 함께 자원을 공유한다는 것이다. 비록 인종차별적인 사회 안에서 늘 이런 규범적인 모델에 따라서 살 수 없는 흑인 가족들도 많지만, 바로 그런 존재 자체가 성폭력을 덮어주는 핵가족 이데올로기의 가면을 벗기는 데 도움이 된다. 아프리카계 미국인 교회는 그런 가족의 모습을 보존하고 있다. 교회가 확대가족처럼 양육하고 돌보는 구조를 가지고 있기 때문이다.[30]

적응하기에 거의 불가능한 조건에서도 적응성을 지녔던 흑인 가족은 부단히 공격을 당해왔다. 그들이 남성지배적인 핵가족의 규범과 합치하지 않기 때문이다. 1968년의 모이니핸 보고서Moynihan Report는 흑인 가정의 가난이 그들의 탓이라고 비난했다. 그 보고서는 노예제도와 인종차별주의의 역사가 모계주의 가정들을 만들어냈고, 그런 가정 안에서 남성들은 '가장'으로 기능하지 못하도록 막혔다고 주장했다. 이것은 아동들이 남성상男性像이 없는, 여자들이 지배하는 가정에서 성장했음을 의미했다. 그 보고서는 한 발 더 나아가 흑인 여자들이 만일 더 수동적이었더라면 그들의 남자들이 가정과 공동체에서 바른 역할을 다시 차지할 수 있었으리라고 주장했다.[31] 이후의 보수주의 학자들은 이 왜곡된 견해를 채택했고, 범죄와 기타 빈민가의 문제들을 흑인 가정들의 탓으로 돌렸다. 조지 길더George Gilder는 "복지문화에서 돈이란, 남자가 열심히 일해서 벌어야 할 것이 아니라, 지방정부가 여자들에게 부여하는 권리가 된다. 저항과 불평이 부지런함과 훈련 대신 급료의 원천이 된다. 남자아이들은 여자들에게 지원을 받으려 애쓰면서 자라게 되고, '남자다움'을 거리나 술집의 거친 남성 세계 또는 어쩌다 누군가의 무책임한 아버지가 되는 것에서 발견한다"라고 말했다.[32] 앤젤라 데이비스Angela Davis는 이 분석이 거의 불가능한 조건에서 생존하는 흑인 가정의 뚜렷한 적응능력을 완전히 간과한 것이며, 빈민가의 빈곤을 자본주의 체제가 아니라 빈곤한 가정 탓으로 돌리고 있다고 말한다.

이 부분에서 우리가 아프리카계 미국인 가정의 역사를 간략히 검토했던 이유는 미국 문화에서 핵가족 이데올로기가 강력하다는 사실을 드러내기 위해서이다. 그 핵가족 안에서 성폭력과 신체적 폭력에 기여하는 요소 하나가 여자와 아이에 대한 남성의 지배이다. 그리고 지배는 가정의 사생활 보호와 경제적인 불평등 때문에 보존된다. "가정에서 폭력을 당하는 희생자들은 불균형하게 더 작은 자, 더 약한 자, 힘이 더 적은 자들이다."[33] 가정이라는 성소聖所를 사회의 감시와 통제로부터 보호하는 굳건한 울타리 때문에, 그리고 만일 여자가 가정을 떠나면 가난에 직면하는 경우가 많기 때문에, 위험한 가운데 있는 여자와 아이가 점점 늘어난다. 여자와 아이에게 가해지는 폭력의 양量을 미국 사회가 가늠할 수 없는 이유는, 이상적인 가정이 비판받지 않도록 보호될 필요가 있다는 이념 때문이다. 이제 우리가 가정 안의 파괴적 행동의 결과를 보기 시작함에 따라, 우리가 가지고 있는 가정의 이상적인 이미지는 재구성되어야 한다. 가족이라는 신화체계가 새롭게 형성되고, 그 안에서 양성의 동등함과 아동의 권리가 확립될 필요가 있다. 가부장제는 모든 사람이 존엄성을 가지고 존중받는 건강한 가정 모델을 제공하는 데 실패했다.

아이였을 때 캐런이 겪었던 곤경들이 교회와 학교에서 어른들에게 심각하게 받아들여지지 않았던 이유는 그녀가 괜찮은 집안 출신이기 때문이었다. 뭔가 잘못될 경우, 부모가 자녀를 돌보리라고 모든 사람이 생각했다. 그래서 집 바깥의 어른들은 자기가 본 것을 거의 문제 삼지 않았다. 이 어린아이가 아버지에게 정기적으로 성적인 학대를 받는다는 가능성은 생각할 수도 없는 일이었다.

샘의 가족은 아주 역기능적이었기 때문에 아동 보호 기관들이 관여했지만, 그때조차도 그 아이들은 효과적으로 보호받지 못했다. 그 기관들은 안전과 양육에 대한 아이들의 기초적인 욕구가 충족되고 있는지를 이해하는 것보다는 그 가정에 아이들을 계속 머무르게 하는 데 더 관심을 기울였다.

가족은 반드시 좋은 것이라고 보는 견해가 성폭력을 생각할 수 없는 것으로 만들며, 이로 인해 많은 사람의 고통이 짓눌려 있다. 성폭력은 대부분 가정 안에서 일어나고, 희생자들은 사회에게 배반당한다. 사회는 여자들과 아이들을 희생시켜 가면서까지 남자들의 특권을 기꺼이 보호하려고 하기 때문이다. 그래서 여자와 아이의 삶은 힘의 악용에 의해 손상된다. 이런 불의가 진정한 공동체의 추구를 가로막는다.

여성과 아동에 대한 평가절하

성 학대는 평가절하의 한 형태이다. 아이는 양육자로부터 돌봄을 받으리라고 기대할 권리가 있지만 양육 받는 대신 성추행을 당한 아이는 그 성인의 이기적인 욕망을 만족시키는 데 익숙해진다. 캐런은 그녀를 돌보아주는 어른 없이 크고 고립된 농가에 있는 그녀의 침실로 들어가야 했다. 그러면 나중에, 밤에, '괴물'이 그녀의 침실을 방문했고, 그녀의 공포는 끝없이 계속됐다. 그녀의 아버지는 학령기 이전의 아동이라면 누구나 위험한 인물에 두려움을 느끼고 위로받을 필요가 있는 바로 그 시기에, 그녀를 고문하는 사람이 되었다. 그녀의 연약한 삶이 이 공포로 인해 심각하게 손상되었다. 그녀는 자기의 모든 자원을 이용해 악에게 압도당하지 않도록 자기 자신을 방어해야 했다. 그녀는 증오의 희생자였다.

마찬가지로, 샘도 장난으로 시작한 몸 씨름이 성 학대로 변했을 때 자기 아들의 삶에서 괴물이 되어버렸다. 여러 해 동안 치료를 받은 후에야 샘은 자기가 아들에게 행했던 악을 직시할 수 있었다. 그는 아동기 때 그를 공포로 몰아녔었던 사람들과 똑같은 성추행자가 되어 있었던 것이다. 그가 평생 느꼈던 증오가 자기 아들에게 투사되었다고도 할 수 있다.

성폭력으로 표현되는 증오란 학대하는 남자의 개인적인 태도일 뿐만 아니라, 문화적으로 조직된 태도이기도 하다. 비록 여성혐오misogyny가 여자에 대한 편견으로 정의되지만, 페미니즘이 관심을 두는 것은 그런 증오를 만들어 내서 여자들의 경험과 기회를 제한하는 체계적인 세력이다. 여성혐오를 표현해주는 것 하나가 여자들의 불평등함이다. 그 불평등은 여성의 경제적인 위치를 검토함으로써, 또는 사회에서 힘 있고 영향력 있는 자리로 여성이 어떻게 접근하는지를 봄으로써 증명될 수 있다.

> 1987년에 남자들이 1달러 벌 때 여자들은 겨우 68센트를 벌었다(≪뉴욕 타임즈≫, 1987). …… 일반적으로, 만일 당신이 남자가 아닌 여자로 태어난다면 평생의 단 한 순간이라도 빈곤선poverty line* 아래로 내려갈 확률은 두 배가 된다. 만일 당신이 남자로 태어난다면, 당신이 가난할 위험이 가장 높은 때는 아동기에 있을 때인데, 이때가 한 여자의 수입에 의존할 가능성이 상대적으로 높은 시기이기 때문이다.[34]

페미니즘은 특히 여자를 평가절하 받는 자리에 계속 머무르게 만드는 심리적·문화적 세력과 이런 양상들이 성폭력과 어떻게 관련되는지에 관심을 가져왔다. 아프리카계 미국인 우머니즘womanism 학자인 트와넷 유진Toinette Eugene은 여성혐오와 인종차별의 배후에 있는 두 쌍의 이원론을 언급한다.

* 최저생활 유지에 필요한 소득수준. _옮긴이

성차별의 이원론이란 교회와 사회에서 여자들이 체계적으로 종속됨을 언급하는 말이다. 언어의 패턴들과 사고의 공식들 안에서뿐 아니라, 남성과 여성의 인간관계 안에서 여자들은 지배를 받는다. 그런고로 '가부장제의 이원론'이란 용어도 적절할 수 있고, 아니면 더 간단하게 '성차별주의'라는 현대의 지칭이 사용될 수도 있다. 유심론적唯心論的 이원론의 뿌리는 몸과 영혼의 이분법인데, 그것은 기독교 시대 초기에 도입된 백인 서양철학과 문화에서 번성하고 있던 것이었다. 그런고로, '헬레니즘의 이원론'이란 용어도 적절할 수 있다.[35]

여성혐오는 두 가지 상황과 관련해서 이해되어야 한다. 첫 번째 상황은 제도, 관계, 이념 안에서 여자들이 남자들에게 종속되어 있는 것이다. 두 번째 상황은 여자들을 물질인 몸과 자연과 무의식적으로 동일시하고, 정신과 문화와는 구별된 것으로 보는 것이다. 페미니즘 이론은 이 두 이원론에 지대한 관심을 가져왔다. 그 연구의 방향 하나는 성 정체성gender identity이 형성되는 초기 아동기에 대한 정신분석학의 설명을 살펴보는 것이다. 그럼으로써 양성兩性 불균형의 거대체계macro-system가 어떻게 남자아이와 여자아이의 성격으로 내면화되는지를 볼 수 있다. 또 다른 방향은 몸/정신, 또는 자연/문화를 구분하는 철학의 역사를 살펴봄으로써 여성이 어떻게 평가절하 되어왔는지 보는 것이다. 이 주장들을 각각 간략하게 살펴봄으로써 여자와 아동을 평가절하하게 만드는 지배구조를 더욱 명료하게 만들 수 있을 것이다.

성차별의 이원론　낸시 초도로는 젠더가 초기 아동기에 어떻게 형성되는지를 탐구했고, 가부장제 사회에서 남자아이와 여자아이의 심리 형성이 각기 다르다는 것을 알아냈다.[36] 남자아이와 여자아이 둘 다 처음에는 여자에게 애착을 형성하는데 그 이유는 여자들이 어린아이의 일차 양육자이기 때문이다. 그런데 여자아이에게는 양육하는 인물(엄마)이 자기와 성이 동일한 인물(여자)이기 때문에 이 애착은 강한 동일시를 일으킨다. 즉, 여자아이는 양육받으려는 욕구를 가지고 엄마 역할을 하는 인물에게 애착할 수 있고, 또한 그 애착이 여성이 된다는 의미를 이해하는 방법이 될 수도 있다. 책임감 있고 돌보는 남자 어른이 없어도 여자아이는 전기 오이디푸스의 발달 상태를 연장시키고 내면의 심리세계를 발달시키는 경향이 있고, 그 내면의 심리세계는 대인관계를 더 많이 지향한다. 엄마가 사회에서 평가절하 당하는 지위에 있기 때문에 엄마에 대한 상당한 양가감정이 있더라도 그 아이의 정체성이 내면에서 분열을 일으킬 정도는 아니다.

대조적으로 남자아이에게는 발달상 형성되는 모순이 있다. 최초로 애착한 대상이 여자였을지라도, 그 아이는 이 애착이 자기의 성 정체성에 위험하다고 아주 일찍 자각하게 된다. 남자와 여자의 불평등이 아주 극심한 세계에서 여성들과 지나치게 동일시하는 것은 남성들에게는 위험한 일이다. 여자아이로 여겨지는 것은 많은 어린 남자아이들에게 가장 큰 두려움 중의 하나가 된다. 왜냐하면 그것은 특권의 상실을 가져오기 때문이다.

남자아이는 자기가 반드시 남성 인물과 동일시해야 한다는 것을 배운다. 그래야 구박받지 않고 가부장제 문화에서 남자들이 기대하는 특권을 얻을 수 있기 때문이다. 이것은 몇 가지 결과를 가져오는데, 그중 하나는 세 살 정도의 어린 남자아이가 엄마로부터 감정적으로 미숙하게 떨어져 나와 특정 남성 인물과 자신을 동일시하는 것이다. 이것은 남자아이가 엄마와 함께 대상세계를 발달시키는 시간을 줄여버린다. 그래서 만일 아버지 역할을 할 인물이 없다면, 그 남자아이는 자주 외로워진다. 두 번째 결과는 남자아이가 엄마인 여자에게 지배당하는 것을 두려워하는 것이다. 여자인 그 엄마가 압도적이고 위험한 인물처럼 보이기 때문이다. "엄마로부터 해방해서 남자답게 되려는 남자아이의 투쟁은 '더 작은 성에 대해 남자들이 느끼는 경멸감'(프로이트)을 발생시킨다. 그것은 '여자들에 대한 정상적인 남자들의 경멸이라고 우리가 간주해온 것'이다."[37] 철학과 문학은 여자들에 대한 이런 남성의 경멸과 여자들을 향한 양가감정을 드러내는, 여성혐오적인 서술들로 가득 차 있다. 가령 아리스토텔레스는 "그리고 이를테면 여자는 무능한 남성인데, 그 이유는 어떤 무능력이 있기에 여성은 여성이 되는 것이기 때문이다"라고 말했다.[38]

그러나 엄마에 대한 두려움은 양가적이다. 남자아이는 엄마를 무서워하면서도 엄마가 유혹적이고 매력적이라는 사실 역시 발견한다. 그는 그저 그녀를 묵살하거나 무시할 수 없다. 남자아이와 남자는 심리적이면서도 문화적·이념적인 기제를 개발해 자신의 두려움에 대처하면서 여자를 완전히 포기하지는 않는다. 그들은 민간 전설, 신념, 시를 만들어내어 여자들을 외재화시키고 객관화시킴으로써 두려움을 막아낸다. "내가 그녀를 두려워하는 것이 …… 아니다. 그녀 자신이 사악하고, 어떤 범죄도 저지를 수 있으며, 먹이를 지키는 맹수이고, 흡혈귀이며, 마녀이고, 만족을 모르는 욕망을 가졌고 …… 죄인의 화신인 것이다." 그들은 두려움을 부인하기 위해서 여자들에 대한 현실적인 관점을 포기하는 대가를 치렀다. 한편으로 그들은 여자를 미화하고 숭상한다. "내가 아주 경이롭고, 아주 아름다운, 아니 아주 성스러운 존재를 두려워할 필요는 없다." 다른 한편으로 그들은 여자를 얕본다. "모든 면에서 그렇게 보잘 것 없는 피조물을 두려워한다는 것은 너무 우스운 일이다."[39]

초도로는 남자들이 여자들을 증오하는 것이 심리적일뿐 아니라 문화적·이념적이라는 점을 분명하게 말한다. 여자들을 지배할 남성의 권리가, 즉 가부장제의 한 특성이, 남자아이와 여자아이의 최초 경험들에서 강화된다는 표지들이 있다. 젠더 불평등은 가정생활의 일부이기에 어머니와 자녀, 그리고 어머니와 아버지 사이의 가장 친밀한 상호작용에까지 영향을 미친다. 또한 그 불평등은 임금구조의 불평등으로 제도화되지만, 예술과 대중매체에서는 낭만적으로 묘사된다.

유진이 흑인 공동체의 관점을 가지고 여성혐오의 심리학적 형태를 분석할 때 성차별과 인종차별의 지배구조가 뚜렷이 부각되어 나타난다.

> 성차별의 이원론은 인종차별의 노선들을 따라 조직되어왔는데, 여자들 일반에 대한 남성의 '정신분열증적schizophrenic' 태도를 말한다. 그것은 여자들을 처녀 아니면 매춘부로 상상하는 태도, 즉 여성 젠더를 대표하는 원형적인 마리아로 보거나 이브로 보는 양극적兩極的 태도이다. 백인 남성에 의해 지배되는 미국 사회에 깃든 아름다움의 전형은 '긴 머리의 금발'로서 이 신비감을 동반하는 모든 것을 지닌 여자다. …… 성차별의 이원론만이 아니라 인종차별의 이원론은 백인 세계관에 맞추어서 백인 여성의 이미지를 여성성과 순수성으로 존중받는 상징이 되도록 고양시켜놓은 반면, 흑인 여자들은 성과 노동 둘 다에서 무자비하게 착취될 수 있는 동물성을 대표하는 표상으로 만들었다.[40]

페미니즘이 사회에 잠재되어 있는 여성혐오를 보여줌으로써 지배구조의 일부를 벗겨주었지만, 미국 문화 안에서 여성이 평가절하된 그 영향을 온전히 명확하게 보여주는 것은 아프리카계 미국 여성들의 증언이다. 그들이 '성과 노동 둘 다에서 착취당하는' 이유는 그들이 '긴 머리의 금발여자'라는 이념적인 이상에 맞지 않기 때문이다. 백인 여자들이 특권을 좀 더 얻을 수 있는 이유는, 유색인 여자들의 희생의 대가로 그들을 전형적인 여성의 이미지에 맞출 수 있기 때문이다. 그러나 인종에 관계없이 모든 여자가 사회의 여성혐오적 태도와 제도적 관례에 부단히 직면하고 있다.

여자에 대한 증오는 우리가 살고 있는 바로 그 문화와 언어의 너무 많은 부분에 만연해 있기에, 여자를 학대하는 일이 자주 간과된다. 부모가 선하다고 캐런에게 가르쳤던 주일학교 교사들은, 학대하는 그녀의 아버지를 부지불식간에 보호한 셈이 되었다. 캐런의 고통에 대한 어떤 단서를 그들이 보았을 수도 있었지만, 어쩌면 무의식적으로 그것을 정상적인 것으로 여기고 무시했을 것이다. 여성과 아동에 대한 평가절하가 자주 간과되는데, 그 이유는 여성과 아동은 덜 중요하다고 간주되기 때문이고, 그들의 고통의 증상이 삶의 정상적인 과정의 일부로 간주되기 때문이다. 성폭력의 희생자들은 공동체에 의해 배신당한다. 여자를 평가절하하고 더 나아가 여자의 자녀를 평가절하하는 지배체제 안에서 그들의 고통이 감춰지기 때문이다.

유심론적 이원론　헤스터 아이젠슈타인Hester Eisenstein은 페미니즘에서 문화와 자연의 구별이 젠더와 서로 연결된 방식에 대해 어떻게 논의하는지를 요약해 보여주는데, 유진은 문화와 자연의 구별을 '유심론적 이원론'이라고 부른다.41 여성의 평가절하는 어느 문화에서든지 거의 보편적으로 오랜 역사를 지니고 있다.

　　모든 사회는 '문화'와 '자연'의 차이를 알았다. …… 문화는 의례儀禮에서 표현되는 것이며, "자연적으로 이미 주어져 있는 것들과 소극적으로 함께 움직이고, 그것들에 의해 움직여지는 욕구의 표현이기보다는" 그것들을 조절하고 통제하려는 욕구의 표현이었다.[42]

여러 세대에 걸친 진화를 통해 인류는 삶과 죽음의 원천으로서의 자연과, 자연의 변덕스러운 힘을 개선하는 인간 힘으로서의 문화를 구별해왔다. 이런 인지적인 구별에 의해 경험의 세계가 이원화되었고, 사회적으로 구성된 두 개의 젠더와 상관되었다. 남자들은 문화와 연관되었던 반면, 여자들은 자연과 연관되게 되었다. 여자들은 아이를 낳을 수 있기 때문에 가정과 동일시되었고, 그다음에는 자연 그 자체와 연관되는 위험과 동일시되었다. 자연의 힘을 인간 삶에 대한 위협으로 보았던 만큼이나, 이 두려움은 여자들에게 투사되었다. 여자들이 증오 받는 이유는 그들이 위험스럽고 통제할 수 없는 두려운 힘, 자연을 대리했기 때문이었다. 남자들이 문화의 발달을 다루었다는 사실은, 이런 구별이 여자들과는 상관없이 남자들에 의해 부과될 수 있었음을 뜻했다.[43]

유진은 자연/문화 또는 몸/마음의 이분법과 그 이분법에 맞는 여성/남성의 정체성이 오늘날 여자들과 유색인을 평가절하하도록 기여한 중요한 요인이라고 제시한다.

몸을 이유로 희생양을 만드는 것은 우리 자신의 몸에 대한 불편함을 시사해주며, 우리 자신의 외모와 너무 다르고 유사하지 않은 인간의 몸을 가진 모든 인간을 망신스럽게 생각하도록 만든다. 이렇게 희생양을 만드는 것은 특히 인종차별적인 백인과 흑인 관계에서 현저하다. 그렇지만 백인이든 흑인이든 남자들은 하나같이 명백하게 차별적인 태도를 취한다. 여자들의 월경에 대해서 '청결하지 않다'고 여기는 것이나, 임신한 여성의 모습에서 본질적인 '불쾌함'을 느끼는 것이 여기에 해당한다.

검다는 것은 오랫동안 악과 더불어 더러움의 상징으로 이해되어왔기 때문에, 많은 백인들의 세계관에는 유심론적 이원론이 퍼져 있다. 그 때문에 그들은 자기 자신 안에 잠복해 있을 수도 있는, 신체적으로 더럽다거나 역겹다는 느낌들을 흑인들에게 투사하는 인종차별을 선택하게 되었다. 여성의 월경과 임신 주기가 상징하는 잠재적인 생식력 때문에, 유심론적 이원론과 성차별의 이원론이 또한 백인 남성과 흑인 남성에 의하여 만들어지고 유지되어오면서, 그들로 하여금 자신들의 잠재적 불안과 적개심을 행동으로 표출하도록 허용해왔다. 그런 행동은 흑인 여성의 가치를 성적으로 무시하는 것으로 나타났다.[44]

아프리카계 미국인 우머니즘 학자들은 자연/문화 이분법이 어떻게 여성과 유색인을 평가절하하는 데 기여하는지를 보여주었다. 공동체들은 신체적인 경험을 포함한 부정적인 경험에 대한 그 자체의 무의식적인 감정을 직면해오지 않았기 때문에, 이 무의식적인 감정들을 사회에서 취약한 사람들에게 투사하는 것을 조장할 것이다.

자연과 신체에 대한 이 양가감정은 아동 성폭력의 가해자에게서 뚜렷하게 보이는 특징이다. 한편으로 가해자들은 아이들의 몸이 순수하고 생명이 가득한 것으로 이상화해, 아이의 몸에 매력을 느끼며 집착한다. 이 남자들의 눈에는 아이들이 자기 삶에 결핍된 어떤 것을 가지고 있는 것처럼 보인다. 그들은 생명과 생동감의 원천을 더 가까이 하기 위해서, 특히 자신의 우울함과 왜곡된 몸의 이미지와는 대조되는 것에 더 가까워지기 위해, 아이들과 가까워지고 만지기를 원한다.[45] 다른 한편으로 그들은 아동에 대해 아주 깊은 적대감을 지닌다. 그들 자신의 삶은 너무나도 공허한데 어떻게 감히 아이들은 그렇게 생명력과 생동감이 넘칠 수 있는가? 그들은 모든 생명의 근원에 더 근접해 있는 것처럼 보이는 사람들을 싫어한다. 그래서 그들의 행위는 아동을 통제함으로써 '자연'과 '몸'을 통제하도록 계획된다. 그들의 곤궁함이 아동을 학대하도록 만든다. 그들의 분노가 아동을 파괴하도록 이끌어간다.

아동을 이상화시키고 미워하는 역동은 유심론적 이원론 밑에 깔린 역동을 드러낸다. 사람은 자기 몸으로 구현되는 생명으로부터 분리될 때, 이런 왜곡된 희망과 두려움을 다른 사람에게 투사해 착취하고 파괴한다.

이 분석이 우리의 연구목적에 대해 보여주는 바는, 성폭력이 훨씬 더 큰 이념적, 사회정치적 상태의 일부분이라는 것이다. 대중의 마음에서 이상화된 관점은 여성과 아동을 순수하고 취약한 존재로 그린다. 그러나 주의 깊게 분석할 때 드러나는 것은, 여성, 아동 그리고 유색인종에 대해 잠재된 증오를 반영하는 태도와 제도화된 관례들이다. 캐런 등 생존자들의 증언은 지배구조에 대한 이 분석에 목소리를 더해준다. 가부장제 가족 안에서 자기의 개인적 병리를 행동으로 옮겨버릴 뿐 아니라 여자와 아이를 평가절하하는 문화의 태도를 행동을 옮겨버리는 남자들에 의해 아이들이 위태로워진다. 인종차별의 문화에서는 인종집단에 대한 평가절하가 조직적으로 유색인 남성, 여성 및 아동을 파괴하는 방식이 되어버린다. 아동기에 성적으로 희생된 남자가 자기 분노를 여자와 아이에게 행동으로 분출하는 경우들도 적지 않게 있다. 여자를 멸시하는 문화 안에서 아이들이 성 학대에 희생되는 경우가 빈번한 것은 놀라운 일이 아니다. 아이들이 당하는 학대는 가부장제의 이념에 의해 잠재적으로 승인된 것이기 때문이다. 우리 문화 안에서 아이들을 포함해 여자들이 평가절하를 당하고 미움을 받는 바로 그만큼 그들은 공동체로부터 배신을 당하는 것이며, 이로 인해 그들은 성폭력에 취약해진다. 그들은 진정한 공동체를 추구하지만 그 길은 막혀 있다.

성과 폭력의 혼동

성적으로 학대당한 아이들에게는 공통적으로 성적인 혼동이 나타난다. 한 생존자는 "나는 결혼할 때까지 성에 대한 긍정적인 경험을 가져본 적이 전혀 없다. 내가 원하는 다른 것을 얻기 위해서 참아야 했던, 고통스럽고 추한 경험이라고 생각했을 뿐이다"라고 말했다. 성인과 아동의 성행위는 성sexuality의 목적을 혼동한 것이다. 자신을 보호할 수 없는 아이, 또는 믿었던 어른이 자기에게 행한 일이 무엇인지조차 개념화할 수 없는 아이에 대한 성적인 착취는 성과 폭력의 혼동이다.

건강한 성 이론을 고안해내지 못하는 우리 문화의 무능력은 성폭력의 만연에 크게 기여하며, 사회가 성 학대라는 대량의 문제를 직면하지 못하는 무능력에도 크게 한몫한다. 여자들이 성폭력에 대한 자기 경험을 이야기하기 시작하면서, 그들은 얼마나 많은 여자들이 아동기에나 성인이 되어서, 또는 아동기와 성인기 모두에, 강간의 희생자가 되어왔는지를 알게 되었다. 성 행위는 두 사람 간에 상호 존중과 애정의 표현 외에도 많은 목적을 위한 것이 될 수 있다. 그러나 남성과 여성 간에, 그리고 남성과 아동 간에 불평등이 있기 때문에 성은 통제와 힘을 표현하는 방식이 될 수도 있다. 많은 여자들이 남자와 자기의 성관계가 파괴적이라고 보고하는데, 그들의 이야기가 성폭력의 만연을 설명하는 조사 연구를 하게 만들어왔다.[46]

역사를 통해서 본다면, 강간은 여성의 인권에 대한 침해로 이해되기보다는, 일반적으로 남성의 재산권 침해로 이해되어왔다.

　강간에 대한 처벌은 한 남자가 자기 재산을 손상시킨 다른 남자에 대해 취하는 행동이었다. 그 처벌은 손실보상의 형태였다. 딸이나 아내는 결혼을 통한 교환이나 소유물로서의 가치가 있는데, 그 가치가 줄어들거나 파괴되었기에 생긴 손실에 대한 보상이었다.[47]

어떤 문화에서는 강간을 범한 남자가 받는 처벌이 그의 희생자와 결혼해 그녀의 미래를 책임지는 것이었다. 이런 해결책이 그 여자의 삶에 대한 더 심한 침해였다는 사실은 중요하게 여겨지지 않았다.

　강간은 남자들에 의해서 여자들에 가해지는 사회적 통제의 한 형태로 기능했다. 역사적으로 '괜찮은' 여자는 하나 같이 어떤 남자에게든지 속한 재산이었고, 그래서 재산법에 의해 다른 남자들이 건드릴 수 없도록 보호받았다. 비록 여성이 남성의 재산이라고 명시적으로 말하는 법이 미국에서는 더 이상 법적 효력이 없을지라도, 여성이 남성에 의해 보호될 필요가 있다는 신화는 사회관습의 일부가 되어왔다. "남자들에게 일단 '발견된' 다음에는 강간이 여자들을 통제하는 수단으로 사용되어왔고, 지금도 계속 사용되고 있다. 강간은 그 자체로 통제 수단이 될 뿐 아니라, 그것이 불러일으키는 두려움을 통해 잠재적으로 통제하는 수단이 되기도 한다."[48] 말하자면, 여자들이 더 이상 그들 남편의 법적 재산에 속하지 않게 되고, 투표권과 재산권을 가지게 된 후에는, 강간에 대한 공포를 남자들이 이용하기 시작해 여성을 계속 통제하게 되었다. '몸가짐이 단정치 못한' 여자는 남성의 보호를 받지 않기 때문에, 강간당하기 쉽다는 통념이 있다. 이런 통념을 이용해 남자들은 여자들에게 한 남자의 보호 아래 살아야 다른 남자들에게 강간의 표적이 되는 것을 피할 수 있다고 압박한다.

> 여자들은 혼자일 때 강간당하기 쉽고 취약했다. 그들은 늘 위험 속에 있었지만, 특히 밤거리에서는 더욱 그러했다. 이 때문에 남자는 한 여자가 모든 다른 남자들로부터 해를 받지 않도록 (그에 의해) 보호받을 필요가 있다고 주장할 수 있었다. …… 남자들 각각은 자기가 보호하지 않으면 나머지 남자들에게 강간당할 수 있다고 그녀를 위협함으로써 '자기' 여자에 대한 장악력을 유지할 수 있었다. 그 나머지 남자들도, 물론, 각기 동일한 주장을 '자기' 여자에게 할 수 있었다. 이런 원초적인 체계, 즉 도시라는 정글 법에 의해서 어떤 여자도 '보호자' 없이는 여유가 없었다. 이 체계에서 생략되어 명시되어 나타나지 않았던 것은 말할 필요도 없이 한 여자의 '보호자' 자신이 그 여자의 강간범도 될 수 있다는 사실이었다.[49]

이전에 성범죄로 정의되어왔던 것은 사실 힘과 통제의 범죄이다. 강간은 성性과 아주 조금 관련될 뿐이다. 그것은 일차적으로 폭력의 범죄이다. 그러나 그것이 성적 폭력이기 때문에, 어떤 형태의 강간은 대단히 과소평가를 받아왔고 경시되어왔다. 예를 들어, 데이트 강간과 결혼 강간은 이제 막 법적인 주의를 끌기 시작했을 뿐이고, 몇몇 주에서만 법이 바뀌고 있는 중이다. 한 여자가 특정한 한 남자의 '보호 아래' 들어가기로 일단 동의한 다음에는 그의 공격적인 행위에 대항할 법적 대응책을 거의 갖지 못한다. 그 행위가 강간이나 다른 형태의 학대에 이를지라도 말이다.

마찬가지로, 아동 성 학대도 오랜 역사 동안 무시되어왔다. 왜냐하면 아동을 보호할 사회적 책임이 있는 바로 그 남자들에 의해서 자행되기 때문이다. 대부분의 아동 성 학대가 가정 안에서는 성인 남자들에 의해, 공동체에서는 신뢰받는 남성 지도자들에 의해서 자행된다. 아동 성 학대가 폭로될 때, 공동체는 그 아이보다 오히려 그 남자의 명성을 방어하는 데 연대하는 경우가 많다. 그렇지 않은 확실한 예외는 가족과 어떤 연결도 없는 낯선 자에게 아이가 강간당하는 경우이다. '낯선 사람을 조심하라'는 말이 성 학대의 위험에 관하여 아이들의 주의를 촉구하는 말로 빈번하게 이용된다. 그렇지만 성폭력의 가해자가 될 가능성이 더 큰 사람, 즉 아버지, 양아버지, 할아버지, 형제 그리고 삼촌들은 거의 완전히 무시된다.[50] 이것은 성폭력이 여자들과 아이들을 통제하는 형태로서 우리 문화에서 은연중에 지지받고 있음을 보여준다. 존중받을 만한 남자들은 아동 강간범이 될 수는 없다는 거짓말, 유일하게 위험한 남자들은 아무 관련 없는 낯선 자들이라는 거짓말은 가정 안에 있는 진짜 위험을 아이들에게 숨김으로써 아이들을 더욱 위험하게 만든다. 가부장제는 남자들이 성폭력의 의심을 받지 않도록 보호해준다. 자율성과 개인주의라는 가부장제의 이상理想이 또한 그 힘 있는 자, 남자들을 숨겨주고 비가시적으로 만들 수 있다.

성과 폭력의 혼동에 관한 페미니즘의 성찰은 한 발 더 나아가 음란물의 본질을 분석한 결과를 내놓았다. 함께 이야기를 나누는 집단 안에서 여자들은 성장추세에 있는 포르노 산업에 대해 토론하고 비판적으로 검토하기 시작했다. 음란물의 총 판매량은 엄청나게 증가했고, 포르노물의 폭력적이고 가학적인 내용도 늘어나고 있다. 영화와 비디오가 폭력적인 성을 묘사하는 빈도가 증가하면서 그것은 신체적인 폭력과 결합되는 경우가 많고, 심지어 어떤 경우에는 여자들을 살인하는 데까지 나아간다. 포르노물 산업에서 일했던 여자들의 증언도 페미니스트들이 관심을 갖도록 기여했다. 많은 여자들이 경제적인 어려움이나 학대받은 아동기로 인해 취약하기 때문에 포르노 영상제작자들에게 체계적으로 착취당하고 있었다.[51]

이 증거는 가부장제 문화에서 이런 포르노물의 기능을 이해하려는 페미니즘 학자들의 주의를 끌었다. 이 조사 연구에서 표면에 떠오른 것은 또 다른 형태의 유심론적인 이원론이었다.[52] 수전 그리핀Susan Griffin은 성과 폭력의 혼동이 '포르노그래피적인 상상'에 근거한다고 말한다. 그 상상은 남자들이 여자를 향한 개인적인 태도와 사회적인 태도를 환상 안에 숨겨놓은 것이다.

> 포르노작가는 교부敎父*처럼, 자기 자신의 일부를 미워하고 부인한다. 그는 육체적인 세계에 대한 자신의 지식과 자신의 물질성에 대한 지식을 거부한다. 그는 자기 몸에 대한 지식을 거부한다. 그것이 그의 정신의 일부인데 그는 잊고 싶어 한다. 그러나 그는 이런 지식을 통째로 거부할 수는 없다. 그것은 그 자신의 몸을 통해, 욕망을 통해 그에게 돌아온다. 그가 그 자신의 일부를 밀어내는 그대로 그 일부를 갈망한다. 자기가 미워하고 두려워하는 것, 질색하게 될 것을 그는 갈망한다. 그는 자신과 끔찍한 갈등 속에 있다. 그러나 그 갈등 대신 그는 자기가 한 여자와 투쟁한다고 상상하게 된다. 그녀의 몸에다가 그는 자기의 두려움과 욕망을 투사시킨다. 그래서 여성의 몸은, 교회의 성상도聖像圖, iconography에서 나오는 바벨론의 음녀처럼, 포르노 작가를 유혹하고 동시에 그의 분노를 부추긴다.[53]

---

* 기독교 초기 성직자이자 신학자를 일컫는 호칭. _옮긴이

성과 폭력의 혼동이 포르노물의 분석에서 드러난다. 남성의 의식 안에서의 분열이 가감 없이 맨 모습을 드러낸다. 한편으로는 이성애적 남성의 환상이 여성의 몸에 몰두한다. 자연의 가치에 대한 이상화가 이루어져서 환상 속에서 여자들을 통해 자연에 접근할 수 있다. 따라서 여성의 몸을 벗기는 소재에 대한 시장이 엄청나게 크다. 다른 한편, 남성의 상상 속에 있는 여성의 몸에 대한 공포와 두려움은 여자들이 반드시 수치당하고 통제되어야 한다는 것을 의미하게 된다. 그것의 가장 극단적인 형태들에 속한 포르노는 여성의 몸을 파괴해 남성의 마음 안에 있는 두려움을 죽이는 내용을 담게 된다. 그러나 조금 온건한 형태인 포르노물일지라도 여성의 몸을, 남성이 원하는 대로 순종하는 고분고분한 것으로 묘사한다. 자연은 우선 이상화된 다음 통제되는데, 그것이 바로 여자의 힘과 여자에 대한 두려움을 통제하는 방식이다.

마리 포천Marie Fortune은 성폭력에 대한 윤리적 쟁점을 예리하게 만든 학자인데, 다음과 같이 묻는다.

왜 대부분의 강간은 남성이 여성을 대상으로 자행하는 것인가? 왜 어떤 남자는 다른 사람을 해치는 무기로 자신의 성기를 이용하는가? 왜 남자들은 성적으로 공격적이고 여자들은 성적으로 수동적이라고 '가정되어'지는가? 왜 여성과 아동에게 가해진 폭력 중 그렇게 많은 부분이 '성적인' 성격을 지니는가? 왜 어떤 사람은 폭력이 에로틱하다고 보는가? 왜 우리 사회는 폭력을 에로틱한 것으로 조장하고 있는 것처럼 보이는가? …… 남성의 성에 관한 잘못된 신념이 도전받지 않고 계속되는 한, 성행위와 성폭력 간의 혼동은 우리 사회에서 널리 퍼져 있는 현실로 남을 것이고, 성폭력을 조장하는 조건을 계속 지지할 것이다.54

강간과 아동 성 학대는 일차적으로 성적인 행위가 아니다. 그것은 일차적으로 통제와 폭력의 한 형태이다. 희생자에게는 그것이 공포의 경험이며, 그 경험은 신뢰와 능력의 발달에 장기적으로 영향을 미친다. 가해자에게는 그것이 힘과 분노를 표현하느라 다른 사람을 통제하는 경험이다. 캐런이 말했듯이, "근친상간과 강간은 성에 관한 것이 아니다. 그것들은 힘과 통제에 관한 것이다. 그것은 큰 사람이 작은 사람을 누르고, 윗사람이 아랫사람을 누르는 것에 관한 것이다".

비록 위의 분석은 성폭력과 여성 및 아동에 대한 통제와 착취 간의 관계를 보여주기는 하지만, 성폭력을 이용해 계층과 인종적 억압을 강화하고 공포를 주는 행동을 모호하게 만들거나 무시하는 경향이 있다. 앤젤라 데이비스는 명확하게 이 분석을 반영한다. 우선 그녀는 흑인 여자들이 경험하는 강간의 계속된 위험을 논한다.

여자들에 대한 이 같은 특정한 폭력(강간)이 나타나는 것은 사회적으로 가해지는 폭력의 더 큰 연속선상에 놓여 있다. 이 폭력에는 여자들의 경제적 권리와 정치적인 권리에 대해 합심해서 체계적으로 침범하는 것들이 포함된다. 역사상 내내 그래왔듯이, 이런 공격은 유색인 여성과 백인 노동계층 여성에게 가장 심한 타격을 미친다. 우리 시대의 무시무시한 전염병인 강간은 너무 넓게 퍼져 있기 때문에, 이 나라에서 세 여자 중 한 명이 평생 어느 시점엔가 강간당할 가능성이 있다. 이것은 오늘날 여성의 경제적이고 사회적인 지위가 악화되고 있음을 냉혹하게 반영해준다. 진정으로 국내에서는 인종차별적 폭력이 증가함에 따라, 그리고 세계적으로는 제국주의적인 공격성이 점점 더 퍼짐에 따라, 여자들은 개개의 남자들이 그들 주위에 있는 여자들에게 성폭력을 범할 경향이 더 높

아지리라고 예상할 수 있다.[55]

강간과 성폭력이 여자들을 계속 복종시키려는 남성 시도의 표현이 되어버린 결과가 유색인 여성과 백인 노동계층 여성들에게 더 극단적인 영향을 미친다. 강간은 여자들을 억압하기 위한 도구이다. 강간과 성폭력은 지배와 통제의 다른 형태와도 상호의존적이다. 성폭력이 여자들과 다른 사람들에게 무기로 사용되는 이유는 효과가 있기 때문이다. 어떤 집단의 사람들이든 통제될 필요가 있는 사람들에게는 성폭력이 공포의 무기가 된다. 그래서 여자들, 유색인종, 그리고 하위계층에 대한 억압은 서로 연관된다. 데이비스는 우리 문화의 복합적인 인종적 요인들을 무시하는 성폭력 분석에 반대하며, 백인 자매 학자들에게 경고한다.

1970년대 초, 강간 반대 캠페인이 막 시작되었을 때, 그 운동 가운데 아프리카계 미국인 여자들의 존재는 드물었다. 이것이 부분적으로는 의심할 나위 없이, 여성해방운동의 선구자였던 백인 여자들 가운데 인종차별주의와 성차별주의가 전반적으로 서로 연관된다는 점에 대해 자각한 이가 아직 없었던 탓이다. 동시에 강간 반대 활동가들은 진짜 강간과 인종차별주의자들이 누명을 씌운 거짓강간혐의가 역사적으로 얼마나 분리될 수 없을 정도로 얽혀 있는지 이해하는 데로 나아가지 못했다. 이 나라의 역사를 돌아볼 때 백인 남자들이 흑인 여자들을 강간한 것이 공포의 정치적 무기가 되어왔다면, 그 동전의 다른 면은 흑인 남자들에게 덧씌워진 강간 누명이었다. 공포에 떨게 하는 수천 번의 사형私刑이 정당화되었던 것은 흑인 강간범이라는 신화를 조작함으로써 가능했다.[56]

강간과 포르노에 대한 페미니즘의 분석과 우머니즘의 분석은 가부장제 문화에 들어 있는 성과 폭력의 혼동을 벗겨낸다. 가족이 사적인 영역으로 여겨지고 여자들과 아이들이 평가절하당하는 문화에서, 성폭력은 공포를 주는 무기로 사용되어왔다. 성적으로 학대당하고 강간당한 아이들은, 남성의 지배에 도전하는 사람은 어떤 사람이든 위험을 당한다고 배우게 된다. 강간당했으나 그 상처가 병원과 법정에서 무시당한 여자들이 얻는 메시지는, 가부장제에서는 남자들이 파괴적인 행동을 해도 책임을 지지 않는다는 것이다. 강간과 거짓 강간 누명의 희생자인 유색인들은 지배적인 백인 가부장제 문화에 순종하도록 협박을 받는다. 성폭력은 소수의 비정상적 남자들이 행하는 고립된 행동이 아니라, 정치경제적인 이유로 통제된 집단을 향한 착취와 압력의 한 행위양태이다. 여자들과 유색인들로 이루어진 복종하는 집단이 자본주의 사회에서 사회적인 통제와 값싼 노동력을 제공한다.

여성, 아동, 유색인 및 하층계급에 대한 성폭력은 금지된 행위라기보다는 오히려 하나의 규범이다. 그것은 가부장제를 그대로 지켜주는 힘과 통제의 무기이다. 처음에는 정신적으로 병든 소수의 남자들의 고립된 개인적 행동처럼 보이는 것들이, 비판적인 분석을 통해서 문화 전체에 스며든 폭력의 한 행태임이 밝혀진다. 여성과 아동이 성적으로 폭력적인 방식으로 취급되는 것이 정상이기 때문에 성폭력은 수치스러운 비밀이다. 성에 대해 인정받는 견해들 안에 심하게 폭력적인 면들이 있기 때문에, 대중의 상상력 안에서는 성과 학대적인 성이 거의 구별되지 않는다. 여자들에 대한 신체적이고 성적인 폭력을 마치 여자와 남자의 성적인 상호작용의 자연스러운 부분인 것처럼 그리는 것이 광고와 영화에서는 당연한 것처럼 이루어진다. 성폭력을 둘러싸고 비밀 유지와 부인否認으로 감추어지고 있는 것은 바로 가부장제 그 자체이다.

그러나 페미니즘 분석은 성폭력이 윤리적인 의미에서 규범적일 수 없음을 보여준다. 오히려 성폭력이 영속되는 이유는 그것이 가부장제 문화에서 여성, 아동, 유색인을 계속 복종하게 만들어주기 때문이다. 여자들이 남자에게 복종하는 이유는 가정 안팎에서 모두 남성 폭력의 표적이 될 위험이 실제로 있기 때문이다. 성과 폭력의 이런 연계성이 밝게 드러날 때까지, 지배와 통제의 구조는 계속해서 아무런 방해도 받지 않고 기능할 것이다. 성폭력의 희생자들은 공동체에 의해 배신당해왔다. 그 공동체는 보호를 약속하지만, 성과 폭력을 혼동함으로써 취약한 자들을 착취하도록 허용하기 때문이다. 진정한 공동체를 찾는 일이 막히는 이유는 공동체 자체의 본질을 이념적으로 왜곡하기 때문이다.

요약

이 부분에서 우리는 페미니즘 분석과 우머니즘 분석을 따라가면서 성폭력의 문화적 기저를 이해했다. 우리가 검토한 것은 미국 가정의 사공간화, 여성과 유색인의 평가절하, 그리고 성과 폭력의 혼동이었다.

그래서 우리가 발견한 것은 성폭력이 가부장제 미국 문화에 내재된 구조적 폭력을 비추는 거울이라는 사실이다. 아동과 여성을 성추행하고 강간하는 남자들은 고립된 현상이나 이상한 현상이 아니다. 사실상 대다수의 여자아이와 여자, 그리고 상당한 비율의 남자아이들이 우리 문화 안에서 성추행당하고 강간당한다. 우리는 이 악랄한 범죄가 놀라울 정도로 퍼져 있음을 겨우 폭로하기 시작했을 뿐이고, 그것의 심각한 의미를 이제 간신히 이해하기 시작했을 뿐이다.

성폭력에 대한 교회의 침묵은, 우리가 발견하고 있는 이 악의 깊이를 이해하기 시작하면 눈에 띄지 않을 수가 없다. 교회를 다니는 여자들을 포함한 우리 사회의 여자 다수가 성폭력의 희생자였다는 점을 생각한다면 이 문제에 대해 교회가 대부분 침묵을 지켜온 것을 어떻게 설명할 수 있겠는가?

받아들이기 어렵지만 성폭력이라는 악에 대한 교회의 침묵은 가부장제 이념을 영속시키는 데 교회가 공범이었고, 그래서 여성의 고통을 보이지 않게 만드는 일에도 한몫했음을 시사해준다. 교회에서는 역사적으로 남성만이 성직자가 될 수 있었고, 지도력에 있어서도 여자들은 종속적이었다. 또한 교회는 성적 순결과 이성애주의에 권위주의적이면서도 도덕적으로 집착했으며, 성차별적이고 인종차별적인 사회를 비판하는 일에는 무능했다. 성폭력 문제에 대한 태도에서 교회와 사회의 차이가 거의 없었다. 우리가 이 장에서 비판해온 이념들과 동일한 것들이 교회에도 적용될 수 있다.

캐런이 가정에서 근친상간의 희생자였을 때, 교회는 부모를 공경하고 부모의 권위에 순종하라고 그녀에게 가르치고 있었다. 그것은 여러 해 전의 일이었고, 성폭력에 대한 자각이 있기 전이었다. 그러나 오늘날도, 그녀가 자라났던 그 동일한 교회에서는 여전히 그녀의 성추행자와 강간을 범한 자가 중요한 지도자로 존경받는다. 그리고 그들 폭력의 희생자인 캐런은 그 이상의 학대로부터 스스로를 보호하기 위해 교회를 떠나야만 한다.

교회의 삶 한가운데 있는 이런 악을 검토하기 시작할 용기를 가진 교회가 어디 있는가? 여성, 아동, 피부색, 성적 지향志向, 장애 때문에 사회에서 취약해진 사람들에 대한 이 믿기 힘든 악에 교회가 결탁하고 있음을 기꺼이 비판적으로 검토하려는 교회가 어디 있는가? 교회에 대한 우리의 견해는 힘의 악용에 대한 우리의 분석으로 인해 반드시 변화되어야 한다.

사랑하는 공동체의 본질

어린 시절에 캐런은 고통을 호소할 수 있는 공동체를 갈망했다. 그녀에게는 두통 등 그녀의 몸이 말없이 표현하는 메시지를 들어줄 수 있는 사람이 필요했다. 그녀가 괴물을 두려워하는 것에 관해 그녀와 이야기할 수 있는 사람, 그녀가 왜 아주 조용하고 모든 어른들에게 순종적인지를 탐색할 수 있는 사람이 필요했다. 그녀는 그녀의 좋은 점수와 뛰어난 학업에 속지 않는 어른이 필요했다. 모든 것이 괜찮은 척하는 그녀 부모의 연기에 속지 않는 어른이 필요했다. 그녀는 기꺼이 관여해줄 어른이 필요했다. 부모 등 어른의 권위를 애써 방어하지 않는 어른, 존경받는 사람이라는 사실과 교회에 다니는 사람이라는 사실에 눈멀지 않는 어른이 필요했다. 그녀는 고통과 두려움을 자기가 알고 있는 유일한 방식으로 표출했지만 그녀의 모든 울부짖음은, 모든 것이 괜찮다고 추정하고 싶은 그 문화의 소원대로 부인되고 무시되었다.

밥Bob은 인생 대부분의 시간 동안 교회에 열심히 다니지 않았다. 그는 열네 살 때 구치소 내에 있는 교회의 예배에 몇 번 참석했다. 이 경험은 그가 경험하던 트라우마와 학대로부터 생존하기 위한 그의 내면의 투쟁과 전혀 관련이 없었다. 만일 밥과 그의 가정이 우연히 교회에 갔다면, 많은 교인은 불편해하거나 몰래 무서워했을 것이다. 그의 가정은 중산층이 아니었기 때문이다. 교회는 부적절하게 사회화되고 교회의 가치에 의문을 던질 만한 주변인들에게 시선을 주지 않는다. 어릴 때 밥에게 필요한 사랑의 공동체는 그의 고통을 이해할 수 있는 공동체였다. 성인이 된 밥에게 필요한 사랑의 공동체는 그가 자신의 학대와 대면하며 교정과 구원의 기회를 얻을 수 있는 공동체였다.

그렇게 많은 아동과 여성들의 삶을 철저히 파괴하고 있는 힘의 악용에 민감할 수 있는 공동체가 어디에 있는가? 우리의 조사 연구는 생존자의 증언에서 드러나는 사랑의 공동체의 표식을 기독교 전통과 대화하면서 서술하도록 우리를 이끌어 간다.

사랑의 공동체는 '포용한다'

사랑의 공동체들은 모든 사람의 내면의 경험을 중시하며, 생명을 그 자체로 충만하게 포용하는 환경을 조성한다. 사랑의 공동체는 경험을, 모든 사람의 가장 충만한 실재가 함께 연관되는 방식으로 이해한다. 이렇게 이해하려면 정체성을 부단히 새롭게 창출하는, 타자성과 '다름'에 대해 철저하게 개방적이어야 한다. 포용적인 공동체에서는 지각知覺이 부단히 변화되어가면서 사람들의 구체적인 삶을 만드는 현실에 맞추어진다.[57]

경험이 개인들에게 풍부한 다양성을 제공하는 데 적합지 않은 좁은 범위 내에 한정될 때는, 자각이 제한되고 사람들이 주변으로 밀려난다. 공동체의 자각으로부터 제외된 것은 타자성과 '다름'으로 정의된다. 이질적이고 위협하는 것으로 인식되는 것에 연루되는 일은 힘들고 용기가 필요한데, 그런 용기를 발휘할 수 있는 개인이나 집단은 거의 없다. 한 집단의 정체성과 응집성을 위협하는 경험에 말려드는 일은 어떤 공동체에게라도 부단한 도전에 직면하는 일이 된다.

금기와 묵인이 있는 환경 속에서는 성폭력이 일어날 때 피해자의 경험은 공동체의 관심으로부터 배제된다. 피해자들은 개인으로서 주변으로 밀려나는데, 그 이유는 그들 삶의 고통이 드러나지 않도록 눌려져야 하기 때문이다. 가부장제에서는 여성, 아동 및 유색인 집단이 주변에 놓여 있도록 모두 성폭력의 공포에 눌려진다.

캐런은 성적으로 학대받은 일을 말하지 않기로 약속했었는데, 그 이유는 그녀의 그 경험이 교회와 사회에서 금기라는 사실을 암묵적으로 알았기 때문이었다. 그 공동체는 그녀가 자기 고통과 공포를 직면하고 그것을 그녀의 나머지 삶에 통합시키도록 돕지 않았다. 그녀가 간접적으로 들었던 것은 계속 침묵하라는 것이었다. 학교 교사들은 그녀의 두통과 기타 신체적 증상들을 무시했다. 주일학교 교사들은 어른들을 기쁘게 하려는 그녀의 순종과 소원이 과장되었고 문제가 있음을 보여주는 표시라는 사실을 보려 하지 않았다. 그녀의 가족은 공동체에서 지도력 있다고 존중되었고 크게 존경받았다. 그녀가 성인기에 들어섰을 때, 그녀 삶의 숨겨진 고통을 그녀가 이해할 수 있도록 돕는 상징이나 기관이 거의 없었다. 그녀는 자기의 사회 환경과 그 이념에 순응하기 위해서 자기 비밀을 말하지 않았다.

오직 특별한 공동체 하나만이 캐런의 모든 경험에 관여할 수 있었다. 처음에는 그녀의 의사, 그다음에는 목회자와 심리치료사가 자비를 베풀었고, 그녀가 자기 고통에 대해 목소리를 낼 수 있도록 도왔다. 그들은 우선 그녀의 고통에 대한 단어, 상징, 그리고 의미의 양태를 그녀가 발견할 수 있도록 도왔다. 캐런이 자신과 정기적으로 만날 다섯 명을 선택해 집단을 만들었을 때, 그 집단은 교회와 기타 사회집단들에서 결핍되었던 것들을 보상할 수 있는 '저항공동체counter-community'가 되었다. 이 집단은 학대를 포함해 캐런이 겪은 모든 범위의 경험을 포용하고 측은하게 여기기로 동의했다. 더 큰 그녀의 교회는 성폭력의 희생자를 이해하는 데 있어 어떤 배경지식도 없었기 때문에 그녀가 요구하는 사랑의 공동체가 될 수 없었다. 결국 그녀는 예배에 참석하는 것을 그만두었다. 왜냐하면 삶에 대한 교회의 생각은 그녀의 고통에 참여할 만큼 충분히 크지 않았기 때문이다. 그 교회는 그녀의 기대를 저버렸다. 그녀의 새로운 공동체는 그녀가 생존하고 치유하는 데 필요한 포용성을 제공했다. 그녀는 이 특별한 공동체를 진정한 교회라고 불렀다.

캐런의 아버지는 그 자신의 악을 인정하지 않았을 뿐 아니라 딸의 고통에 대한 자각을 차단했다. 그는 자신의 공적인 이미지를 이용해 자기 인생에서 잘못된 것이 있었음을 부인하고 버텼다. 그와 다른 성추행자들에게 포용하는 사랑이란 그들 삶에 있는 폭력을 드러내고 직면하는 일을 의미했을 것이다. 자기 고통을 이해하기 위해서 가해자들에게 필요한 것은 포용적인 공동체이다. 포용적인 공동체는 그들이 자신의 모순과 대면하도록 할 수 있고, 그들이 치유되기 위해 필요한 책임감과 지지를 제공할 수 있기 때문이다. 불행하게도 많은 공동체들은 지도자의 위치에 있는 남자들 중에 성추행자와 학대자가 있다는 것을 부인함으로써 공동체의 정체성을 유지한다. 그렇게 함으로써 악의 경험을 배제하지만, 그 경험은 반드시 주목받고 구원받을 필요가 있다.

포용적인 사랑은 도전을 한다. 그 이유는 인간의 한 기본적 경향성 때문이다. 우리를 불편하게 만들고 우리가 선호하는 지각과 갈등을 일으키는 것이 있을 때, 그것이 무엇이든 우리는 이를 배제하는 경향이 있다. 타자성과 '다름'에 직면하면, 자기 안에서 자기가 좋아하지 않는 면들을 발견한다. 다른 사람들의 고통에 직면하면, 우리 모두에게 한 부분인 억압되고 부인된 고통의 저장소가 끌려나온다. 우리는 우리의 방어벽이 무너지고 우리가 아무 것도 아닌 것이 될까 봐 두려워한다. 우리 공동체가 만일 사랑하고 일하는 환경을 제공함으로써 너무 많은 타자성과 '다름'이 관여하게 된다면, 우리는 우리 집단의 정체성이 무너질까 봐 두려워한다. 우리는 자주 작은 세상에 살기를 선택하는데, 그런 세상에서는 고통이 덜 심하고 우리의 가치는 더 쉽게 지지받기 때문이다. 타자성을 포용하는 공동체는 인간 존재 그 자체의 관계적인 본성을 가지며, 살과 피를 가진 인간의 본질적인 부분인 애매모호함을 깊이 지니고 살아간다.

포용적인 공동체에서는 희생자들이 자기 고통에 목소리를 주고 그것을 다른 사람들과 나눌 수 있도록 격려를 받는다. 이 같은 개방성은 개인이 경험한 공포에 현실성을 주어서 더 심한 학대를 받지 않도록 보호한다. 고통을 나누는 환경 안에서는 바로잡을 필요가 있는 결핍들에 주의가 기울여질 수 있다. 공동체는 힘의 악용에 의해 손상된 사람들을 치유할 수 있는 자원이 된다.

포용적인 공동체에는 가해자가 숨을 수 있는 자리가 없다. 부인을 통해서 자기 문제를 회피하려는 시도가 소용없고, 피해자에게로 접근할 방법이 없어진다. 이런 환경에서는 가해자들이 자기 증상 안에 숨겨진 내면의 고통을 직면해야 한다. 그리고 공동체의 자원을 활용해 자기의 변화를 이끌어낼지의 여부를 선택해야 한다. 포용적인 공동체는 비밀유지라는 베일을 찢어서 힘의 악용이 가능하지 못하게 만든다.

사랑의 공동체는 '정의롭다'

사랑의 공동체는 공동체와 더 큰 사회 안에서 힘의 악용과 대결할 용기가 있다. 정의란, 충만한 삶을 누리는 데 필요한 자원들을 힘 있는 제도와 이념이 공정하게 분배하는 일이다. 모든 사람은 살기 위해 신체적 자원과 정서적 자원을 지원해주는 환경이 필요하다. 힘이 공정하게 조직될 때, 모든 사람이 생존하고 안녕하기 위해 필요한 자원에 접근할 수 있다.

불의한 공동체는 특권과 지배에 바탕을 두고 힘을 조직한다. 힘을 가진 사람들은 자기가 필요한 이상으로 자원을 축적하는 반면, 다른 사람들은 주변으로 몰려나고 기본 필수품도 얻지 못하도록 거부당한다.

성폭력이 불의의 한 형태인 이유는, 그 희생자에게 살아가는 데 필요한 자원들을 거부하기 때문이다. 희생자들은 더 힘 있는 누군가를 만족시키기 위해 학대된다. 그리고 그 트라우마는 두려움, 분노, 불신을 만들어내고, 그것들이 그 희생자 내면의 삶을 지배한다. 이것은 그들의 발달을 방해하고, 그들 자신의 인식세계에 주의를 기울이지 못하게 방해한다. 그리고 그들 스스로 선택한 사랑이나 직업일지라도 그 사랑과 일을 방해한다. 성폭력이 오랜 기간 반복될 때 그 결과는 심각하다. 불의는 많은 사람들을 침묵시키고 주변으로 몰아낸다.

캐런은 살면서 오랫동안 자신의 교회에서 정의로운 공동체를 갖지 못했다. 그녀는 그녀의 고통에 대한 침묵만을 경험했을 뿐이다. 그녀의 가해자들에게는 어떤 책임 추궁도 없었다. 그녀가 그들과 대결했을 때, 그들은 부인하는 것만으로도 그들 자신을 충분히 보호할 수 있었다. 왜냐하면 교회에는 상소할 데가 없었기 때문이다. 그녀는 스스로 자기 자신의 치유를 위한 자원들을 만들어내야 했고, 더 나아가 자기를 성추행한 자들이 이상적인 시민으로 존경받는 것을 지켜본다는 학대를 계속 받으며 살아야 했다.

그녀가 이룬 더 작은 집단에서 캐런은 어느 정도 정의를 발견했다. 전문가들과 지지집단은 그녀의 이야기를 믿었고, 그녀가 그녀 삶의 진실을 폭로했을 때 귀담아들었다. 그들은 그녀에게 더 큰 공동체에서 놓치고 있던 것들을 보상하는 자원들, 즉 경청, 신체적인 접촉, 눈물, 솔직한 의사소통 등을 제공했다.

샘은 이미 10대와 청년기 때 온갖 싸움에 말려들며 경찰과 인연을 맺기 시작했지만, 그가 아들을 성추행해 체포당할 때까지 그의 어려움들은 충분히 드러나지 않았다. 대부분의 공동체에서였다면 그는 실형을 선고받고 치료받을 가망도 없이 감옥에서 복역했을 것이다. 그러나 여기서 그는 보호감찰과 그의 병리에 대한 치료를 선택할 기회를 얻었다. 그는 우선 감옥에 가지 않아 안도했지만, 치료와 치료집단의 엄중한 요구들에 관해서는 유감스러워했다. 그러나 그는 책임을 져야 했다. 그는 감옥과 치료 둘 중 하나를 선택해야 했고, 성적으로 잘못된 행위는 어떤 행위든 가차 없이 다루어지게 되어 있었다. 그것이 그의 내면의 고통을 다루기 위해 그에게 필요했던, 일종의 '책임지는 일'이었다. 만일 그가 투옥되지 않고 가족을 잃지 않기를 원한다면, 자기 자신을 다른 방식으로 보아야 했다.

교회는 지금까지 힘을 악용하는 사람들에게 책임을 묻는 일을 아주 잘하지는 못했다. 보통 자기 지위에서 나온 힘을 통해 여자들과 아동을 성적으로 학대하는 남성 성직자들이 보호를 받아왔고, 적절한 대가를 치르지도 않은 채 다른 교회로 옮겨가는 것이 허용되어왔다. 오히려 희생자들이 그 교회를 떠나야 하는 일이 자주 있었는데, 이는 오히려 그들이 충성스럽지 않고 신뢰할 수 없는 사람으로 인식되었기 때문이다. 그러나 정의로운 사랑의 공동체는 힘 있는 자들이 취약한 자를 어떻게 학대하는지에 관해 그리 순진하지 않다. 설령 그들이 안수를 받았거나 교회의 지도층이기 때문에 힘을 얻었을지라도 말이다.[58]

공동체 안에서 정의를 실천하는 것은 도전적이면서도 어려운 일인데, 이는 우리 자신의 애매모호함을 직면하는 일이 어렵기 때문이다. 우리는 삶을 영위하는 우리의 방식이 공정하고 비학대적이라고 생각하고 싶어 하고, 우리 공동체가 모든 구성원들에게 공정하다고 믿는다. 우리 자신 안에나 우리의 공동체 안에 있는 불의가 노출되는 것은 겁나는 일이다. 그것은 우리 자신의 수치스럽고 죄책이 있는 면들을 노출시키기 때문이다. 성폭력이 교회에서 폭로될 때는, 부인否認과 해리解離라는 반응이 자주 발생한다. 즉, 그런 악이 우리 집단에서 일어날 수 없다고 부인하고, 그 악으로 인해 어떤 심각한 결과가 생기든 우리를 위해 그 악과 그 결과를 연관시키지 않는다. 오히려 희생자가 사실을 과장한다거나 거짓말을 하고 있다고 비난받고, 가해자는 공동체의 체면을 유지하기 위해 보호받는다.

그러나 사랑의 공동체는 힘의 악용이 있을 가능성에 대해 민감하고, 가장 상처받기 쉬운 구성원들을 주의 깊게 보호한다. 힘의 악용이 공동체 안에 존재하는가 존재하지 않는가에 관한 논의는, 힘을 가진 자들의 지각이나 정직함에 달려 있을 수 없다. 힘 있는 사람들은 다른 사람들을 희생시키면서라도 자신을 정당화하는 경향이 있기 때문이다. 취약한 자들이 힘의 악용에 대한 자기 인식을 증언할 수 있도록 권위를 주어야 한다. 혹시 있을지 모를 희생자들의 증언을 듣는 정책과 절차가 반드시 있어야 하고, 힘의 악용이 일어났는지의 여부를 판단할 규범이 반드시 있어야 한다.

정의로운 공동체에서는 희생자의 말을 믿고, 그에게 필요한 보호와 치유를 위한 자원을 제공한다. 교회에는 훈련된 상담사들이 있어야 한다. 그들은 희생자와 함께 하면서 어떻게 그를 더 큰 공동체의 치유 네트워크에 연결시킬 수 있는지 알고 있기 때문이다. 캐런은 수년간의 치료를 받고 그 밖의 치유 경험들을 하는 동안 많은 비용이 들었다고 말했다. 그런 비용의 부담을 공동체가 함께 나누어야 한다. 가장 중요한 것은, 성폭력 희생자들의 어려움이 다른 사람들에게 불편하다고 해서 그들을 주변으로 밀어내서는 안 된다는 것이다. 성폭력에 대해 새로운 사고방식이 필요한데, 그것은 희생당한 트라우마를 반복하게 만들지 않는 방법이어야 한다.

정의로운 공동체에서는 가해자가 책임을 진다. 죄인에 대한 기독교의 전통적인 반응들이 정의의 기초를 제공해준다. 첫째, 그는 다른 사람을 성폭행했음을 반드시 고백하고 전부 드러내야 한다. 이렇게 함으로써 그 행위를 어둠 속에 감추고 그 희생자를 지지하지 못하게 막는 비밀의 장막을 부술 수 있다. 둘째, 그는 반드시 회개해야 하며, 그의 치유가 실제로 가능할 수 있도록 하는 적절하면서도 엄격한 치료 프로그램을 수용해야 한다. 한 사람의 삶에 있는 고통과 악에 직면하려는 진지한 열망과 새로운 방향으로 돌아서는 것이 바로 회개가 의미하는 바이다. 셋째, 그 희생자와 공동체에 대한 보상이 반드시 있어야 한다. 그 보상의 조건들은 취약한 자들을 전적으로 보호하는 것이어야 한다. 정의로운 공동체는 그 구성원들에 의한 힘의 악용 사례에 직면하기 위한 개념적 자원과 절차적 자원을 갖출 것이다.

정의로운 공동체는 성폭력 희생자들을 위해 더 큰 사회에 예언자적인 증언을 할 것이다. 그 공동체 안에 있는 지지와 책임의 구조와 동일한 구조를 더 큰 공동체도 갖추어야 한다고 주창할 수 있다.

예수는 '포용적이고 정의로운' 공동체를 형성했다

예수는 힘의 악용에 관한 이야기를 하면서 성폭력의 쟁점을 전달했다. 그는 도래할 하나님 나라에서 자기 힘을 강화하려 했던 제자들을 꾸짖었다(마태복음 20:20 이하). 그는 '간음하다 잡혀온' 여인(요한복음 8:3 이하)에게 자비로웠고, 그의 사역에 여자들을 포함시켰다. 그는 '이들 중 가장 작은 자'(마태복음 25:40, 45)에게 호의를 베푸는 예언자적 전통을 장려했다. 그는 위선적이고 힘을 악용하는 당대의 종교 지도자들과 대결했다(마태복음 23 : 13 이하). 예수는 다른 사람의 경험을 전부 다 자기 경험 안에 품을 수 있을 정도로 충분히 큰 인물이었다. 그리고 내면의 힘과 강함을 느꼈기 때문에 다른 사람을 학대할 필요가 없었다. 그는 자기를 따르는 자들에게 포용적이고 정의로운 공동체에 대한 비전을 주었다. 그 공동체는 모든 구성원에게 유익하도록 힘을 사용하며, 가장 억압당하는 사람들에게 특별한 주의를 기울이는 공동체였다. 그리고 그는 교회의 지도자들에게 모든 사람을 섬기는 사람이 되라고 요청했다(누가복음 22 : 26).

이 모든 논의 끝에 내릴 수 있는 결론은, 일방적인 힘의 위계에서 맨 밑바닥에 있어야 하는 예수와 같은 기독론적 인물이야말로 관계적 힘이라는 면에서 볼 때 삶의 최정상에 서 있다는 것이다. …… 일방적인 힘을 가진 삶에서 불공정함이란, 더 강한 사람이 더 약한 사람을 통제하고 지배할 수 있다는 것을, 그럼으로써 세상의 물건들과 가치들의 불공평한 몫을 주장할 수 있다는 것을 뜻한다. 관계적 힘이 있는 삶에서 불공정함이란, 더 많은 사람들이 더 큰 고통을 겪을 수밖에 없고, 그 관계들을 지탱하는 데 더 큰 짐을 지어야 한다는 것을 의미한다. 그 관계들을 지탱함으로써, 바라건대, 우리 모두 그 안에서 살고 있는 상호의존성이라는 이음새 없는 망이 찢긴 것을 치유할 수 있다. "많이 주어진 자에게 많은 것이 기대된다."[59]

8장 하나님 찾기

생존자들은 자신의 치유 과정 속에서 겪은 종교적 혼동을 말해주었다. 학대받은 세월 이후에 적극적으로 살기 위해 분투하며 그들은 사랑과 힘을 가진 하나님을 찾아왔지만, 그 탐색은 힘들었다. 그들이 가진 하나님의 이미지 중 아주 많은 부분이 부정적이었기 때문이다.

어떤 희생자들의 경우, 학대자들은 자신의 행동을 정당화하기 위해 하나님을 이용했다. 어떤 가해자는 아들에게 자기가 "그 아이에게서 악마를 내쫓으려 때리고 있다"라고 말했고, 하나님이 아버지에게 순종하지 않는 아들을 용납하지 않으리라고 말했다. 어떤 가해자는 딸이 정해준 시간까지 집에 오기를 거부한 것에 대한 벌로 구강성교를 강요했다. 그리고 "하나님이 나를 네 아버지가 되게 했다"라고 말했다. 판사 슈레버의 아버지는 완벽한 자녀 양육을 위해 하나님이 제정한 계획을 자기가 발견했다고 믿었다.

어떤 경우 학대자들은 하나님을 간접적으로 암시했다. 가령 "나는 네 아버지야. 넌 그걸 해야 해. 내가 그러라고 말했으니까"라든가, "이건 모든 아버지가 자녀에게 가르치는 일이야"라는 말로 부모의 권위가 의심받을 수 없음을 암시했다. 부모는 자녀의 삶에 하나님 같은 힘으로 작용하기 때문에, 그런 말들은 자녀의 마음에서 학대가 하나님을 포함한 모든 질서의 일부분이라는 암시가 되었다.

어떤 자들은 교회가 너무도 강하게 부모의 권위를 지지했으며, 드러내놓고 하나님을 아버지에, 아버지를 하나님에 비유했기 때문에 종교적 혼동을 경험했다고 증언한다.

> 내 분노가 교회 지도자들을 향해 있음을 깨달았다. 그들은 나에게 부모가 무엇을 하든 그것은 나를 위한 올바르고 선한 행위라고 믿도록 가르쳤기 때문이다. 어떤 아이가 교회에 의심을 품을 수 있을까? 하나님은 부모처럼 우리를 사랑하고 다치지 않도록 보호한다. 여기에 담긴 메시지는 분명했다. 이제 그 교회는 학대당한 자들이 침묵하도록 만든 것에 대한 책임을 져야 한다. (캐런)

교회와 사회는 아동에게 부모의 권위에 관한 메시지를 많이 전한다. 생존자들은 그들이 지닌 하나님의 이미지로부터 이러한 초기 훈련을 분리시키는 것이 어렵다고 말한다. 부모가 학대했기에 학대는 그들이 지닌 하나님의 이미지의 일부가 되었다.

학대받은 경험은 종교가 그 학대를 명백하게 승인했다는 사실과 연결되기 때문에 우리 증인들은 종교적 경험에 어려움을 겪는다고 말한다. 캐런이 기도하기 어려웠던 이유는 자기가 묵상할 하나님의 이미지를 발견할 수 없었기 때문이었다. 치료받는 중 특정 기간에는 종교적 믿음이 사실상 불가능했다. 어떤 때에는 자비로운 이미지들을 발견할 수 있었지만, 그 이미지들은 교회에서 받은 이미지와 아주 달랐다.

가해자들 중 많은 이가 종교적이다. 그들은 자기가 다른 사람들을 소유할 권리가 있다고 느끼며, 심지어 자신을 전능한 하나님과 동일시하는 데까지 나아가기도 한다. 그들의 자기애적인 장애는 타자와의 관계에서 대단한 특권을 지닌 마술적인 힘을 가진 신과 잘 들어맞는다. 또 어떤 경우 그들은 자신의 죄 때문에 자신을 처벌하는 하나님의 분노를 두려워하며 스스로를 평가절하하고, 자신을 하나님의 폭력의 희생자로 느낀다. 즉, 어떤 때에는 하나님으로부터 권력을 받은 양 행세하다가 또 어떤 때에는 하나님의 진노의 희생자로 추락하는 것이다. 하나님은 그들 내면의 삶에서 안정된 모습을 가진 존재가 되지 못한다. 회복 중인 가해자에게 있는 이 혼동의 결과가 바로 하나님과의 진짜 관계를 발견하지 못하는 무능력함이다.

슈레버는 자기의 종교적 신념들을 겉으로 드러냈다. 그는 자신이 하나님의 희생자라고 느꼈지만, 하나님의 손 안에 있는 자기 고통이 결국 인류의 상황을 개선할 것이라고도 느꼈다. 루시 브레그만이 언급했듯이, 슈레버가 가진 이미지들은 전능한 힘을 가진 고전적 하나님에 대한 비판이자 관계적 하나님에 대한 비전이었던 것으로 보인다.[1] 슈레버가 추구했던 하나님은 억압이 아니라 해방과 동일시되는 하나님이었다.

이런 증언들은 하나님에 관한 혼동이 적어도 세 가지 이유 때문임을 보여준다.

1. 가해자는 자기의 학대 행위를 합리화하기 위해 명시적으로든 암시적으로든 하나님의 이름을 댄다.
2. 교회와 사회는 자녀에 대한 부모의 권위, 여성을 향한 남성의 권위를 지지했

으며, 아버지 - 하나님의 이미지들에 의거해 이 권위를 승인했다.

3. 증인들은 기도하고 묵상하면서 혼란을 느낀다고 말한다. 그들은 자기 믿음을 위한 안정된 준거점을 제공할 하나님의 자비로운 이미지를 발견하는 데 문제를 느낀다.

증인들의 이 증언은 종교와 성폭력이 결탁했을 가능성을 제시한다. 현대 페미니즘 학자들은 성서와 신학 자료들을 탐구해 이 가능성을 추려내려 했고, 그 결과 발견한 것이 성서와 교회의 역사 안에 있는 하나님의 많은 이미지들이 가부장적·인종차별적이며, 따라서 그런 이미지들은 힘과 특권을 가진 남자들이 힘을 악용하는 것을 승인한다는 사실이었다.[2]

이 장에서는 힘의 악용은 신학적인 문제라는 사실을 주제로 다룰 것이다. 성폭력은 병리적 자아가 작용한 것 또는 억압적 제도와 사회이념이 작용한 것만이 아니다. 그것은 또한 하나님의 이미지들과 신학에 함축된 윤리 규범 안에 숨겨져 있다. 성서와 교회의 신념 안에 들어 있는 '하나님의 폭력'이라는 주제가 어떤 상황 아래서는 인간 폭력의 특정한 형태들을 승인할 잠재성을 지닌다.

이 뒤에서 사용할 성서해석방법은, 오늘날 경전 형태의 성서 본문이 독자에게 미치는 영향력에 기초를 두고 있다.[3] 비록 역사비평적·문헌비평적 연구가 배경자료로서 중요하고 때때로 이를 인용하기도 하겠지만, 여기에서의 초점은 '역사적으로 어떤 일이 발생했고 그 당시 저자에 의해 의도된 것은 무엇인가'보다는 '오늘날 성서가 어떻게 읽혀지는가'를 이해하는 데 있다.[4]

히브리 성서* 안에 있는 하나님의 이미지

히브리 성서는 많은 중요한 본문을 통해 인간을 향한 폭력, 특히 과부나 고아, 이방인, 즉 사회에서 거의 보호를 받지 못하는 인간들을 향한 폭력을 비난하고 있다(예레미야 22 : 3). 살인, 도둑질, 간음, 탐욕을 반대하는 계명(출애굽기 20장)과 "네 이웃을 네 몸과 같이 사랑하라"는 가르침(레위기 19 : 18)은 여성과 아동에 대한 성폭력을 배제하는 것으로 보인다. 히브리 성서는 인간을 기본적으로 존중하라고 가르치며 어느 누구에 대해서도 폭력의 행위를 하지 말라고 규정한다.5 성폭력의 희생자들은 성서 안에 있는 많은 이야기들과 본문에서 도움이 되는 구절을 발견해왔다.6

그러나 성서의 어떤 이야기들에서는 여성과 아동에 대한 폭력이 가부장제 문화의 한 단면인 양 무비판적으로 묘사되어 있다. 교회는 그 이야기들이 암묵적으로 파괴적인 행위양태를 승인하는지의 여부를 더 면밀히 검토할 필요가 있다. 마리 포천은 이런 본문들 중 가장 중요한 것들의 목록을 만들었다. 수산나(다니엘서 13장),** 레위인과 첩(사사기 19 : 11~30), 강간당한 디나(창세기 34장), 강간당한 다말(사무엘하 13장)의 이야기와 신명기법(신명기 22 : 23~29, 레위기 18 : 6~18) 등이 그것이다. 요셉과 보디발의 아내 이야기(창세기 39 : 1~23)는 사회로 하여금 '강간 누명'이 어쩌면 실제 강간보다 더 일반적일지도 모른다고 생각하게끔 조장한다.7 이 이야기들 속에서 여자들에 대한 폭력은 사소한 것으로 취급되거나 간과되고, 이를 통해 여자들에 대한 폭력이 남자들의

---

* 구약성서를 히브리 성서라고 지칭하기도 한다. _옮긴이
** 히브리 원전에서 다니엘서는 12장으로 끝나지만, 그리스어 번역에는 13, 14장이 있다. 한국어 성서에는 없다. _옮긴이

권리보다 덜 중요하고 국가들 간의 계략보다 덜 중요하다는 메시지를 준다.

기독교인으로서 우리에게 필요한 것은 성폭력의 윤리적·신학적 차원을 분명하면서도 단호하게 이해하는 일이다. 그렇게 해야 우리가 성폭력 문제에 대해 목회적인 반응과 더불어 정치적·사회적으로 반응할 수 있는 기초를 얻을 수 있다. …… 그 구절들을 통해 이 이야기들과 율법을 만들어내는 히브리 문화 및 초기 기독교 문화 안에서 성폭력의 본질에 관한 잦은 혼동이 있었다는 사실이 분명해진다. 한편으로 이 이야기들과 율법은 성적 공격의 범죄를 재산침해로 다루며, 일차적으로는 성적인 성격을 지니는 것으로 다루지만 다른 한편으로는 그것을 살인과 비교하기도 한다. 그 메시지는 일관성이 없다.[8]

이 부분에서 우리는 히브리 성서에 나오는 이야기 두 개를 검토할 것이다. 그 이야기들은 여성과 아동에 대한 힘의 악용에 관해 혼란스러운 메시지를 주며, 성폭력에 관한 혼동을 조장하는 우리의 종교적 분위기에 기여하고 있다. 우리는 그 두 이야기 안에서 하나님의 이미지를 찾아보려고 한다.[9]

다말이 당한 강간(사무엘하 13장)

이 이야기는 강간을 상세하게 묘사한다. 다말은 다윗 왕의 딸이자, 압살롬의 누이였고 암논의 이복동생이다. 그 시대 그녀의 삶은 이 남자들과의 관계를 중심으로 돌아갔다.[10]

암논은 누이인 다말에게 욕정을 품고 사촌인 요나답과 함께 모략을 꾸며서 힘으로 다말을 눌러 강간할 수 있는 상황을 만들었다. 아픈 척하면서 아버지인 다윗 왕에게 다말을 보내어 자기를 돌보게 해달라고 요청한 것이다. 그다음, 그는 하인들을 내보내고 그녀를 자기 침대로 불러들였다. 다말은 저항하면서 "이러한 일은 행하면 안 될 일"이라며 이스라엘의 윤리에 호소했고, 그들 둘 다 지니게 될 수치를 지적했다(사무엘하 13 : 12~13). "그러나 암논은 그녀의 말을 들으려고 하지 않았고, 그녀보다 더 힘이 센 그는 그녀와 억지로 동침했다"(사무엘하 13 : 14). 그 후에 암논은 그녀를 증오하게 되었고 그녀를 집 밖으로 내보내버렸다. 다말이 자기 겉옷을 찢고 머리에 재를 뒤집어쓰며 자신의 수치를 공개했을 때, 압살롬은 그녀를 보고 자기 집으로 데려가 보호했다. 다윗은 이것을 듣고 화를 냈으나 아무런 조치도 취하지 않았다. "그는 (암논을) 사랑했다. 왜냐하면 그가 장남이었기 때문이다"(사무엘하 13 : 21). 그로부터 2년 후, 압살롬은 연회를 열어 암논을 초대한 뒤 죽였다.

어떤 차원에서 이 이야기는 강간의 끔찍함을 보여주는 동시에 강간에 반대한다는 윤리적으로 명확한 입장을 취한다. 그러나 더 분석해보면, 뒤죽박죽 뒤섞인 메시지를 주는 혼란스러움이 분명하게 드러난다.

다말의 관점에서 보면 수많은 문제가 있다. 그녀는 남자들이 힘으로 서로를 조종하고 강압하는 세계에서 살았다. 암논은 아버지를 조종해 다말에게 접근하고 그녀를 강간했다. 그녀는 이 상황에서 자신을 보호할 수 없었고, 다만 용기 있게 자기 민족의 윤리적 기준을 진술했을 뿐이었다. 강간 후 그녀는 피폐해졌다. 가부장제 문화에서의 처녀성 상실은, 설령 강간으로 인한 것일지라도 그녀를 손상된 물건으로 만들어버렸다. 그녀의 상품가치가 훼손된 것이다. 이 사건으로 인해 그 사회 안에서 다말의 삶은 망가졌으며, 이후 그녀는 두 번 다시 이스라엘 안에서 하나의 인물로서 언급되지 않았다. 그녀의 삶은 남성의 지배로 둘러싸여 있었기 때문에, 근친강간 이후 그녀에게는 설 자리가 전혀 없었다. 그녀는 친오빠의 보호를 받았고, 그 뒤 이스라엘의 이야기들에서 사라져버렸다.

암논은 강간 가해자였다. 그는 마음속에서 폭력적인 욕정을 키웠고, 결국 다말을 망쳐버렸으며, 자신의 인간성을 상실했다. 암논의 악은 남성으로서 얻은 자신의 힘과 특권을 파괴성으로 바꾸어버린 데에 있었다. 그는 다말을 통제할 꿈을 꾸었고, 자신의 힘을 이용해 원하는 것을 얻었다. 암논은 '남성이 된다'는 것이 무엇을 의미하는지를 보여주는 하나의 예로 볼 수 있는데, 이는 오늘날의 사회에서도 유효하다.

가부장제 문화 속에서 남자들은 강간하는 자가 되고, 자기 힘을 이용해 여자들과 아이들을 망치는 일을 선택할 수 있다. 만일 비밀을 유지하라고 강요할 수만 있으면, 어떠한 책임도 질 필요가 없을 것이다. 물론 그 범죄가 드러난다면 벌을 받을 수도 있다. 그러나 그들의 범죄가 드러나는 경우에서조차 그 남자들은 자주 보호를 받는다. 남성의 힘의 악용은 관용을 받는 것이다. 남자들이 지닌 사회적 힘 때문에 그들은 타인을 학대할 잠재력을 갖지만, 그로 인해 위태로워질 가능성은 최소한에 그친다.

다윗은 침묵을 지킴으로써 암논과 한패가 되었다. 그는 다말이 강간당했다는 사실에 화를 냈지만, 왕위를 이을 장남과 자기가 대립해 생길 결과를 직면하고 싶지 않았다. 그는 미래를 위한 계획을 갖고 있었고, 그 계획들이 훼방되는 것을 원치 않았다. 어쩌면 그는 자신이 밧세바를 강간한 후 나단과 고통스러운 대면을 했던 일을 반복하고 싶지 않았을 것이다. 이로 인해 자기에게 유리한 대로 있고 싶은 마음이 딸에 대한 연민을 눌렀고, 결국 그는 침묵하며 물러났다. 그리고 어떤 정당한 재판도 없이 다말을 내버려두었다. 그는 정의보다는 편의주의에 따라 행동했다.

가부장제 안에서 남자들은 여자들을 희생시키면서 서로 결탁하라는 유혹을 받는다. 남자들은 때때로 여성에게 행해지는 불의를 보면서도, 자신이 그 상황에 연루되거나 불의와 대결해서 발생하는 결과를 피하고 싶어 한다. 남자들이 침묵을 선택할 수 있는 이유는 여자처럼 성폭력을 당할 위험에 처하지 않기 때문이다. 침묵은 성폭력 행위 안에서 공범이 되게 한다. 성폭력이 아주 만연해 있는 이유 중에는 남자들이 그 폭력에 용기 있게 대결하기보다는 서로를 보호함으로써 여자들에 대한 그들의 공범성이 계속되기 때문이기도 하다.

압살롬은 이 이야기에서 살인자가 되었다. 그는 암논에게 너무 격노한 나머지 다말에 대해서는 잊어버렸다. 그리고 복수심에 사로잡혔다. 복수하고 싶다는 그의 소원은 그 공동체 안에서 정당한 삶을 살고자 했던 다말의 욕구보다 더 중요해졌다. 다말은 남자들 사이의 싸움에서 잊혀졌다. 그녀는 암논과 다윗에 의해 평가절하되었을 뿐 아니라 압살롬의 반응에 의해서도 다시 평가절하되었다.

많은 강간에서 문제가 되는 것 중 하나는, 바로 희생자의 남성 친족들이 희생자 본인보다는 자신이 더 침해를 당했다고 느낀다는 사실이다. 이렇게 고조된 분노와 폭력은 그 여성을 다시 위험에 빠뜨린다. 성폭력의 고통을 희생자와 공유하기보다는 복수하는 일에 몰두하기가 훨씬 더 쉽다. 강간당한 여자에게 공감하려면 자기가 신체적 위험에 놓인 취약한 상태에 있는 모습을 상상해야 한다. 그런 고통에 직면하기보다는, 즉 희생자의 수동적인 입장을 상상하기보다는, 많은 남자들은 강간한 자를 적극적으로 살해하는 일을 상상하곤 한다. 복수는 그 여자를 향한 학대의 반복이 된다. 그 여자는 자신의 고통 안에서 함께해줄 동반자가 필요한 것이지, 그녀에게 무엇이 필요한지를 일방적으로 결정해주는 보호자인 체하는 인물이 필요하지는 않기 때문이다.

이 이야기에 잠재된 메시지는 여자에게 가해지는 성폭력이 여자의 인간성에 관한 것이 아니라, 남자들 사이의 힘에 관한 것이라는 사실이다. 이 이야기의 드라마는 강간의 가해자, 침묵하는 공모자, 그리고 살인자 사이의 긴장에 관한 것이다. 다말은 남자들 사이의 힘의 교환을 위한 인물일 뿐이다.[11]

비록 이 이야기는 하나님의 행위를 명백하게 언급하지 않을지라도, 여자들의 권리와 관련해 성서의 몇몇 부분에 자리 잡은 정신의 일부를 드러낸다. 강간은 남자들 사이의 정치 안에서 보복된다. 그러나 여자인 다말을 위한 어떠한 배상이나 정의는 존재하지 않는다. 그 공동체 안에는 그녀를 위한 어떤 자리도 없고, 그녀가 이스라엘 안에서 장차 어떤 역할을 할 일도 없다. 여자들에 대한 이러한 평가절하는 여자들의 인간성과 잠재력을 제한하는 종교적 승인에 속한다. 성서는 우리 시대의 가부장제에서 일어나는 불의에 기여해온 가부장제의 편향을 지니고 있다. 다말과 같은 이야기들은 우리 증인들의 느낌, 즉 아동과 여자로서의 자기 존재가 사회에 의해서뿐 아니라 교회와 일반적인 종교적 분위기에 의해서 평가절하되었다는 느낌을 확인시켜준다.

성서의 가족 이야기

창세기 12~22장을 교회에서는 인간의 삶에 나타나는 하나님의 힘과 사랑에 관한 범례적인 이야기들 중 하나로 다룬다. 그러나 그 이야기는 힘의 악용 때문에 아동과 여성이 위험에 빠지는 이야기이며, 힘이라는 주제와 관련해 하나님의 이미지들을 검토할 기회를 제공한다. 하나님은 그 이야기 속에서 가족 드라마의 역동과 결과에 영향을 주는 등장인물이 된다.

이야기의 초두에 아브라함과 사라는 결혼했고 가정을 이루었다.[12] 그들은 고향을 떠나기로 결정했고 알지 못하는 곳으로 출발했다. 그들의 삶은 모험과 위기의 연속이었다. 그들은 기근을 만났고(창세기 12 : 10), 적들의 위협을 받았으며(창세기 12 : 12), 가족과 갈등을 겪었고(창세기 13 : 8), 전쟁을 만났다(창세기 14장). 그러나 가장 큰 위험은 아들이 없다는 것이었다. 그들 문화와 종교적 확신을 생각하면, 그 일가의 생존과 그들의 장래는 아이를 갖는 데 달려 있었다.[13] 창세기 16장에서 아브라함과 사라는 그 긴장을 해결할 계획을 찾아내었다.

그들 문화적 전통에서는 아브라함이 상속자를 얻고 종족을 보존하기 위해 또 다른 부인을 두는 것이 허용되었다. "아브람의 아내 사래가 그 여종 애굽 사람 하갈을 데려다가 그 남편 아브람에게 첩으로 주었다"(창세기 6 : 3). 하갈이 임신하자마자 문제가 시작되었다. 임신함으로써 하갈은 몸종에서 새로운 지위로 상승했고, 사라는 종족 안에서 자기 위치에 심각한 위협을 받게 되었다. 아브라함의 허락으로 "사래는 그녀를 학대했고, 하갈이 사래 앞에서 도망했다"(창세기 16 : 6).

우리는 이제 사회적 정의의 문제와 만나게 된다. 적어도 현대적 관점에서는 말이다. 그 당시의 문화가 각기 다른 권리와 사회적 지위를 지닌 아내들과 첩들을 두는 것을 허용했지만, 부족을 벗어나서는 살 방도가 없었다. 사라는 하갈과 그녀의 태중 아이를 죽음으로 몰고 있었다. 어떤 해석자들이 제시하는 바에 의하면, 사라와 하갈 사이에는 인종과 사회계급의 문제라는 요소가 있었다. 애굽인 하갈은 다른 인종 출신이자 사회적 계급에서 차이가 나는 여인으로, 그 사회에서 거의 아무런 권리도 갖지 못했다.[14] 이 이야기의 등장한 하나님은 하갈의 삶에 개입해 그녀를 사라에게로 돌려보내 더 학대를 받도록 만들었다. "네 여주인에게로 돌아가 그 수하에 복종하라"(창세기 16 : 9).

17장에서 하나님은 아브라함과 사라에게 다시 나타나 아이를 약속한다. 아브라함은 이스마엘이 자신의 아들이라고 지적하지만, 하나님은 "아니다. 네 아내 사라가 네게 아들을 낳을 것이니 너는 그 이름을 이삭이라 해라. 내가 그와 내 언약을 세울 것이니 그의 후손에게 영원한 언약이 될 것이다. 이스마엘에 대해서도 내가 네 말을 들었으니 그에게 복을 주어 그를 매우 크게 생육하고 번성하도록 하겠다. …… 내 언약은 내가 내년 이 시기에 사라가 네게 낳을 이삭과 세우겠다"라고 말한다(창세기 17 : 19~21).

이것은 한 아이의 존재가 이 가족과 부족의 역동 안에서 문제가 되는 내용을 담고 있다. 이스마엘은 자신들의 아이를 갖지 못할 것이라는 아브라함과 사라의 두려움에서 잉태되었으나, 일단 그가 태어나자 그 아이는 거부되었다. 하나님이라는 인물이 개입해 이스마엘을 보호했고, 이삭을 위한 공간을 만들었다. 그러나 부족의 생존이라는 압력은 너무나 강해서 두 아이가 실제적으로는 위태로워졌다. 그 문화에 의하면 이스마엘이 상속자였으나, 사라는 그를 거부할 사회적 힘을 가지고 있었다. 이삭이 태어났을 때 두 아이 모두 심각하게 위험했음을 우리는 안다. 그들 중 누구도 성인이 될 때까지 살지 못할 가능성이 있었다.

창세기 21장에서 이스마엘과 하갈의 존재는 사라에게 더욱 심각한 문제가 되었고, 그녀는 아브라함에게 그들은 쫓아내라고 요청한다. 하나님은 아브라함이 사라를 지지하도록 격려했고, 아브라함은 하갈과 이스마엘에게 물과 빵을 주어 사막으로 보냈다.

하갈은 길을 나서 브엘세바 빈 들을 정처 없이 헤매고 다녔다. 가죽부대에 담아온 물이 다 떨어지니, 하갈은 아이를 덤불 아래에 뉘어놓고 "아이가 죽어가는 꼴을 차마 볼 수 없구나!"라고 하며, 화살 한 바탕 거리만큼 떨어져 주저앉았다. 그 여인은 아이 쪽을 바라보고 앉아, 소리 내어 울었다(창세기 21 : 14~16).

이 이야기에 따르면 하나님은 그녀의 울음소리를 듣고 그녀의 눈을 열어주었고, 그녀는 자기 아이를 돌보아 자라게 했다. 그러나 우리는 성인의 힘이 남용될 때 아이들이 직면하게 되는 긴장과 위험을 본다. 이 가족의 문화와 가치관 때문에 하갈과 이스마엘은 심각한 위험에 처했다. 하갈은 가족과 결별했고, 존중할 만한 사회로부터 축출되었으며, 어떤 지지 수단도 갖지 못했다. 어머니의 충실함과 아버지의 애정에도, 이스마엘은 버림받아 광야에서 죽는 처지에 이르렀다. 그것은 오늘날 우리가 아동학대 또는 방기放棄라고 부르는 상황이다. 이 이야기가 내포하는 의미는 하갈의 충실함과 하나님의 기적이 바로 이스마엘을 구했고, 그가 인류의 몇 세대에 걸쳐 자리를 차지하도록 했다는 것이다.

그동안에 이삭 또한 위험에 처했다. 그가 거의 죽을 뻔한 시련이 찾아온 것이다. 아브라함의 믿음으로 인해 많은 것이 이루어졌지만, 이삭의 관점에서 볼 때 이것은 잔인한 이야기이다. 아브라함은 이삭을 산 위로 데리고 가서 희생 제물로 삼으려 했다. 그는 제단을 쌓고 땔감을 모았다. "그가 그의 아들, 이삭을 결박해 제단 나무 위에 놓고 손을 내밀어 칼을 잡고 그 아들을 잡으려 하니"(창세기 22 : 9~10).

얼마나 끔찍한 이야기인가! 여기서 제시된 하나님은 가학적이고 잔인하게 보이며, 아브라함은 기꺼이 이러한 하나님의 도구가 되었다. 이 이야기는 어쩌면 그 당시 만연했던 관습, 아동을 희생 제물로 삼았던 관습에 도전하는 것일 수도 있다.[15] 그러나 여전히 이 이야기는 우리를 겁나게 만든다.[16] 이삭은 '자기를 사랑하는' 아버지에게 곧 죽게 될 처지였다. 어떠한 종류의 사랑이 이렇단 말인가? 아브라함은 이스마엘을 사랑했으나 그를 광야로 쫓았다. 아브라함은 이삭을 사랑했으나 거의 죽일 뻔했다. 이 이야기에 우리는 무슨 말을 해야 하나? 이 가족과 사회의 폭력이 어떻게 하나님의 이미지와 연관되는가?

권력투쟁 이 가족의 특징은 바로 권력투쟁이다. 그 당시 가부장제 문화에서 힘은 젠더와 계급에 따라 분배되었다. 아브라함은 힘의 대부분을 갖고 있는 가부장이었다. 사라는 그의 첫 번째 부인이었으며, 적어도 가정의 여자들 중에서는 가부장 다음으로 힘이 있었다. 하갈은 하녀였고 그 부족 안에 자리가 하나 있다는 것 말고는 거의 아무 힘도 없었다.[17]

아들이 없다는 문제가 미리 정해진 힘의 균형을 흔들어놓았다. 한 가족 안에서 힘의 배치라는 미묘한 힘의 균형을 '항상성恒常性, homeostasis'이라고 부른다. 이 말은 힘의 구조를 해체하려는 위협에 맞서 그것을 유지하려는 가족체계의 경향성을 뜻한다.[18] 항상성을 유지했던 그 체계는 부족을 이끌 상속자를 찾아야 한다는 압박감으로 인해 틀어진다. 사라는 하갈을 아브라함에게 두 번째 부인으로 줌으로써 이 문제를 해결하려고 했다. 사라의 불임이 가족 안에서 그녀의 지위를 위협했고, 하갈이 임신했을 때 사라는 자기가 취약함을 느꼈다. 하갈은 더 이상 단순한 하녀가 아니었다. 그녀는 아브라함의 아이를 지니고 있었다. 하갈은 상속자의 어머니였다. 그에 대한 반응으로 사라는 첫째 부인으로서의 자기 힘을 다시 주장했고, 하갈을 그 부족으로부터 추방했다. 여자이고 하녀인 하갈은 이러한 불의에 도전할 힘이 전혀 없었다. 결국 하나님이 개입해 하갈을 그 가족에게로 돌려보냈다. 그 결과 하갈은 다시 사라에게 복종해야 했고, 계속되는 학대를 감수해야 했지만 말이다. 이것은 아브라함, 사라 그리고 하갈 사이의 삼각관계에 새로운 임시적인 항상성을 세우고, 그 조직 안에서 셋 중에 가장 약한 사람을 희생양으로 만들었다.

이 위기 이후, 그 권력 구조는 안정된 것처럼 보였다. 심각한 불의가 있었지만 모두가 그 체계 안에서 자기의 자리를 알고 있었다. 그러나 이삭이 태어나자 다시 그 긴장감이 고조되었다. 두 아이가 같이 노는 것을 본 사라가 하갈을 쫓아내자고 재차 주장했을 때, 가치와 문화의 갈등이 발생했다.[19] 이번에는 아브라함이 스트레스를 받았다. 그는 이스마엘을 자신의 아들로 여기고 있었기 때문이다. 그러나 사라는 첫째 부인으로서의 자기 권리를 주장했고, 아브라함은 하나님의 조언에 따라 사라의 말대로 했다. 그래서 다시 하갈과 이스마엘은 쫓겨났고 거의 죽게 되었다. 그들에게 권력투쟁의 결과는 잔인했다. 이 가족은 권력투쟁을 해소하기 위해 그 구성원을 기꺼이 희생시켰고, 희생자들에게는 스스로를 보호할 사회적 힘이 충분치 못했다.

거의 희생 제물이 되었던 이삭의 이야기도 괴로운 문제다. 이것은 이삭을 통제하는 일을 놓고 하나님과 아브라함이 권력투쟁을 벌이는 이야기이다. 어떤 해석에 따르면, 아브라함은 자기 아들에게 지나치게 얽매여 있었기 때문에 하나님의 일을 하도록 그를 풀어놓을 필요가 있었다. 아브라함이 기꺼이 자신의 아들을 희생시키려고 했다는 사실은, 그가 하나님 앞에서 이삭을 포기했다는 표시였다. 그 싸움은 이삭에 대한 통제를 둘러싼 것이었고, 그 방법은 자발적인 살인이었다.

가족의 정체성을 통제하는 상대적 권력을 놓고 가족구성원들 사이에서 심각한 투쟁을 벌이는 경우가 자주 있다. 많은 부모들이 자녀를 통제하려는 싸움에 갇히게 된다. 이러한 투쟁이 경직되고 양극화될 때 아주 파괴적인 일들,

예를 들면 자살, 살인, 약물중독, 아동학대 등이 가족 안에서 일어나고, 그 가족의 정체성은 위태로워진다. 이 이야기 속에서 아브라함은 가족의 장래를 해결하려 시도하고 있었다. 그러나 이삭의 관점에서 이 이야기는 폭력적인 학대에 관한 것이다.

이 이야기에 나오는 하나님의 이미지를 가지고 우리는 무엇을 할 수 있는가? 아브라함과 사라와 하갈이 이룬 가족 안에서 하나님에 관한 교훈은 혼합되어 있다. 그 이야기에서 하나님은 극적인 등장인물로서 힘의 오용과 악용에 어느 정도 얽혀 있다. 하나님은 하갈과 이스마엘을 학대받는 상황으로 돌려보냈다. 하나님은 이스마엘을 부족의 상속자인 지도자로 인정하지 않았고, 아브라함으로 하여금 사라가 요청한 대로 하갈과 이스마엘을 쫓아내도록 격려했다. 이런 행위로 인해 하나님은 잔인하게 보이며, 취약한 자들에게 기꺼이 힘을 악용하는 것으로 보인다.

그러나 등장인물로서 하나님은 또한 광야에서 하갈과 이스마엘을 구조했고, 세대의 흐름 속에서 이스마엘의 자리를 회복시켰다. 하나님은 이삭이 희생 제물이 될 마지막 순간에 그를 구출했다. 하나님은 가족끼리의 투쟁 안에 깊이 관여했고, 그 가족이 믿음으로 성장하도록 돕기 위해 불의에 기꺼이 연루되는 일까지 했다. 힘의 활용과 악용이라는 점에서 하나님의 역할은 양면성을 지닌다.

양면성을 가진 사랑 이 가족의 특징은 양가감정을 지닌 사랑이다. 인간의 애착이란 강한 의존성의 감정인데, 이는 깊은 소속감을 줄 수도 있고 반대로 배신감과 증오의 감정으로 이끌 수도 있다.[20] 이 이야기에서 아브라함과 사라는 결혼을 통해서, 그리고 그들이 부족 안에서 직면하는 고난과 같은 어려움을 통해서 서로에게 결속되었다. 그들의 결합이 아이를 생산하지 못했을 때, 이 위기에 대한 그들의 반응은 하갈을 그들 관계에 끌어들이는 것이었다. 하갈에게는 이것이 그녀 자신의 정체성을 형성하고 하녀 이상의 존재가 될 기회를 뜻했다. 그러나 사라의 불임은 사라의 생존에 위협이 되었고, 그런 그녀에게 하갈은 아브라함과 자신의 연대를 위협하는 의미가 되었다. 사라는 아브라함과의 애착관계를 보호하기 위해서 공격적인 자기 분노를 하갈에게로 향했다. 하갈은 배신당한 희생자가 되었다. 하갈이 그 가족의 중심에 들어와서 아이를 갖자 쫓겨나게 된 것이다.

이 이야기의 가장 감동적인 부분 하나는, 거부당한 아이인 이스마엘에게 아브라함이 애착을 가졌다는 점이다. 그는 이스마엘과 함께 할례를 받았고 (창세기 17 : 26), 사라가 하갈과 이스마엘을 영원히 내쫓기로 결심했을 때 "매우 근심했다"(창세기 21 : 11). 그러나 하갈에 대한 배신은 그녀를 거의 죽음으로 이끌었다. 아브라함과 이스마엘 사이에 더 이상의 건강한 애착이 없었기에 그 아이의 생명이 위태로워졌다. 하갈과 이스마엘은 사회적 힘을 갖고 있는 아브라함과 사라 사이의 실패한 애착으로 인해 희생자가 되었다.[21]

이삭을 향한 애착 또한 위험스러웠다. 이미 창세기 15장에서 아브라함과 사라는 아이를 약속받았으나, 하나님은 이후 두 번이나 더 그 약속을 반복해야 했다. 성서 본문에 의하면 아브라함이 백 살 되어서야 이삭은 태어났다(창세기 21 : 5). 부모의 몹시 큰 기대가 한 자녀에게 집중될 때 어떠한 일이 생기는가? 이 이야기 속에 나타나는 어려움 중 하나는 부모가 자녀에게 자기애적인 과잉투자를 하는 것이다. 그 애착은 아주 강하고 무거웠기 때문에 이삭과 전체 가족에게 위험스러울 정도였다. 아마도 이것이 그 희생 제물 이야기의 의미 중 하나일 것이다. 즉, 그 부모의 과잉개입을 깨뜨리기 위해서는 기꺼이 이삭을 하나님에게 바치는 과정이 필요했던 것이다. 부모의 공허감을 채워주기 위해 자녀가 그 모든 짐을 지는 것은 위험하다. 이러한 경우 그 부모의 욕구가 그 자녀의 욕구보다 앞서게 되며, 그 아이는 자기정체성과 자기 삶을 형성할 기회를 갖지 못하게 된다.[22]

애착이라는 측면에서 우리는 하나님의 역할을 어떻게 이해해야 하는가? 가족에 관한 현대적인 관점에서 볼 때 아브라함과 사라는 두 번째 결혼, 거부된 아이, 이혼, 가족을 부양할 수 없을 만큼 빈곤한 편모偏母를 만들어내었다. 이 이야기의 드라마는 줄거리를 몰고 가는 힘이 강해서 아브라함과 사라가 다르게 행동했을 가능성이 그리 커 보이지 않는다. 그들은 하갈과 이스마엘과 적절한 애착관계를 형성할 수 없었기 때문에 하갈과 이스마엘의 욕구를 진정한 인간의 욕구로 받아들이는 공평한 사랑을 가지고 행동할 수 없었다. 건강한 결속이 결여되었기에 극단적인 위험이 생겼다. 하나님이 한 등장인물로서 개입해 일련의 새로운 상황을 만들어주고 그 안에서 하갈과 이스마엘이 살 수 있도록 했으나, 그들을 다시 그 가족으로 회복시키지는 않았다. 하나님은 하갈과 이스마엘에게 공평하게 애착을 갖지 않았던 것처럼 보이며, 그 부족 안에서 지배력을 가진 쪽을 편들었다. 말하자면 아브라함과 사라의 편을 들었다. 이 가족 안에서 하갈과 이스마엘에게 필요했던 것과 그들에게 실제 일어났던 일 사이에는 큰 간격이 있었다.

이삭의 입장에서 보면 애착은 또 다른 식으로 왜곡되었던 것처럼 보인다. 아브라함과 사라는 이삭으로부터 너무나 많은 것을 기대했고, 하나님은 그 아이를 부모의 기대로부터 자유롭게 하기 위해 개입해야 했다. 하나님의 그 개입방식이 우리 기준에는 잔인하게 보이나, 그 아이에게 과잉의존하는 그 부모의 의존심을 깨는 데는 명백하게 효과적이었다. 힘의 악용이라는 관점에서 볼 때 어려운 점은, 하나님의 그 방법이 결과에 상관없이 학대적이었다는 사실이다.

이 이야기 속의 하나님은 결속이라는 점에서 양면성을 지닌 인물로 그려진다. 이 이야기의 미덕은 하나님이 모든 사람에게 반응한다는 점이다. 이 가족의 한계 안에서 하나님은 모든 사람들을 진지하게 받아들이고, 가치 있는 개인으로 취급한다. 그러나 하나님은 또한 특정 인물들을 더 좋아하는 것처럼 보인다. 그래서 하나님의 애착의 선호도가 이 가족과 공동체의 불의한 구조에 기여했다.

하나님의 양면성

성폭력 생존자들이 하나님의 이미지를 찾는 이유는 자신이 종교적으로 혼란스러울지언정 그 가운데서도 정의를 찾는 일에 자기를 지지해줄 하나님을 원하기 때문이다. 그들은 한결같이 정의로운 사랑을 베푸는 하나님을 찾는다. 그러나 이러한 성서 이야기들 속에서 우리가 발견하는 것은 양면성을 가진 하나님의 모습이다. 늘 사랑과 정의로 반응하리라 생각될 수 없는 하나님이다. 만약 하나님이 인간의 욕구와 관련해 항상 정의롭고 사랑하는 모습으로만 나타나는 것이 아니라면, 도대체 어디에 정의나 사랑이 있을 수 있는가? 힘의 악용으로 인해 희생된 자들을 위한 도움은 어디에 있는가? 전적으로 지혜롭고 전적으로 사랑하는 등장인물 대신, 우리는 양면적인 사랑 - 미움으로 인간과 관계하는 것처럼 보이는 존재를 발견했다. 이 연구는 우리 증인들이 하나님의 어떤 이미지에는 폭력적인 면이 있다고 증언했던 것이 정당함을 입증해주었다.

여자들과 아이들에 대한 남자들의 폭력, 특히 가족 안에서 이루어지는 그 폭력을 이해하려고 우리가 분투하면서 도달한 것은, 바로 우주의 궁극적 구조에 대한 우리의 이해 안에 들어 있는 폭력의 가능성이다. 여성과 아동이 겪는 공포와 잔인함은, 어쩌면 궁극적 실재에 대해 우리가 가진 이미지들의 중심에 있다. 이제 피조물에 대한 신의 양면성의 가능성이 표면화되었으니 다른 성서 본문들도 연구의 대상이 된다.

홍수 이야기 하나님의 이미지 안에 있는 양면성은 창세기 6장에서도 나타난다. 이 장에서 하나님은 피조물의 사악함을 보고 자신이 창조한 모든 것에 대해 후회한다. 인간뿐 아니라 동물들까지 포함해서 말이다.[23] 그는 대홍수로 응징해 인간을 포함한 거의 모든 동물을 파괴했다. 노아와 그 가족과 맺은 언약은 끔찍한 악 가운데서도 하나님이 놓지 않는 연민의 줄로, 그럼으로써 피조물을 구원하는 생명줄로 해석되는 경우가 자주 있다. 그러나 성서 본문에 따르면 하나님은 유감스러워했다.

> 내가 다시는 사람이 악하다고 해서 땅을 저주하지는 않겠다. 사람은 어릴 때부터 그 마음의 생각이 악하기 마련이다. 다시는 이번에 한 것같이, 모든 생물을 없애지는 않겠다. 땅이 있는 한, 뿌리는 때와 거두는 때, 추위와 더위, 여름과 겨울, 낮과 밤이 그치지 아니할 것이다(창세기 8 : 21~22).

이 본문에서 문제는 피조물의 악뿐 아니라 하나님의 이미지 안에 있는 파괴적인 잠재력이다. 하나님은 창조할 힘도 있고 파괴할 힘도 있다. 이 이야기 속에서 하나님은 피조물들의 악에 격노했고, 그의 진노는 파괴적인 행위를 부추겼다. 하나님의 격노가 억제되지 않고 풀려나며 모든 생명은 파괴되었으며, 오직 방주에 있던 자만 살아서 남겨졌다. 이러한 충동 이후 충격 받은 하나님은 그 파괴가 피조물과의 관계를 거의 훼손시켰고, 세상에서 악을 제거하는 데 효과적이지 못했음을 인정했다. 이것은 막대한 파괴 이후에 후회와 약속이 뒤따르는 이야기이다. 그 약속은 "내가 했던 방식으로 모든 살아 있는 것들을 파괴하는" 일이 절대로 없으리라는 것이었다.

호세아 11장 하나님의 이미지에 들어 있는 양면성은 호세아 11장에서도 분명하다. 그 장은 불순종하는 자녀를 향한 부모의 사랑과 분노의 혼합된 감정에 관한 일종의 시詩다.[24] "이스라엘이 어렸을 때에 내가 사랑해 내 아들을 애굽에서 불러냈거늘 내가 그들을 부를수록 그들은 나를 점점 멀리했다"(호세아 11 : 1~2).

하나님은 이스라엘과 친밀했던 시기에 대한 기억을 가지고 이스라엘에게 애착을 갖는 모습으로 나타난다. 그러나 그 자녀는 행실이 나빴고, 벌을 받을 만했다. 어떤 지점에 이르러, 하나님의 분노는 매우 극적으로 바뀌었다. "그들은 애굽 땅으로 되돌아갈 것이고 앗시리아가 그들을 다스릴 것이다. 그들이 내게 돌아오기를 거부했기 때문이다"(호세아 11 : 5). 이것은 홍수를 야기했던 하나님의 분노가 반복되는 것처럼 보인다. 그러나 그 뒤에서 이 시는 다른 어조로 끝난다.

> 에브라임이여, 내가 어찌 너를 놓겠느냐?
> 이스라엘이여, 내가 어찌 너를 버리겠느냐? ……
> 내 마음이 내 속에서 돌이키어

나의 긍휼이 온전히 불붙듯 하도다.

내가 나의 맹렬한 진노를 나타내지 아니하며

내가 다시는 에브라임을 멸하지 아니하리니

이는 내가 하나님이요 사람이 아님이라

네 가운데 있는 거룩한 이니

진노함으로 네게 임하지 아니하리라(호세아 11 : 8~9).

하나님은 자녀에 대해 복합된 감정을 지닌 부모의 모습으로 나타난다. 하나님은 이스라엘에게 걷는 법을 가르쳤고, 히브리 민족을 친근하게 안아주었다. 이렇게 친밀했던 이스라엘을 하나님이 어떻게 포기할 수 있는가? 그러나 하나님은 자녀의 악에 격노했다. 이스라엘은 하나님과의 관계에서 불충했고, 자기들끼리 서로에게 불의한 일들을 행해왔다. 하나님은 그들을 다시 애굽이나 앗시리아로 돌려보내 노예가 되도록 하거나 그들 자녀를 죽게 할 상상을 했다. 그다음에 하나님은 자기 진노를 되감았다. 하나님은 이스라엘의 악뿐 아니라 자신의 충동에 대해서도 경악했다. 파괴하고 싶은 충동이 강렬했다.

자녀를 향한 하나님의 감정의 특징은 양가감정이었다. 하나님은 이스라엘을 깊이 사랑했으나, 멸망시키려는 충동도 있었다. 여기에는 두 가지 문제가 있다. 하나는 피조물의 악이고, 또 하나는 하나님의 폭력성이다. 그것이 피조물에게는 지속되는 위협이었다.

요약

히브리 성서가 주는 하나님의 이미지들은 종교적 경건함에서 볼 때 갈등을 일으킨다. 한편으로 하나님은 연민이 많고 정의로우며 약한 자를 보호하고 인간의 악한 의도를 향해 대안을 추구한다. 그러나 다른 한편으로 하나님은 가족구성원 중 취약한 자에게 무심하며 심지어 인류 전체를 향해 파괴적이기까지 한 모습으로 제시된다. 어떻게 보면 하나님의 이미지 안에 있는 사랑과 미움의 이 긴장이 해결되지 않는다. 아동학대에서 부모가 무력한 자녀에게 파괴적·충동적 행동을 저지르는 것처럼, 성서의 어떤 부분에서는 하나님이 전능한 아버지로서 피조물인 자녀에게 파괴적인 진노를 보인다. 성서에는 하나님의 진노에 관한 예들이 많이 있다.[25] 비록 피조물의 악이 성서의 분명한 줄거리 가운데 하나일지라도, 어떤 본문에서 묘사된 하나님의 진노는 잠복되어 있는 또 하나의 줄거리이다. 역사 속에서 인간의 악은 인류의 미래에 대한 부단한 위협이다. 그러나 우주의 드라마 안에서는 하나님의 폭력 역시 위험하다. 이러한 폭력적인 충동들이 우리가 가진 하나님의 이미지에서 어떤 역할을 하는가? 성서 안에서 하나님은 빈번하게 악을 개탄하면서, 폭력적이고자 하는 유혹을 극복하려고 분투한다.[26] 이러한 성서 본문들이 인간의 폭력과 악을 이해하고자 하는 우리의 시도에 대단히 중요할 수 있다. 어쩌면 창세기 6장과 창세기 12장 및 그 이후의 장들, 사무엘하 13장, 호세아 11장 같은 본문들이 우주 안에 있는 폭력의 잠재성을 직면하고 정의를 위해 계속 투쟁하는 하나님의 새로운 이미지를 보여줄 수 있을 것이다.

신약성서 안에 있는 하나님의 이미지

어떤 면에서 보면, 신약성서는 인간의 폭력성을 강력하게 고발한다. 폭력

을 사용하는 것에 관한 구절들이 많다. 다른 뺨을 돌려대라(마태복음 5 : 39),
악을 악으로 갚지 말라, 원수 갚는 것은 내 일이다(로마서 12 : 19), 네 이웃을
네 자신과 같이 사랑하라(마태복음 22 : 39), 원수를 사랑하라(마태복음 5 : 44).
사랑의 윤리는 신약성서의 가장 두드러진 주제 중 하나이며, 역사신학이나
현대신학에서 잘 발전되어왔다.27 기독교의 사랑은 여성과 아동에 대한 성폭
력의 가능성을 제거해야 한다.

　　예수는 '산상설교'에서 "음욕을 품고 여자를 보는 자마다 마음에 이미 간음
했다"(마태복음 5 : 28)고 말했다. 음욕에 해당되는 그리스어 단어인 에피투메
오*epithumeo*는 혼합된 의미를 지닌다. 어떤 때는 이 단어가 부정적인 암시 없
이, 배고픔이나 성적인 느낌 같은 욕구에 대한 중립적인 용어로 보인다. 그러
나 가령 스토아철학 같은 전통에서는 욕구 그 자체가 악이고, 따라서 성적 욕
구는 비난받는다. 때로 '에피투메오'는 폭력의 잠재성을 지닌 욕망의 양면성
을 집어낸다. "*thuo-*는 원래 공기, 물, 땅, 동물, 인간의 격렬한 움직임을 나타
낸다. '분출하다'라는 그 원래 의미로부터 '연기 나다'의 의미가 발전되었고,
그다음 '연기 속에서 올라가도록 만든다'는 뜻으로 발전된 것으로 보인다."28
그러므로 '에피투메오'는 폭력적인 욕망, 분출하는 욕망, 연기 속에 솟아오르
는 욕망을 의미할 수 있고, 따라서 파괴적으로 변모할 수 있는 욕망을 의미할
수도 있다.

　　그러므로 마태복음의 이 본문은 성적 욕망과 성 학대가 섞여 있는 문화를
대놓고 말해주는 것일 수도 있다. 예수는 성적 욕망에 포함된 유혹이 다른 사
람을 학대하는 일과 연루될 수 있다고 말하고 있다. 모든 욕망은 악용과 학대
의 가능성을 지닌다. 다른 사람을 파괴하는 데 연루되기보다는 한 눈을 잃고
한 손을 자르는 것이 더 낫다는 것이다.

신약의 어떤 본문들은 성폭력 희생자들을 돌보는 일에서 원칙으로 사용될 수 있다.

만일 우리가 성폭력 행위를 상처를 주는 공격적인 상해행위로 간주한다면, 예수의 '착한 사마리아 사람' 비유에서 희생자에게 어떻게 반응할지에 대한 본보기를 배울 수 있다. 더구나 복음서들은 일관되게, 여자들을 재산으로 취급하기보다는 자기 자신의 권리를 지닌 존재로 간주한다. 예수의 사역 중에 가장 비범하고 기이했던 것은, 그가 여자들을 인간으로 대접했다는 사실이다. 이 민감성을 근거로 우리는 성폭력의 희생자들이 그들에 대한 예수의 반응으로 인해 이중으로 희생되지 않았으리라 추측할 수 있다. 그러나 성적 행위와 성폭력 사이의 혼동이 그 시대의 태도와 행위에 미쳤던 영향력이 줄어들었다고 볼 수 있는 증거는 전혀 없다.[29]

사랑을 분명하게 강조함에도, 신약성서의 태도에는 애매모호함이 있으며 그 애매모호함은 여자와 아동에게 위태로움을 만들어낸다. 히브리 성서에서 우리가 보았듯 성폭력에 관한 혼동은 명시적이기보다는 암시적인 경우가 많다. 신약성서의 가부장적 구조와 그 결과로 나타난 여성에 대한 억압을 다룬 연구가 많이 있다. 여자들은 예수 시대와 1세기 초대교회의 몇몇 공동체 안에서 중요한 지도력을 가졌을 수도 있는데, 몇몇 성서 본문들은 여자들에게 남편에게 복종하고, 교회에서 침묵하며, 여러 가지 일에서 남자들의 판단을 따르라고 종용한다.[30] 가부장제의 문제들이 여성과 아이들에게 영향을 끼친다고 보는 예민함이 있었다는 증거가 성서에는 전혀 나타나지 않는다.

성폭력의 생존자들은 학대적이지 않은 하나님의 이미지를 찾고 있다. 그들은 자신을 학대한 남자와는 다른 하나님, 사랑과 힘을 가진 하나님을 찾는다. 기독교인들은 예수에게서 고통을 불쌍히 여기는 마음을 보며, 억압을 다루기 위한 본보기로 예수를 본다. 예수는 주변부로 밀려난 사람들에게 손을 뻗쳤다. 그는 그 시대의 권력 가진 남자들과 대결했다. 그러나 어떤 생존자들은 예수에 관해 뒤섞인 느낌을 지닌다. 십자가형+字架刑을 당한 예수가 희생되는 것이 여자들이 희생되는 것을 암묵적으로 승인하는 것처럼 보인다고 그들은 말한다. 자신의 삶이 예수의 삶을 모방한 삶이라고 생각함으로써 여자들은 자기 고통을 덕의 징표로 수용하고 정의와 보상을 위해 항의하지 않도록 조장된다. 그들은 묻는다. 자신이 당하는 학대에 저항하지 않는 무죄한 사람의 고통과 고문과 죽음 위에다 구원을 놓은 하나님은 과연 어떤 하나님이냐고. 어떤 이들에게는 이 피학적인 이미지의 덕목이 가부장제 폭력이라는 악을 무시하기 때문에, 이 덕목은 반드시 도전해야 할 대상이 된다.31 하나님의 학대적인 이미지에 의문을 던지는 증언들이 있어왔기 때문에, 십자가에 처형된 예수의 죽음 뒤에 하나님의 학대하는 이미지가 어느 정도나 있는지를 보려면 그 십자가형을 반드시 검토해야 한다.

십자가형에 관한 이론들은 '대속代贖*이론'이라고 불린다. 말하자면, 어떻게 십자가형이 하나님과 인간 사이의 화해를 완수했는지에 관한 이론이다. 한 대속이론이 주장하는 바에 의하면 십자가형은 하나님과 사탄 사이의 우주적 경쟁을 해소시켰고, 악의 세력을 파멸시켰다. 어떤 이론은 십자가형이 악한 피조물을 향한 하나님의 진노를 달랬고, 믿는 자에게는 구원을 제공했다고 주장한다. 또 어떤 이론은 십자가형이 인간의 잠재적 폭력을 노출시키고,

---

* 대신 속전(贖錢), 즉 몸값을 치른다는 의미를 지닌 용어 _옮긴이

하나님의 사랑의 완전한 힘을 나타냈다고 주장한다.[32]

대속이론들

기독교 세계, 특히 서구 개신교도들에게 기독교 신앙의 중심에 있는 사건은 바로 예수의 폭력적인 죽음과 그 뒤를 잇는 부활이다. 많은 사람들은 이것이 피조물을 향한 하나님의 무조건적이고 희생적인 사랑을 보여주는 최상의 본보기라고 배워왔다. 예수의 십자가 죽음은 하나님이 인간을 얼마나 사랑하는가에 대한 계시였고, 그것은 우리가 어떻게 서로 사랑해야 하는지를 보여주는 본보기이다. "사람이 친구를 위해 자기 목숨을 버리면 이보다 더 큰 사랑이 없다"(요한복음 15 : 13).

신과 인간의 이 드라마 속에서 하나님은 예수의 아버지로 묘사되고 인간은 약속 – 예수를 향한 약속이자 예수에 의한 약속 – 의 자녀들로 묘사된다. 부모인 하나님과 자녀인 예수 사이의 관계의 질이 우리 믿음의 중심에 있다. 예수는 믿는 자가 우주의 창조자를 향해 갖는 완전한 믿음을 보여준다. 그러나 하나님과 예수의 관계가 아주 이상적이라면, 왜 하나님의 아들이 십자가에서 죽었는가? 부모가 자녀를 희생시키는 데 어떤 정당성이 있다는 생각은, 학대받은 희생자의 증언에 비추어볼 때 받아들이기 어렵다. 이러한 관점을 전제로 할 때 우리에게 필요한 것은 십자가형에서 나타나는 하나님의 이미지가 학대적인지 아닌지를 묻는 일이다.

대리적 대속이론　대리적 대속은 브라운Brown과 본Bohn이, 안셀름Anselm의 '만족설 전통satisfaction tradition'[33]이라고 부른 것에 가장 가까우며, 윌리엄스가

"안셀름의 신학 안에서 가장 적절하게 서술되었던 라틴어 시대의 대속이론에서 보면, 예수는 …… 죄로 인해 유발된 벌금을 치른 것이고, 그가 치른 값은 충분했다. 그는 하나님의 아들이기 때문이다"[34]라고 말했던 것에 가장 가깝다. 이 이론에서 예수는 죄와 악 때문에 죽어 마땅한 인간을 위한 대리적인 희생자였다. 그의 완전한 희생을 통해 인간은 하나님의 용서라는 신성한 은혜에 접근한다.

이 이론 밑에 깔린 구조는 완벽한 부모와 자녀의 죄 사이의 대조다. 인간은 악하기 때문에, 미래를 위한 하나님 계획이 재고된다. 역사를 통해서 하나님은 인간의 죄를 교정하려고 다양한 계획을 시도했다. 출애굽 사건, 율법, 바벨론 포로기, 예루살렘의 회복이 그것이다. 그러나 상황은 악화될 뿐이었다. 결국 하나님은 피조물의 파멸을 막기 위해 과감한 조처를 취해야 했다. 하나님은 예수가 한 인간으로서 내려와 살다가, 인간을 악으로부터 구원하기 위해 죄 없는 희생물로 죽는 계획을 세웠다. 예수의 희생적 죽음의 의미는 인간이 죄 때문에 생긴 벌금을 전부 지불할 필요 없이 하나님과 화해할 수 있다는 것이다. 이제 예수의 피를 통해, 믿는 자는 악한 세상으로부터 구원될 수 있다. 예수를 고백하지 않는 사람은 종말의 때에 자기에게 합당한 대가, 즉 멸망을 당하게 될 것이다. 대리적 대속에 관한 성서 본문 중 하나가 디모데전서 2장 5절이다. "하나님은 한 분이시오 또 하나님과 사람 사이의 중보도 한 분이시니 곧 사람이신 그리스도 예수라."

대속의 기독론은 원죄라는 개념을 어느 정도 포함한다. 그 개념 안에서 보면, 인간은 비극적인 결함을 갖고 태어난다. 그러므로 우리는 반드시 완벽한 아버지에게 의존해야 한다. 그가 우리와 자신의 관계, 그리고 우리가 서로서로 맺는 관계를 회복하는 길을 우리에게 보여주기 때문이다. 그 아버지가 그의 자녀를 용서하고 사랑할 수 있으려면, 완벽한 한 자녀에 대한 처벌이 있어야 한다. …… 이 완벽한 아들의 희생이 모든 사람들에게는 그 아버지와 함께하는 새로운 삶으로 가는 길이 된다. 그 모든 자들이란, 다른 사람의 고난이 우리의 흠 있는 본성을 위해 대신 값을 치를 수 있다고 믿는 것을 자유롭게 선택한 자들이다.[35]

이 이론은 가부장제 가족의 구조를 취하고 있다. 아버지는 전적으로 사랑하며, 전적인 힘을 가진다. 자녀에게는 죄책이 있다. 자녀들이 자비를 얻기 위해 할 수 있는 일은 하나도 없으며, 그 아버지 하나님the Father의 사랑에 호소할 도덕적 근거도 전혀 없다. 왜냐하면 그들의 죄와 죄책이 압도적으로 크기 때문이다. 그 아버지의 진노는 자녀의 불순종과 불충으로 인해 정당화된다. 그들이 아버지에게 어떠한 취급을 당하더라도 그것은 그들 자신의 잘못 때문이고, 그래서 그들은 아버지가 자기들을 어떻게 다루기로 결정하든 잘못에 대한 비난을 감당해야 한다.

그 자녀들의 죄책은 형제를 위해 자기 목숨을 포기한 완벽한 한 자녀의 존재에 의해 악화된다. 그는 그 아버지가 결국 정당하다고 입증한다. 만약 자녀들이 자기 죄에 대한 죄책을 회개하고, 다시 태어난 그 형제에게 전적으로 순종할 것을 서약하며, 전지全知한 그 아버지께 복종할 것에 동의한다면, 그들의 그 형제처럼 폭력적인 죽음을 맞지 않을 기회가 생긴다. 그 아버지the Father, 聖父와 그 아들the Son, 聖子은 전능하고 완벽하며, 인류 구원의 열쇠를 쥐고 있다.

성폭력의 역동에서 말하자면, 이 이론은 심각한 문제들을 지닌다. 힘 있는 인물이 항상 옳고 취약한 인물들에게 항상 잘못이 있다. 그 아버지의 진노는 그 자녀 때문에 일어나는 것이며, 그들은 어떠한 처벌을 받아도 마땅하다. 힘의 악용에 대한 우리의 분석에서 보자면, '대리적 대속이론' 안에서 말하는 하나님은 학대자를 닮았다. 피조물의 죄에 대한 하나님의 진노가 큰 문제이다. 하나님이 이 진노에 따라 행동한다면, 묵시론적默示論的 파멸이 있을 것이다. 실제로 어떤 이들은 이러한 아마겟돈을 예측한다. 그 아버지의 구원계획을 거부한 사람은 영원히 지옥에 있게 되며, 예수를 주님으로 고백한 사람은 이 파멸로부터 구원받으리라는 것이다.[36]

성폭력의 문제와 관련해서 이 '대리적 대속이론'이 갖는 문제는, 하나님이 피조물인 자녀의 어떤 힘이나 도덕적 주장에도 반대한다는 학대적인 이미지를 갖는다는 것이다. 하나님의 전능성과 완벽함은 일방적인 관계를 만들어내고, 그 관계 안에서 인간은 격분한 하나님으로부터 오는 끊임없는 위험에 처한다. 자녀들에게 유일한 보호책은 그 아버지와 그 아들을 찬양하고 성화聖化된 삶을 살아감으로써 하나님에게 복종하고 순종하는 것이다.

이 가족구조는 많은 가족 안에서 작동한다. 많은 학대 가정에서 아버지는 작은 폭군이 되며, 아내나 자녀가 그의 힘에 대해 어떤 도덕적 주장을 할 수 있는 별개의 개인이라는 사실을 볼 줄 모른다. 그는 자신의 동기는 모두 선하고, 나머지 가족의 동기는 모두 나쁜 것으로 해석한다. 그는 자신의 행동을, 설령 그것이 아무리 극단적이라고 할지라도 타인의 죄에 대한 반응으로 여기며, 자신의 가학적인 행동을 건강한 가족이 되기 위한 너그럽고 필수적인 반응으로 정당화한다. 그는 전능한 인물로서 지배하며, 가족에게 화목을 유지하려면 그 대가로 완전히 복종할 것을 요구한다.

'대리적 대속'은 하나님의 분노에 기초해 있다. 성서의 많은 본문이 지적하는 하나님의 진노는 피조물에게는 위협이 된다. 홍수의 파괴, 애굽 장자長子들의 죽음, 이스라엘의 이웃 살해가 그런 것들이다. 이런 본문들은 하나님 안에 있는 파괴적 폭력의 현실성을 지적한다. 이 관점이 증언하는 것은, 사물의 본질 안에 힘의 악용의 경향성이 있을 수 있다는 것이다. 힘의 폭력적인 악용이 어떻게 많은 사람의 성품 안에 조직되어 있으며, 어떻게 우리 문화의 제도와 이념으로 조직되어 들어와 있는지를 우리는 이미 이 책 앞부분에서 보았다. 대리적 대속이론 안에 있는 하나님에 대한 관점은, 힘의 악용이 인간의 문제일 뿐 아니라 우주적 문제라는 것이다. 하나님은 피조물의 생명과 죽음에 대한 힘을 가지고 있으며, 하나님이 이 힘을 어떻게 사용할지 선택할 때 인간의 운명이 결정된다. 우리는 이 쟁점을 나중에 하나님의 힘의 본질에 관해 논의할 때 다시 다룰 것이다.

성육화成肉化의 대속이론   이 이론에서는 진노하는 하나님의 이미지가 피조물을 향한 하나님의 자비와 사랑에 대한 강조로 대체된다. 하나님은 피조물인 자녀들을 위해 자발적으로 고난을 당한다. 인간의 역사 안에서 문제는 하나님의 진노가 아니라 죄와 악의 자기 파괴적인 본질이다.

인간은 자부심에 찬 오만함으로 강력한 힘을 가진 제도를 창조함으로써 신神이 되고자 한다. 그러나 그들은 하나님의 주권을 인정하지 않기 때문에 인간의 피조물인 이 제도들은 파괴적인 성향을 띠며, 모든 사람에게 커다란 고통을 야기한다. 하나님의 힘과 사랑의 개입 없이는 피조물이 전멸할 운명에 빠지고, 파멸의 가능성을 나타내는 지표들은 사람들의 시야에서 사라지지 않는다.

하나님은 인류의 악으로 인해 화를 내는 것이 아니라 슬퍼한다. 하나님은 인간의 죄가 파괴적임을 본다. 결국 모든 것이 파괴될 것이다. 이 대속이론에서 하나님은 직접 학대하지 않는다. 그는 (자녀의) 기분을 상하게 하지 않는 부모에 더 가깝다. 하나님은 자신의 신성한 행위가 인간의 자유를 막게 될 것을 알기 때문에 폭력을 중단시키지 못하는 절대자이다. 그러므로 하나님은 딜레마에 직면한다. 어떻게 하나님은 파괴적인 행동을 하지 않으면서도 인간의 악에 반응할 수 있을 것인가?

이 이론의 대답은 성육신이다. 대니얼 데이 윌리엄스에 따르면 성육신은 다양한 형태를 지닌다. 하나는 피에르 아벨라르Pierre Abélard의 '도덕적 영향론'이다. 이것은 "그리스도의 고난을 사랑에 관한 신적 지시로 해석한다".37 예수는 고난이 어떻게 폭력과 죽음의 힘을 극복하는지를 인간에게 보여주는 본보기가 된다. 이것의 한 변형이 윌리엄스의 이론인데, 이 이론에서는 화해가 하나님의 고난에 기초한 대속의 중심이다.

> 우리는 예수의 고난 안에서 하나님의 고난이 드러나는 것을 봄으로써 가장 깊은 신비에 도달한다. …… 예수가 십자가 위에서 계시한 것은, 인간의 사랑은 고난당하고 신적 사랑은 고난당하지 않는다는 것이 아니다. 그가 계시한 것은 사랑이란 고난을 회피하지 않으며, 그 사랑은 역사役事하는 하나님 자신이라는 것이다. …… 예수의 고난의 원인은 죄와 인간의 곤경이다. 그는 감당되어야 할 것, 즉 사랑의 행위가 감당할 수도 있는 것을 감당함으로써 그 상황에 맞춘다. 하나님은 예수 그리스도 안에서 자기 세상과 함께 고난을 당하지만 의미 없이 고난당하는 것이 아니라 구원을 위해 고난당한다. 깨져서 고통스러워하지만 여전히 소망을 가진 인간 공동체 안에서 충성의 가능성을 회복시키는 행위로써 하나님은 새로운 역사의 막을 올렸다.38

성육신함으로써 하나님은 인간의 형태로 세상에 온다. 한 아기로 태어나서 강력한 치유자이자 설교자로 자라났던 예수 안에서, 하나님은 사랑의 메시지로 소통한다. 소외된 자를 사랑하고 힘 있는 자와 대결하면서 예수가 본을 보이는 힘의 형태는 파괴적이지 않고 구원하는 능력이 있다. 예수를 인식하고 따르는 자는 예수가 사랑하듯이 사랑할 수 있는 사람이다.

그러나 이 이야기의 절정은, 예수가 이 세상의 조직적인 군주들과 권력에 직면해 어떤 반응을 보일지 결정해야 할 때 나타난다. 이 시점에서 예수의 모습인 하나님은 고난을 선택해 폭력을 이기고, 사랑이 미움보다 더 강력하다는 사실을 보이기 위해 십자가로 간다. "그리스도 안에서 하나님은 자신과 세상을 화해시키려 했고 저희의 죄를 저희에게 돌리지 아니하고 화목하게 하는 말씀을 우리에게 부탁하셨다. 그러므로 우리가 그리스도의 대사大使다"(고린도후서 5 : 19~20).

예수에 대한 증언은 하나님이 인간 가운데 존재함이 절대적으로 자발적이라는 사실에 의해서 훨씬 더 강력해진다. 하나님 편에서 인류를 구하기 위해 이런 희생을 해야 할 의무나 강요는 전혀 없었다. 오히려 하나님의 완전한 자유 안에서 하나님 스스로가 구원을 가져오기 위해 피조물과 함께 고난당하기를 선택했다. 예수 안에 하나님이 실재함을 인정하는 자녀들에게는 역사 안에서 사랑을 실천하는 새로운 삶과 새로운 힘이 있다. 자만심에 찬 죄 안에서 고집스럽게 머물러 있는 자녀들에게는 자기 파괴적인 결과가 뒤따르며, 역사의 비극은 계속된다.

성육신의 대속이론은 처음부터 학대적인 하나님이라는 문제를 다루기 위해 고안된 것처럼 보인다. 진노와 희생을 강조하는 쪽에서 고난과 고난의 모방을 강조하는 쪽으로 옮겨감으로써 하나님은 긍휼한 모습으로 표현되며, 사랑은 폭력보다 더 강하게 보인다.

그러나 우리가 성폭력의 생존자들로부터 배우고 있는 것에 비추어보면, 이 이론 또한 문제를 지닌다. 비록 자애로운 부모가 학대하는 부모보다는 선호될지라도 부모와 자식 관계의 가부장제 구조는 여전히 그대로이기 때문이다. 하나님은 완벽한 부모이고, 불충하고 불순종하는 자녀들을 구하기 위해 역사에 개입한다. 하나님은 생명을 주거나 거두어갈 힘이 있다. 그리고 하나님은 신적인 실재의 계시로서 성육신을 도입하기로 일방적인 결정을 했다. 자녀들은 전능한 하나님에게 구조될 때까지는 무력한 존재다. 자녀들은 완벽한 하나님에게 구원받을 때까지 도덕적으로 타락한 존재다. 이렇게 하나님과 인간 사이의 일방적인 힘의 관계가 그대로 유지된다. 하나님은 피조물의 악에 대한 반응으로 학대적으로 될 수 있는 힘이 있지만, 그 대신에 자유롭게 고난을 선택한다.

더구나 고난당하는 하나님에 대한 강조는 성폭력의 생존자들에게 많은 경우 아주 문제가 된다. 이 신학을 통해 그들은 교회가 학대에 대해 정의를 구하지 말고 침묵으로 그 학대의 고통을 견디라고 권유한다고 느끼기 때문이다. 여성과 아동이 침묵하며 고통당하는 동안 성폭력의 남성 가해자들은 사회와 교회에서 지도자로 있으면서 자기 범죄에 대한 책임을 지지 않는다. 타인의 악으로 인해 침묵하며 고통당하도록 희생자들을 격려하는 전능한 하나님에게는 뭔가 잘못된 것이 있다. 사회 지도자들의 악 때문에 고난당하는 무죄한 예수에게는 뭔가 잘못된 것이 있다. 이러한 관점은 스스로를 보호할 힘이 없는 사람들이 외치는 정의의 요구를 무시하는 한편, 힘 있는 사람들이 자기의 특권과 학대적인 행위를 계속 유지할 수 있게 해준다.[39]

성육신의 대속이론이 갖는 가치는 관계적인 하나님 탐색에 강조점을 둔다는 데 있다. 그 하나님은 인간의 고통에 전적으로 관여한다. 치유 과정에 있는 성폭력의 생존자들은 자기에게 폭력을 휘두른 남자와는 달리 학대적이지 않고 측은히 여기는 하나님, 접근할 수 있는 하나님을 열망한다. 그래서 가부장적이지 않고 희생자들에게 고난을 장려하지 않는, 사랑과 힘이 있는 하나님을 우리가 어떻게 발견할 수 있을지가 바로 쟁점이 된다.

하나님의 개정改正된 이미지

성폭력 생존자들의 종교적 증언에 대한 반응으로 우리는 하나님에 대한 이해를 개정하려고 한다. 우리가 검토해온 대속이론들 안에서 하나님은 피조물의 도덕적 주장을 고려하지 않은 채 분노에 차 있거나 아니면 자비로울 수 있는 자유를 지닌 강력한 인물이다. 이 관점에서 보는 하나님의 관계는 상호성과 책임성이 결여되었다는 특징을 지니며, 이런 특징은 우리가 연구해온 학대적인 관계에서 전형적으로 나타난다. 성폭력의 가해자와 같은 하나님의 이런 이미지는 보호받지 못하는 사람을 누르는 일방적인 힘의 주권을 가정한 것이다. 이러한 하나님은 희생자의 침묵의 소리를 듣지 못하고, 그들의 고통과 희망을 느끼지 못할 수도 있다.

하나님이 관계망 안에서 피조물과 완전히 능동적이며 상호의존적인 동반자로서 살아가는 이미지로 개정되는 것은 어떤 의미를 지닐 것인가? 버나드 루머는 관계적인 힘을 지닌 하나님을 그리면서, 그 하나님의 실존에 모든 피조물의 고난과 희망을 포함시킨다.

이 분석에서 볼 때, 하나님 전체가 이 완벽하지 않고, 끝나지 않으며, 분투하고, 진화하고 있는 사회망의 구체적이고 상호연관적인 전체성과 동일시되게 되어 있다. …… 하나님은 피조물 전체의 유기적인 불안정성으로 표현된다. 마치그 불안정성이 이 사회망의 몇 부분 안에서 고르지 않게 예시例示되듯이 말이다. 이 불만스러움은 어떤 피조물에게도 본질적인 '영혼'의 표현이며, 더 큰 선을 향해 확장된 충동으로 예시될 수도 있다. 그것은 또한 더 큰 악을 위한 열정이 될수도 있다. 그것이 더 큰 선으로 어떻게 위장되거나 합리화될지라도, 또한 그 자체의 매력을 지닐지라도, 그렇다. …… 하나님은 모든 것이 존재하는 궁극적인목표가 될 뿐 아니라 실존의 모양과 재료이기도 하다.[40]

위의 인용문에서 루머는 힘에 관한 우리의 개념을 변화시킬 수도 있는 급진적인 대안을 제시했다. 비록 많은 신학자들이 피조물의 상처를 느끼는 관계적인 하나님을 믿지만, 대부분의 신학자들은 관계적 하나님의 도덕적인 애매모호함을 수용하기를 꺼린다. 그 하나님의 운명은 피조물과 동일시되기 때문이다. 전적으로 관계적인 하나님의 이런 이미지는 선과 악이라는 의미에서 애매모호해지곤 한다. 피조물 자체가 애매모호하기 때문이다. 루머는 "애매모호한 하나님이 그렇지 않은 신격보다 더 큰 모습을 지닌다"고 주장한다. 왜냐하면 이러한 하나님은 피조물의 현실 전체를 궁극적 실재의 한 부분으로 포함하기 때문이다.[41] 관계적인 하나님은 인간의 삶의 애매모호한 것들과 전적으로 상호의존하는 하나님이다. 이러한 하나님이 사랑과 힘의 어떤 요소들을 담고 있어서 생존자들의 종교적 욕구에 반응할 수 있는지는 탐구할 만한 주제로 보인다.

하나님의 사랑은 어디에 있는가?

하나님을 관계적이고, 애매모호하다고 인식하게 되면, 하나님의 사랑은 포괄적인 관계성에서 요구되는 고난으로 측정된다. 즉, 인간 삶의 모든 모순들을 하나님의 경험에 완전히 포함시키는 관계성이 요구하는 고난으로써 하나님의 사랑이 측정된다. 관계적 하나님의 사랑은 한계를 모르는 포괄성을 지닌다. 존재하는 모든 것이 하나님의 경험에 포함된다. 이러한 포괄성을 지닌 고난을 통해서, 선과 악의 모습은 양립가능한 대비로 변형되며, 관계망은 자기 파괴적인 측면에서 재창조적인 측면으로 이동한다.

이것은 성폭력의 희생자들이 하나님의 경험 안에 포함됨을 의미한다. 하나님은 역사를 통해 고난의 가장 깊은 곳까지 경험했다. 예수의 십자가, 인종말살, 노예학살, 유대인의 파멸, 화학물의 공격, 자연에 버려진 폐기물, 핵무기 비축 등이 그것이다. 고난당하는 피조물의 역사가 곧 하나님이 경험한 역사다. 고난당하는 인간은, 그 관계망이 그 관계 자체의 종말에 저항할 수 있게 만드는 형태로, 온전하게 하나님 경험의 일부가 된다. 가장 악한 것의 한가운데서 하나님의 사랑이 다시 튕겨 나오고, 그 악의 파괴적인 잠재성을 극복한다. 성폭력의 희생자들의 소리 없는 고난은 온전하게 하나님의 삶의 일부이며, 희생자는 이 고난이 궁극적 실재와 연관되도록 해주는 수단이다. 우리를 하나님의 사랑에서 단절시킬 수 있는 것은 하나도 없다(로마서 8 : 35~39).

성폭력 가해자는 하나님의 정의와 사랑으로부터 숨을 자리가 없다. 그들이 아무리 강하게 부인하고 잘 합리화할지라도, 하나님은 악과 악의 파괴적 현실에 관한 진실을 알고 있다. 심지어 인간의 악이 하나님의 존재를 두려워하는 데로 이끌지라도, 하나님에게 충격을 줄 수 있는 일은 없다. 예수에게서 계시되었듯 하나님은 인간의 충동과 동일한 충동을 알고 있으며, 심지어 악의 내적 유혹까지도 안다(마태복음 4장). 그러나 하나님 안에서 악을 향한 이 충동들은 그의 성격으로 통합되었기 때문에 인간의 충동은 위협이 되지 않는다. 가해자가 자기에 관한 진실을 직면하기로 결단했을 때, 그는 하나님의 연민 어린 제한들을 발견할 수도 있다. 그들의 억눌린 현실은 이미 하나님의 경험의 일부다. 우리가 지옥에서 살지라도 하나님은 거기 있다(시편 139 : 8).

남자와 여자는 하나님의 사랑을 경험하는 방식에서 차이가 있을 수도 있다. 여자들에게는 하나님의 사랑이 자신들의 비밀스러운 고난이 확인되고 힘의 가부장적인 학대에 대면되는 것을 의미할 수도 있다. 고난은 가부장제 문화 안에 있는 여성을 위한 정의를 요구한다. 남자들에게는 하나님의 사랑이 타자의 고난에 대한 새로운 자각을 의미하고, 상호성을 위해 가부장적인 힘의 포기를 의미할 수도 있다.

사랑의 하나님이란 모든 피조물의 모든 고통이 온전하게 다 하나님의 경험에 속한다는 것을 의미한다. 캐런이 자기를 완전히 받아주는 두 팔 벌린 인물을 상상할 때, 진정한 하나님을 상상하고 있는 것이다. 그녀의 부모가 미취학 아동이었던 그녀를 거부했고 그녀로 하여금 어둡고 위험한 집에서 혼자 자도록 강요했을지라도, 하나님은 그녀를 두 팔로 안아주고 그녀의 모든 두려움과 분노를 감싼다. 캐런의 모든 경험이 하나님의 것이다. 샘이 아들을 학대했을 때 하나님은 샘의 악의 비밀스러운 번민을 알았고, 그의 아들과 가족의 고통을 알았다. 그가 '내가 살기를 원하고 있는지 생각하기 위해' 한 주일 떠났을 때에도 하나님은 그의 고통과 두려움을 나누었다. 그가 가는 곳마다 하나님이 동반자가 되고, 그가 악을 포기하고 자기 삶의 새로운 중심을 발견하도록 도울 수 있는 자원이 된다.

성육신의 대속이론은 하나님의 세상과의 철저한 동일시라는 진리를 얻으려고 노력한다. 예수의 죽음에서 세상과 같이 고난받는 하나님의 이미지는 관계적인 하나님의 이미지이다. 많은 이야기들 속에서 예수는 타인의 경험을 포함할 수 있는 그의 능력을 보여준다. 그가 억압과 질병의 희생자를 만났을 때 그들에게 자원을 제공하고 도전해 그들이 자기 삶을 변화시킬 힘을 찾을 수 있게 만들어준다. 혈류병血流病에 걸린 여자가 예수의 옷을 만졌고 치유받았을 때, 예수는 "딸아, 네 믿음이 너를 구원했으니 평안히 가라. 네 병에서 놓여 건강할지어다"(마가복음 5 : 34)라고 말했다. 그는 상호성의 관계에 묶였고, 힘이 그들 사이에 흘러갔다. 그럼으로써 그녀의 고통의 구조가 변화되었다. 그녀의 고통은 그 관계망의 중심과 이 새로운 연결을 통해 변화되었고, 그녀는 치유를 경험했다.

예수는 당대의 압제자들을 만났을 때 그들과 함께 먹고 대화하며 그들에게 학대의 습관을 바꾸고 정의의 하나님을 섬기라고 도전했다. 예수가 그들을 전혀 두려워하지 않았던 것은, 그들은 자기 삶에 들어 있는 모순들을 이해하지 못했지만 예수는 이해했기 때문이다. 그는 힘을 악용하고 싶은 유혹을 알았고, 또 힘이 악용되지 말아야 함을 알았으며, 해방은 힘의 포기를 통해 올 수 있음도 알고 있었다. 악에 대한 인간의 충동은 악의 노예가 된 사람들을 파멸시키지 않고 중화될 수 있다. 고난당하는 하나님의 사랑은 악을 행한 가해자에게까지 확대되며, 그들의 경험을 안전한 제한들이 되도록 변화시킴으로써, 그 제한들이 관계망 안에 있는 모든 존재가 파멸되지 않도록 지켜준다.

예수가 군중과 그의 목숨을 끊을 수 있는 권세가 있는 지도자들과 대면했을 때 그는 온전히 존재하고 있었다. 그는 그들의 증오와 무지를 배제하지 않았다. 죽음의 순간까지도 예수는 온전하게 유지된 존재였고, 자신과 타인을 향한 연민을 가졌으며, 단 한 순간도 그가 살해당함이 의로운 대의大儀인 체하지 않았다. 그가 보여주었던 것은, 악의 세력이 압도적일 때가 있음에도 우리는 한없는 사랑을 가진 분the One을 신뢰할 수 있다는 것이었다. 죽음에 이를 때조차도 말이다. 악의 힘이 전부 자기에게 대항해 조직되었을 때 예수는 자기가 누구인지 알았다. 그를 본받아 우리는 우리 자신의 악과 죽음을 알 때에도, 하나님이 우리에게 준 삶을 배신하지 않은 채 살 수 있다.

관계의 하나님은 우리를 전체적으로 온전하게 사랑한다. 이 이미지를 재클린 그랜트Jacquelyn Grant는 강력하게 포착했다.

> 흑인들의 경험에서 예수는 '모든 것'이었다. 그러나 그중 가장 중요한 것은 예수가 고난의 신성한 동료로서 억압의 상황에 있는 자기들에게 힘을 준다는 믿음이었다. 과거에 기독교인인 흑인 여자들에게 예수는 그들이 참고할 중심적인 틀이었다. 그들이 예수를 자기들과 동일시한 이유는, 예수가 자기들을 그 자신과 동일시했다고 믿었기 때문이었다. 예수가 부당하게 박해받고 고통당했듯이 그들도 그러했다. 그의 고난은 십자가형으로 절정에 닿았다. 그들의 십자가형에는 강간과 팔려가는 아기들이 포함되어 있었다. 그러나 예수의 고난은 그저 한 인간의 고난이 아니었다. 예수는 하나님이 성육신한 존재로서 이해되었기 때문이었다.[42]

예수 안에서 하나님은 포괄적인 관계성 때문에 고난받았다. 그리고 압제의 고통을 겪은 사람들의 증언에 의하면 그 상황에 있는 사람들에게 하나님은 힘을 주었다. 이것은 고난 그 자체를 위한 고난이나 압제자를 만족시키기 위한 고난이 아니라, 관계의 그물을 구해내고 사람들을 압제에서 해방시키는 관계로 묶어주는 사랑을 공유하는 고난이다.

자신의 죽음이라는 불의함으로 고통당하는 예수의 이미지는 우리 시대 성폭력 희생자 모두에게 도움이 되는 것은 아닐 수도 있다. 어떤 기독교의 경건함 안에서 고난을 칭송하는 일은, 자기의 경험이 억압되어 있다고 느끼는 사람들의 말없는 고난을 실제로 증가시킬 수도 있다.[43] 그러나 억압받는 어떤 집단에게는 예수의 죽음의 고난이 해방을 향한 투쟁을 계속하도록 북돋아준다. 이 둘의 긴장은 우리가 악한 세상에서 하나님의 사랑의 의미가 무엇인지 찾으려고 애쓰는 동안 우리와 함께할 것이다.

하나님의 힘은 어디에 있는가?

관계적이고 모호한 하나님이라는 인식에서 하나님의 힘을 가늠할 수 있는 것은, 그 애매함 한가운데서 정의를 위해 다시 솟아나오는 희망이다. 하나님의 창조적인 행위 안에서 의도된 힘이란 생명 그 자체와 동의어이기 때문에, 하나님의 힘은 곧 풍성한 삶을 위한 '안정되지 않음'을 의미한다. 그것의 특징은 더 많은 것을 위한 열정이다. 더 풍성함, 더 깊음과 넓음, 더 아름다움을 위한 열정이다. 이 열정은 관계망이 그 자체를 초월할 수 있도록 해주며, 새로운 형태의 창조성으로 성장하도록 해준다. 그러나 그것은 이 그물이 끊어지고 결국 파괴되도록 이끌 위험도 안고 있다.

하나님의 힘은 죽음의 힘과 악의 힘을 포함한다. 피조물 자체는 창조성과 파괴성, 삶과 죽음 사이의 면도날 위에서 산다. 성서에서 증언되듯이 하나님의 폭력의 잠재성은 실제로 있다. 그 관계망이 선과 악의 이 긴장 속에서 균형을 유지하는지의 여부는 그 그물 안에 있는 개인들의 구체적인 결단에 달려 있다. 예수 그리스도 안에서 하나님이 계시한 것은 하나님의 사랑과 정의가 악의 면전에서 되튀어 오른다는 것이다. 그러나 그것이 구체적으로 실현될 수 있느냐의 여부는 그 그물 안에 있는 모든 사람의 동반의식에 달려 있다. 하나님의 위상은 이 정의와 불의 둘 다의 애매모호함을 하나님의 존재의 온전함 안에 포용하는 한편, 이 애매모호함 한가운데서 정의를 위한 희망을 유지하는 능력에 의해 가늠된다.

고난의 종은 오히려 사랑과 미움의 양립불가능성(십자가형) 안에서 큰 대조를 담은 관계를 유지할 수 있는 존재이다. 상대방으로부터 나온 미움이나 무관심을 흡수하는 한편으로 상대방을 사랑하는 것으로 반응해 관계를 유지하려 시도할 때 생기는 대조되는 양극들이 그런 예가 된다. 이런 대조가 양립불가능성이며, 사실상 정서적 모순이다. 그러나 자기 자신의 존재의 통합성 안에서 이 모순을 흡수할 크기가 됨으로써, 그리고 그 관계를 유지할 힘을 가짐으로써, 그 양립불가능성이 양립가능한 대비로 변형되었다.[44]

하나님은 정의를 바라는 생존자의 복원력 있는 희망 안에 존재한다. 우리가 성폭력을 연구하면서 놀라는 것은, 아주 많은 고통과 공포를 담고 사는 자들에게 있는 희망의 복원력이다. 그들은 정체성을 갖기도 전에, 그들 삶을 완전히 맡은 성인이 자행한 파괴적 충동행위에 희생되었다. 그러나 압도당한 그들의 고난 가운데서도 희망은 죽지 않았다. 생존자들이 말해주는 것은, 치유받는 과정에서 엄청난 애매모호함을 자기 삶에 통합할 수 있어야 했다는 것이다. 그들은 자기 고통을 인지적으로, 정서적으로 기억하는 경험을 해야 했다. 어떤 이들은 학대당하는 데로 기우는 경향을 지니고 있는 것이 틀림없는데 그 이유는, 그가 학대자와 자신을 동일시했기 때문이었다. 그들은 더 큰 공동체에 의해서 자기 고난이 부인되고 무관심하게 방치되는 현실에 직면해야 했다. 그들은 죽고 싶고, 죽이고 싶고, 피상적인 삶을 살고 싶고, 되도록이면 도망치고 싶다는 소원으로 괴로웠다고 말한다. 그들은 이러한 애매모호함에 직면해야 하고, 자기 미래에 대한 결심과 헌신을 유지해야 한다. 쉬지 않는 하나님이 원하는 대로의 사람이 되기 위해, 그들은 그들의 복원력 있는 희망의 힘을 이 엄청난 애매모호함 가운데서도 건강의 강력한 패턴으로 바꿀 수 있어야 한다. 그들의 복원력이 하나님의 복원復原하는 힘을 증언해준다.

회복 중인 몇몇 가해자에게 일어나는 변화의 놀라운 희망 안에 하나님의 능력이 있다. 가해자가 치유되려면 자기의 어린 시절의 고통과, 자기가 타인에게 행한 파괴의 행위를 직시해야 한다. 그들은 자기가 학대하는 경향이 있음을 반드시 받아들여야 하고, 동시에 이 경향성을 장래 자신의 새로운 가능성에 대한 희망에 담아야 한다. 그들 스스로 그 결과를 볼 수 없을 때라도 그들은 반드시 치유의 관계 안에 머물 수 있어야 한다. 핵무기가 존재하는 세상에서 하나님 안에 정의를 복원할 희망이 충분히 있는지의 여부는 회복 중인 가해자가 새로운 삶을 찾을 수 있는지의 여부로써 드러날 수도 있다.

하나님의 능력을 경험하는 방법은 여자와 남자가 각기 다를 수 있다. 여자에게 하나님의 힘이란, 계속되는 억압에 저항함으로써 복원하는 희망으로 사는 것을 의미하고, 가부장제의 변두리에서도 삶을 계속할 수 있게 만드는 새로운 연결고리들을 발견함을 의미한다. 남자에게 하나님의 힘은 가부장제의 악에 들어 있는 공모共謀함을 비판적으로 검토하라고 요구할 수도 있다. 애매모호함에 직면하는 일은 힘의 악용에 대해 고백하고 회개하며 보상하는 문제일 경우가 더 많다. 그 힘의 악용으로 여성과 아동과 관계망에 아주 많은 고통이 야기되기 때문이다.

대리적인 대속의 이론이 추구하는 진리는 악과 대결하고 있는 하나님의 가공할 힘의 이미지이다. 세상의 불의와 악에 대해 화가 난 하나님은, 성서의 이야기에서 보이듯이, 악을 향해서 삶과 죽음의 힘을 사용하고 싶은 유혹을 받는다. 하나님의 힘은 포괄적인 관계성을 위해 기꺼이 애매모호함이라는 위태로움을 감수하는 것으로 보이지만, 복원시키는 그의 정의는 고난과 악 앞에서도 끈질기다. 그러나 폭력이 결국 관계망을 파괴시킬 가능성은 언제든지 존재하며, 압제받음으로써 악에 대한 의식이 날카로워진 사람들에게 부단히 저항 받아야 된다.

예수는 비록 어떤 공직이나 직책이 없었지만 대단한 권위가 있는 인물이었다. 군중은 그를 풍성한 삶에 필요한 자원을 가지고 있는 인물로 인정했다. 지도자들은 그를 자기들의 압제력을 위협하는 존재로 보고 두려워했다. 십자가형으로 이 세상의 힘은 조직적으로 예수를 죽였다. 죽음의 그 순간에조차 예수는 강력했다. "너는 내가 내 아버지께 구하여 지금 열두 군단보다 더 많은 천사를 보내게 할 수 없는 줄로 아느냐?"(마태복음 26 : 53) 그 애매모호함 속에서 예수는 자신에 대적해 조직된 악의 힘을 직시했을 뿐 아니라, 스스로 악의 힘을 사용하고 싶은 유혹도 직시했다. 호세아 11장 9절에서 하나님이 이스라엘을 향한 자기의 파괴적인 충동을 통제하려고 노력했듯이, 예수도 자신의 애매모호함의 내적 투쟁에 직면했다. 예수의 죽음에서 하나님은 모든 애매모호함 속에서 인간의 삶과 자신을 완전히 동일시하는 존재로 드러난다. 그러나 그 애매모호함 가운데서 사랑과 정의를 향한 하나님의 희망은 도로 튀어나온다. 십자가형의 잔인성에도, 그것은 그 이야기의 끝이 아니다. 하나님의 복원력은 예수의 부활 안에서 다시 나타나며, 부활된 교회 안에서 다시 나타난다. 그 교회는 적절치 않은 방법으로라도 하나님의 사랑과 능력의 지표로서 예수를 증언해준다.

인간은 타인을 양육할 힘이나 학대할 힘이 있다. 악이 극복되려면, 우리 각자 우리 자신과 타인 안에 있는 힘을 악한 방법으로 이용하고 싶은 경향성이 있음을 반드시 직시해야 한다. 우리가 우리 자신의 애매모호함의 깊이를 직시할 때 힘이 정의롭게 사용될 수 있도록 복원시킬 희망을 발견할 것이다. 우리 자신의 삶 속에 있는 힘의 악용을 고백하고, 타인의 힘의 악용과 대결하며, 그 악을 참회하고, 정의와 의로움을 향해 새롭게 헌신할 때만 악의 가능성이 억제될 것이다.

계시록에 있는 악의 종말을 검토하면서, 월터 윙크Walter Wink는 계시록의 이 환상 안에서 악의 구현인 사탄이 완전히 파멸되지 않고 "거룩한 천사들과 어린 양the Lamb* 앞에서"(14장 10절), 살도록 선고받았음을 발견하고 놀랐다. 윙크의 결론은 다음과 같다.

변혁은 악의 부인과 억압을 통해서 오지 않고, 그것에 이름을 붙이고, 인정하며, 하나님 앞으로 끌어올릴 때 이루어진다. …… 악의 잔재가 있을 때 그것은 치료될 수도, 통합될 수도, 인간화될 수도 없다. 우리는 단지 그것을 하나님 앞에 가지고 가서 영원히 불태워질 수 있도록 할 수 있을 뿐이다. (왜냐하면 그것은 결코 완전히 소멸되지 않기 때문이다. 사실 그것은 일종의 연료다.) 그리고 하나님이 우리의 구원될 수 없는 악을 불타는 빛으로 변화시켜 주리라 신뢰할 수 있을 뿐이다.45

---

* 십자가에 못 박힌 예수를 희생 제물로 바쳐지는 어린 양에 비유하는 용어. _옮긴이

하나님의 힘은 이 세상에서 정의에 확고히 헌신하는 것에서 보일 뿐 아니라 정의를 추구할 때 엄청난 양의 애매모호함을 포용할 수 있는 능력에서도 보인다. 하나님의 이 이미지는 재클린 그랜트가 소저너 트루스Sojourner Truth* 의 증언을 함께 나눈 것에 요약되어 있다.

"찬양하라, 찬양하라, 하나님을 찬양하라! 이제 나는 전에 결코 느껴보지 못한 사랑, 모든 피조물들을 향한 사랑을 내 영혼에서 느끼기 시작했다. 그러고 나서 갑자기 그것이 멈추었다. 그리고 내가 말했다. 당신을 학대하고, 때리고, 당신의 백성을 학대한 백인들이 있다. 그들을 생각하라! 그때 내 영혼에 사랑이 또 한 번 밀고 들어왔다. 그리고 나는 큰 소리로 외쳤다. '주여! 나는 백인까지도 사랑할 수 있습니다.'"

이 사랑은 감상적이고 수동적인 사랑이 아니었다. 그것은 억세고 적극적인 사랑이었고, 그 사랑이 그녀에게 자기 백성의 자유를 위해 더 맹렬하게 싸울 힘을 주었다. 그녀는 남은 인생 동안 끊임없이 노예제도 폐지와 여성의 권리 모으기를 연설하고, 억압의 공포에 대해 규탄했다.[46]

우리가 예배할 수 있는 하나님

나와 같이 작업했던 생존자들은 자기의 종교적 경험에 관해 증언했다. 그들의 관점에서 우리는 성서의 어떤 부분, 특히 학대하는 하나님의 이미지를 포함한 성서 본문들을 새로운 방법으로 보았다. 이 연구를 통해 우리는 관계

---

* 19세기 미국의 흑인 노예였으나 갓 태어난 딸을 데리고 도망쳤고, 나중에 아들을 찾기 위해 법정 투쟁을 통해 백인 남자를 이긴 최초의 흑인 여자, 노예폐지론 행동가. _옮긴이

적이고 애매모호한 사랑과 힘의 하나님이라는 이미지를 만들어냈다. 하나님의 사랑은 포괄적 관계에서 요구되는 고난에 의해 측정된다. 하나님의 힘은 애매모호함 가운데에서도 정의를 위한 복원력 있는 희망에 의해 가늠된다.

관계적이고 애매모호한 하나님을 예배할 가능성이 있는가? 그 질문에 대한 답은 예배생활과 교회의 실천에 달려 있다. 이러한 하나님이 예배의 대상이 될 수 있는지의 여부는, 기독교인들이 자기 자신과 자기의 고통을 정직하게 직시하고, 복원력 있는 희망을 불어넣어 줄 수 있는 상징들을 발견하는 용기가 있는지에 달려 있을 것이다.

우리가 가부장제의 악에 대결할 때 어떤 하나님의 이미지에 영감을 받게 될지는 남성이냐 여성이냐에 따라 다르다. 성폭력의 생존자들은 치유의 과정에서 공포의 고통스러운 기억을 자기의 의식적인 경험에 통합하는 일과 직면해 씨름해야 한다. 그들은 자기를 가해한 자와 동일시함으로써 생기는 파괴적 충동에 직면한다. 치유의 과정 중 그들은 타인들과의 연결점을 추구하는데, 그 타인들은 자기 자신의 고통을 두려워하지 않고, 자기 자신의 파괴적 충동을 인정하는 사람들이다. 희생자들과 돌보는 자들이 정직하고 포괄적인 사랑, 정의를 위해 복원력 있는 희망에 함께 서로 헌신할 때, 친밀한 공동체의 가능성이 존재한다. 캐런은 자신을 치유하기 위해 선택했던 사람들의 집단이 그녀에게뿐 아니라 모든 구성원을 위해서도 서로 지지와 위로의 원천이 되었음을 보고해주었다.

내 자신의 종교적 경험 안에서 나는 관계적이고 모호한 하나님의 이미지로부터 위로를 받았고 도전도 받았다. 하나님이 예수 그리스도 안에서 계시되기 때문에, 나는 경험의 어떤 부분도 배제시키지 않았던 분을 본다. 예수는 금기시된 질병을 가진 사람, 사회에서 축출된 자, 세리나 죄인으로부터 움츠

러들지 않았다. 그는 그 시대의 악한 지도자들을 피하지도 않았다. 예수는 구체적인 삶의 경험, 심지어는 가장 추하고 끔찍한 것들을 전부 포용했다. 그는 자기의 십자가형에서 인간 증오와 폭력의 가학증과 잔인성을 온전히 경험했다. 예수는 온전히 관계적이었다.

포괄적인 관계성을 가진 이 하나님이 나에게 내 자신의 경험을 두려워할 필요가 없다는 희망을 준다. 백인 남자로서 나는 내 자신의 고통을 두려워하고 가부장의 힘을 악용해온 내 개인사를 노출하는 일에 두려움을 지닌다. 내 인생 대부분의 시간 동안 나는 내 고통과 공모共謀를 부인해왔다. 그러나 사랑의 하나님을 믿는다는 것은 내 과거나 내 사회적 상황 안에 있는 어떤 것도 하나님에게 충격을 줄 수 없음을 믿는 것이다. 나의 과거나 현재의 삶에서 하나님에게 너무나 큰 두려움을 줄 정도로 깊은 고통은 있을 수 없으며, 하나님의 이해를 넘어서는 악한 의도도 있을 수 없다. 하나님의 사랑으로 나는 내 고통과 남의 고통을 받아들이는 용기를 가질 수 있다. 하나님이 나를 지탱해 주시리라는 것을 알기 때문이다. 나 자신을 이루는 모든 것은 배제되지 않고 하나님의 경험 안으로 수용된다.

예수 안에서 내가 보는 하나님은 선과 악의 모든 애매모호함을 포용하면서도 온전함을 잃지 않을 수 있는 하나님이다. 죄 없이 완벽한 예수의 이미지는 과거의 나를 눈멀게 해 예수 자신의 내적인 영적 투쟁을 보지 못하게 만들었다. 그는 하나님으로부터 받은 힘을 거룩하지 못한 의도로 사용하라는 유혹을 받았다(마태복음 4:1~11). 수로보니게 여인을 개라고 비난한 그는 그녀에 의해 교정되었고, 그녀는 믿음에 관한 예수의 이해를 확장해주었다(마가복음 7:24~30). 예수는 십자가형을 지연시켜달라고 요청했으며(마태복음 26:39), 그다음에는 그를 위협하는 군중과 지도자들에 대항해 천사들을 사용하고 싶은 유혹에 저항해야 했다(마태복음 26 : 53). 죽을 때 예수는 하나님에게 버림받았다고 느꼈다(마태복음 27 : 46). 놀랍게도 하나님의 애매모호함에 대한 그 강조가 성서 이해의 깊은 곳을 열어젖혔다. 그것은 '인간이 됨'이라는 끔찍한 애매모호함에 대한 하나님의 동정심을 드러낸다.

백인 남자인 나는 나의 애매모호함을 자각하지 않고 피하려고 노력해왔다. 나는 자신이 힘을 정의롭게 창조적으로 사용한다고 여기면서, 내가 타인에게 힘을 악용해 충격을 준다는 사실을 부인해왔다. 힘을 가진 애매모호한 하나님이라는 개념은 내 삶에 있는 잠재적인 악이나 실제적인 악은 모두 하나님이 이미 직면했던 악이라는 것을 의미한다. 하나님의 위상에 의해 이 세상에서 악이 증가하는 데 대한 내 개인적 책임과 집단적 책임이 내 안에 담겨질 수 있다. 나의 애매모호함 한가운데에는 하나님의 정의 안에 있는 복원력 있는 희망이 있다. 뒤죽박죽인 내 삶이 내 자신과 타인을 위해 옳고 선한 것을 추구하는 나의 노력을 끝나게 하지 못한다. 심지어 악이 내 시야 안에 있는 모든 것에 침투해 있는 것처럼 보일지라도, 여전히 아름다움과 정의를 추구하는 하나님 안에 희망이 있다. 나는 이 구체적인 삶의 혼돈으로부터 나를 구해줄 완벽한 하나님이 필요 없다. 오히려 내게 필요한 하나님은 모호한 가운데서도 정의를 향한 복원력 있는 희망을 유지하기에 충분한 힘을 가진 하나님이다.

나의 증언의 기초는 생존자와 함께한 연구와 거대한 악 한가운데 있는 하나님에 대한 나의 내적 추구에 놓여 있다. 그런 것을 기초로 해 관계적이고 모호한 하나님의 사랑과 힘이 충분하다는 것이 나의 증언이다. 나는 하나님에게 예배할 수 있는데, 그 하나님은 모든 선과 악, 정의와 불의를 모두 지닌 인간의 삶을 전부 경험해 알고 있는 하나님이고, 더 아름답고 더 정의롭도록 하기 위해 쉬지 않는 하나님이며, 커다란 고통의 가운데서 복원력 있는 희망을 가지고 살 수 있는 더 큰 자아들과 더 큰 공동체들을 위해 쉬지 않는 하나님이다.

9장 교회의 실천과 실천신학

성폭력과 힘의 악용에 관한 조사 연구가 교회의 목회를 위해 지니는 함축 의미에 관해 다른 책이 저술될 수도 있다. 다행히도 좋은 자료가 이미 많아서, 성폭력의 위기에 반응하기 위한 실천적 지침들을 주고 있다. 이 장에서는 우리의 조사 연구로부터 더 효과적인 목회의 기초를 제공할 수 있는 몇 가지 원칙을 요약하고자 한다. 그다음에 실천신학 분야를 위해 몇 가지 함축된 의미를 말하고자 한다.

교회의 실천을 위한 원칙

1. 교회와 사회는 반드시 재조직되어서, 희생자들이 성폭력으로부터 보호받고 치유되기 위해 필요한 적절한 자원을 얻을 수 있도록 해야 한다.[1] 성폭력 희생자들이 자주 침묵을 강요받고 고립되어왔는데, 그 이유는 그들 고통이 금기사항

이기 때문이다.

  a. 성적 학대의 희생자들은 반드시 상담, 교육, 지지그룹, 그리고 치유를 위
     한 여러 자원에 접근할 수 있어야 한다. 성폭력의 문제가 최근에 확인되
     어오면서, 도움과 보호를 구하는 희생자들이 기하급수적으로 늘어나고
     있다. 그러나 그들에게 필요한 상담과 기타 필요한 일들이 공급되는 일
     은 시작되지 않고 있다.

  b. 성폭력이 폭로되면 반드시 위기에 개입하기 위한 더 효과적인 절차가
     있어야 한다. 최근 조사 연구들에 따르면 초기 개입이 중요한데, 그 이
     유는 초기 개입을 통해 그 이상의 학대로부터 희생자를 보호하고, 희생
     자가 자신을 비난하고 그 학대를 내면화하는 경향을 중단시킬 수 있기
     때문이다. 자기 고통을 드러내고 도움을 얻는 아이들이 트라우마의 결
     과를 개선할 가능성이 더 높다. 성적인 트라우마 이후에 필요한 도움을
     받은 여자들은 장기적으로 나타나는 증상으로 고통받는 일이 더 적다.

  c. 교육과 기타 방지 프로그램에 반드시 강조점을 두고 성폭력에 취약한
     사람들을 보호하는 일을 증가시켜야 한다. 성폭력이 만연하는 주요한
     원인 중 하나가 이 문제에 관한 대중의 무시와 비밀유지이다. 성폭력이
     일반적이며, 예방할 수 있는 일이라는 것을 모든 이가 알 필요가 있다.

2. 교회와 사회는 힘을 사용하고 악용하는 방식에 대해 도전하는, 좀 더 효과적으
로 책임지는 방식을 생각해내어야 한다.[2]

  a. 성폭력의 폭로를 다루는 방법들은 더욱 개선되어서 남자들이 자신의 학
     대에 대면될 수 있도록 해야 한다. 법정이나 기타 관계기관들은 학대자
     가 책임을 피할 수 없도록 그의 부인否認과 합리화를 탐지해내는 데 더

세밀해질 필요가 있다. 힘의 악용과 성적 비행非行을 제한하는 명백한 대응책이 있어야 한다.

b. 힘이 효과적으로 제한되어서 희생자들이 보호받을 수 있게 된 다음, 사회는 가해자들에게 필요한 것들을 고려하고 그들의 정신을 치유할 기회를 제공해야 한다. 그 같은 파괴적인 행위로 이끄는 남자들 안에 있는 결함을 어떻게 교정할지 우리가 이해할 때까지는 성폭력이 완전히 멈춰지지 않을 것이기 때문이다.

c. 우리는 성폭력에 대한 조사를 하면서 다른 형태의 힘의 악용에 대해서도 경각심을 갖게 되었고, 앞으로도 그것에 대해 조사 연구를 더 진행할 필요가 있다. 전문적인 관계에서 학대당하는 사람들이 많다. 경제적인 힘의 악용 때문에 계속 가난한 사람들이 있다. 성적 두려움을 조작당해 참여하지 못하고 배제당하는 사람들도 있다. 유색인들은 고정관념에 의해서, 또 희생양이 되어서, 자원에 접근하는 것이 거부되고 있다. 이런 학대들도 반드시 더 연구되고 직면되어야 한다.

3. 교회와 사회는 반드시 그 자체의 제도적 정책과 절차를 개정해서 힘의 악용과 성폭력을 방지해야 한다.[3] 권력을 갖고 있는 남자들이 힘을 악용했을 때 보호받는 경우가 너무 자주 있다. 우리는 왜 이 같은 일이 발생하고 왜 불의가 수정되도록 개정해야 하는지 검토할 필요가 있다.

a. 성폭력의 성행과 파괴성을 심각하게 받아들이는 조사방법이 필요하다. 조사할 권위를 가진 자들이 반드시 신속하게 움직일 수 있어야 취약한 사람들을 보호할 수 있다.

b. 성적으로 잘못된 일들을 규정하는 명확한 윤리적인 규범이 필요하다.

그 규범은 성적인 잘못이 가져오는 파괴성을 강조해서 폭력과 성적 행위를 혼동시키지 않는 것이어야 한다.

c. 조사하고 보상하는 일에서 우리는 우선적으로 희생자를 보호해야 한다.

d. 혐의가 확고하지 않을 경우, 공정한 항소과정이 필요하다. 힘이 조직된 곳이라면 어디에서든지 힘이 악용될 잠재성이 있다.

4. 교회와 사회는 가족에 관한, 여성 비하에 관한, 그리고 성과 폭력에 관한 가정假定들을 반드시 검토해야 한다.[4] 이 가정들이 사회가 성폭력을 승인하도록 한다는 사실을 우리는 보았기 때문이다.

a. 가족은 여자와 아이들에게 위험한 제도가 될 수 있다. 우리는 가족에 대한 이해를 재형성할 필요가 있다. 가족은 그 가치와 그 위험성 사이에서 균형을 제시해야 하고, 개인들이 심각한 위험에 처할 때 개입하는 절차가 있어야 한다.

b. 여자는 가부장제 문화에서 평가절하되어서 성폭력을 당하는 지경에까지 이를 수 있다. 교회와 사회에서 여자들이 당하는 불의는 사법 절차로 가기 전에 반드시 전달되고 교정되어야 한다. 이 말은 여성과 남성에 대한 우리의 이미지를 재고해야 함을 의미한다.

c. 우리는 성과 폭력을 혼동하는 사회에서 살고 있다. 성폭력은 폭력이라기보다는 성적 행위로 해석되어왔다. 우리는 성과 폭력 둘 다에 대한 관점을 재형성해 더 이상 그 둘이 혼동되지 않도록 해야 한다.

5. 때로는 가족과 대인관계에서 학대하는 양상을 잠재적으로 승인하는 것처럼 보이는 하나님의 이미지를 교회는 반드시 재형성해야 한다.[5] 하나님과 인류의 관계

에 관한 신학적 가정들이 검토되고 개정될 필요가 있다. 이것은 새로운 방법의 성서 공부와 설교와 예배와 교육과 돌봄을 요구한다.

a. 우리는 하나님의 본성에 관한 체계적 왜곡을 추려내기 위해 비판적으로 성서를 연구할 필요가 있다. 이렇게 하려면, 성서 안에서 폭력적이면서 구속적救贖的인 이야기들을 끄집어내어 비판하는 역사비평과 문헌비평이 필요하다. 사랑과 힘을 가진 관계적인 애매모호한 하나님은 우리가 용기와 정직함으로 성서와 씨름할 때에만 드러난다.

b. 하나님의 이미지를 바꾸려면 설교와 예배에서 새로운 상상력이 요구된다. 신실한 자들에 의해 섬김을 받아야 할 자애로운 아버지로서의 하나님은 진실과 구원에 관한 말 전체를 선포하기에는 더 이상 적절하지 않다. 모든 인간의 경험을, 고통당하는 세상과 동일시되는 하나님 앞에 가져가는 것은 예배의 제국적인 이미지들에 대한 도전이 될 것이다. 성찬예식의 의미를 알려주는 대속의 이론들은, 그것이 불의한 고통을 암묵적으로 승인해주는 것은 아닌지 검토될 필요가 있다.

c. 교육과 목회의 돌봄에 들어 있는 지배와 학대의 양상들이 반드시 폭로되어야 하며, 하나님의 백성을 모두 해방시키는 새로운 형태의 목회가 고안되어야 한다. 교육과 돌봄의 목회는 너무나 자주 지배적 가치를 영속시키고 주변집단과 그들의 경험을 배제하는 테두리를 유지하는 일에 그 근거를 두곤 했다. 예수에게 순종하도록 아이들을 가르치는 것은 그들의 비밀스러운 고통에 대한 침묵을 강화시킬 수 있다. 목회의 돌봄과 상담은 여성을 지배하는 남성의 특권을 승인하는 경우가 자주 있다. 가난한 자와 억압받는 자를 위한 교회 바깥을 향한 프로그램들도 가부장적이고 폭력적일 수 있다.

성폭력에 대한 우리의 조사 연구로부터 나온 이 원칙들은 교회의 목회실천을 수정하라고 요구한다.

실천신학

이 연구과제는 실천신학에서 행한 하나의 연습이었다. 말하자면, 목회 현장에서 나오는 하나님과 인간의 관계에 대한 신학적 성찰이다. 내가 도왔던 또 다른 작업은 실천신학을 위한 다음과 같은 정의와 방법들을 생각해냈다.

실천신학이란 살아 있는 공동체 안에서 인간의 경험과 상호작용에 관해 비판적이고 건설적인 성찰을 하는 것이다. 그 경험과 상호작용은 기독교의 이야기와 다른 관점들의 연관성을 포함시키고, 의미와 가치를 해석하도록 유도하며, 사람들과 공동체들을 위한 일상의 지침과 기술을 만들어낸다.[6]

실천신학의 필수적인 요소들은 다음과 같다.

1. 생생한 경험 묘사
2. 관점과 관심에 대한 비판적 깨달음
3. 문화의 관점과 기독교 전통의 관점의 연관성
4. 의미와 가치 해석
5. 해석에 대한 비평
6. 특정한 한 공동체를 위한 지침과 특별계획[7]

이 연구과제에서 조사한 것에 기초를 두고, 나는 실천신학을 새롭게 정의했다.

실천신학은 개인과 공동체의 삶에서 지금까지 들리지 않았던 목소리를 신학적으로 해석하는 일이다. 그렇게 하는 목적은 사랑과 힘을 가진 하나님에 대한 믿음을 계속해 변혁시키기 위함이며, 이를 통해 목회실천을 갱신하는 것이다.

실천신학의 필수적인 요소들은 다음과 같다.

1. 성찰은 경험 안에 '다름'과 타자성이 있기에 시작된다. '다름'이 생각을 불러일으킨다. 사람이나 공동체가 정체성과 대조되는 어떤 욕구를 감지할 때, 잠재된 그 모순이 성찰을 요구한다. 자의식을 가지고 살아낸 경험은 유사함과 상이성의 긴장으로 차 있고, 정체성은 이 긴장이 직면되고 처리될 때 더 강해진다. 이것은 타자성이 반드시 궁극적인 실재의 깊은 곳을 보는 창문으로 보존되어야 함을 의미한다. 다름과 대조 없이 자의식의 경험이란 없다.[8]

우리의 조사 연구에 의하면, 경험 깊은 곳에 묶여 있던 경험은 한편에 있는 고통과 악, 반대편에 있는 희망 사이의 대조를 성찰함으로써 풀려났다. 생존자의 삶의 특징이 사적인 고통인 한, 그 생존자는 자신의 경험의 깊은 곳에 막혀 있게 된다. 그러나 다른 사람에게 자기 고통에 관해 이야기함으로써, 자기 영혼 안에 잠재된 희망 위에서 행동하면서 삶이 변화될 수 있다. 생존자들과 내가 일하면서 주목하지 않을 수 없는 것은 악과 고통이 아니라, 그들의 고통과 사그라지지 않을 희망의 대조이다. 이 대조가 우리의 참여와 조사 연구를 위해 경험의 가장 깊은 곳을 풀어놓기 시작한다. 인간 경험의 깊은 곳이 실천신학을 위한 자료이고, 이 경험은 인간의 고통과 희망의 경험 사이의 대조를 찾음으로써 드러난다.

2. 성찰은 자아 안에 있는 긴장을 깨닫게 만든다. 경험으로 다름과 타자성을 지각함은, 자기자아가 계속 변화할 필요가 있는 연약한 구조물임을 볼 수 있도록 해준다. 이 균형에 관한 이전의 가정들이 도전받고, 마음에 감추어진 욕망들이 명백해진다. 성찰은 한 개인의 정체성을 재형성하라고 요구하고, 결국은 그의 신학적 인간학이나 인간에 대한 신학을 재형성하라고 요구한다.

인간의 정신 안에는 온전함과 정의를 가진 자아를 향한 추구가 있다. 우리는 전혀 있을 법하지 않은 곳, 즉 아동 성폭력의 희생자들과 회복 중인 가해자들 가운데서 용기와 희망을 발견해왔다. 만일 희망이 거기에서 발견될 수 있다면, 어쩌면 악이 지배하는 것처럼 보이는 곳에서도 희망이 존재할 것이다. 생존자들의 인생은, 의식적인 마음이 잊고 있었던 수많은 세월을 신체는 기억할 수 있다는 진실을 보여준다. 통합된 자아를 추구함은 복원하는 힘이 있고, 구원을 향해 움직이는 애착을 위한 자원이 될 수 있다. 자아는 관계적이다. 말하자면, 자아의 심리내적 경험은 정서적 카텍시스cathexis*를 통해 타자를 내면화함으로써 형성된다. 악은 가족과 사회의 상호작용을 내면화함으로써 생존자들의 삶 속에 들어간다. 치유의 과정에서, 생존자들은 그 진실을 세울 수 있고 지지관계를 유지할 수 있는 다른 사람에게로 손을 내민다.

3. 성찰은 공동체의 기구와 이념 안에 있는 억압과 해방 사이의 긴장을 깨닫도록

* 심리 에너지가 어떤 대상에게 집중하는 것, 또는 그 대상을 의미하는 용어. _옮긴이

한다. 공동체들은 경험의 어떤 부분은 포함시키고, 어떤 부분은 배제한다. 공동체는 어떤 사람에게는 힘을 뻗치고, 어떤 사람으로부터는 물러선다. 공동체의 억압은 경험의 깊은 곳을 성찰함으로써 명백해진다. 공동체의 삶에 관한 이전의 가정들이 도전받고 있다. 성찰은 집단 정체성을 재형성하라고 요구하고 이를 통해 결국 교회론이나 공동체 신학을 재형성하라고 요구한다.

인간의 정신 안에는 공동체를 향한 추구가 자리 잡고 있다. 그것은 얼굴을 마주 보는 대인관계 이상의 일이다. 공동체라고 말할 때 우리가 의미하는 것은, 인간의 삶의 과정을 형성하고 통제하는 제도들과 이념들이다. 여자들은 남성의 특권이 지배하는 사회에서 자라난다. 가부장제의 이념은 남자들에게 여자를 학대하도록 허락하고, 가부장제는 남자들이 자기 행동에 책임지지 않도록 보호해준다. 공동체를 위한 생존자들의 복원력 있는 희망은, 그들이 치유를 위해서 '저항공동체'를 형성하기 위해 주도적일 때 극적으로 나타난다.

4. 성찰은 성찰하는 사람을 그의 궁극적인 지평으로 인도하고, 진실과 하나님을 이해하게 하며, 특정한 은유와 이미지가 폭력적인지 구원하는 것인지를 묻게 한다. 우리에게 계승되어 이미 구성되어 있는 종교적 비전 중 어떤 부분은 폭력적이고, 어떤 부분은 구원하는 것이다. 우리가 학대 안에서 종교의 아이디어들이 결탁함을 볼 때 기본적인 실재와 하나님의 본성에 관한 이전의 가정假定들이 도전받는다. 성찰은 믿음을 다시 형성하라고 요구하고 결국은 하나님에 관한 교리를 다시 형성하라고 요구한다.

복원력 있는 인간의 정신은 악의 지배에도 굴하지 않고 사랑과 정의의 하나님을 꾸준히 추구한다. 실천신학의 목표는 하나님이 인간의 경험과 관계 맺는 것을 건설적으로 서술하는 것이다. 그것이 해방시키는 행동으로 이끌어갈 수 있기 때문이다. 어떤 실천신학은 악과 고통이 어떻게 희망의 경험과 대조되는지를 생각하는 것부터 출발한다. 이것은 비판이론들을 사용해9 경험과 문화를 분석하도록 이끌어간다. 그다음에는 건설적인 종교적 해석의 순간이 온다. 우리의 조사 연구를 전제로 진실의 본질, 즉 하나님의 본성에 관해 우리가 어떤 일반화를 할 수 있을까?10

진실은 서사敍事, narrative의 구조를 지닌다. 사람과 집단은 모두 이야기를 통해 정체성을 형성한다. 그러나 이야기들은 과거에 공식적으로 이루어진 이야기만 하는 경향이 있다. 이야기들은 지배하는 자들의 이념적인 제한을 지지해 정체성을 부분적으로 왜곡한다. 사람들은 대부분의 경우에 들어 있는 잠재적인 구조를 보고하지 않는다. 이것이 바로 억압받는 자들의 목소리가 반드시 들려지게 만들어야 하는 이유 중 하나이다. 그들은 공동체의 온전한 정체성이 알려지도록 들려져야 할 이야기의 전달자가 되는 경우가 자주 있다.

신학적인 관점에서 하나님은 이야기 중의 이야기이다. 우리가 모두 그 일부를 이루는 더 깊은 서사, 우리의 이야기가 관련되는 더 깊은 서사들이 있다. 인간의 희망은, 자신이 자각하는 자기 이야기가 신성한 삶의 위대한 이야기와 합치하게 되는 것이다. 우리는 우리의 이야기가 거짓이 아니라 진실이기를 원한다. 그러나 우리 삶의 더 깊은 진실이 우리가 비존재non-being에 대항하기 위해서 창조했던 유사類似 이야기를 파괴할까 봐 우리는 두려워한다. 하나님을 아는 한 가지 방법은 우리의 개인서사와 집단서사를 해체하고 재구성하는 것이다.

진실은 관계의 그물이다. 모든 것이 가지고 있는 철저한 상호의존성을 발견함은, 제국적인 자아와 고립된 객체의 세상으로부터 기본적인 패러다임이 전환되는 것이다. 모든 것이 상호의존성이라는 그물 안에 존재한다. 우리의 경험은 현실이라는 그물의 경험이다. 그리고 그 그물에 대한 우리의 응답이 장래 그 그물의 질質에 기여한다. 그 그물에는 우리가 날마다 교류하는 사람들의 대인관계 세상, 행동과 활동에 제한을 두는 힘을 가진 제도, 언어의 구조, 그리고 지각知覺과 정체성을 결정하는 이념들이 포함된다. 하나님은 그 관계망과 철저하게 일치된다. 말하자면, 하나님은 어떤 특정한 시간에 존재하는 모든 것의 총합이다. 우리가 그 그물 안에 있고 그 그물이 우리 안에 있는 그만큼, 우리 경험은 하나님의 성육신이 된다. 경험주의의 원리는 그 그물에, 즉 하나님에게 정성을 쏟는 것을 의미한다.[11] 하나님을 아는 한 가지 방법은 우리의 삶이 박혀 있는 관계들을 성찰하는 것이다.

진실은 직관성immediacy의 과정이다. 경험의 중심에는 과정이 있는데, 그것을 버나드 미랜드는 "필수적으로 중요한 직관성"[12]이라고 말한다. 직관성의 과정에 대한 분석은 그 순간에 하나님의 움직임에 정성을 쏟는 것을 의미한다. 인간의 창조적인 충동은 신성한 충동이다. 에너지가 실재의 개체에서 개체로 흘러간다. 수용성受容性의 순간이 있는데, 그 순간을 통해 관계가 그 개인에게 내재된다(민감성). 자유의 순간, 참신함의 순간이 있는데, 그 순간에 의해 인생은 미래로 넘어간다(창조성).[13] 트라우마로 인해서, 생존자들은 자기 삶에 생명을 주는 중요한 직관성에 주의를 기울이는 능력을 방해받는 경우가 자주 있다. 그들에게 필요한 것은 안전하고 자애로운 다른 사람들이 함께 있는 일이다. 관계를 기르는 일이 힘을 얻어가면서 동시에 생존자들은 자기 자신의 경험이 흐르는 것을 신뢰할 힘을 얻는다. 하나님은 생명을 주는 중요한 직관성의 과정이다. 우리의 영적인 경험, 과거의 기억들, 다른 사람과 공동체와 우리의 상호작용이라는 내적인 움직임 안에 하나님은 존재한다. 하나님을 알수 있는 한 가지 방법은 우리 경험의 아주 중요한 직관성을 성찰하는 것이다.

5. 실천신학의 해석학에서 마지막 단계는 충실한 목회실천과 충실하지 않은 목회실천 사이의 긴장을 성찰하는 것이다. 다름과 타자성이 경험, 자아, 공동체, 그리고 하나님에게 가져오는 진실을 더 명백하게 보면서 우리가 발견하는 것은 목회실천이 변화되어야 한다는 것이다. 이전의 가정들은 도전을 받는다. 성찰은 성찰하는 사람에게 전문가로서의 정체성을 재형성하라고 요구하고, 결국은 그 자신의 **목회에 대한 정의**定義를 다시 내리라고 요구한다.

나의 목회실천은 성폭력에 관한 이 조사 연구에 의해서 변화되었다. 내가 새롭게 초점을 맞추게 된 것은 다음과 같다.

- 성폭력의 생존자들과 함께 정의正義를 추구하기
- 자기 힘을 악용하는 가해자에게 대결하기
- 내가 속한 공동체들이 억압하지 않고 해방하는 공동체가 되도록 도전하기
- 사랑과 힘을 가진 관계적이고 애매모호한 하나님을 열정적으로 섬기고 예배하기

결론적으로, 실천신학은 경험적이고 개인적인 인식론에 기초를 둔다. 우리는 경험의 실증적 깊이에 주의를 기울임으로써, 그리고 관계의 그물 안에서 우리의 개인관계를 정직하게 돌아봄으로써 진실을 알게 된다. 나의 삶은 변화되고 있는 중인데, 그것은 선보다 악에 의해서 더 많이 통제받아온 사람들이 가진 복원력 있는 희망을 목격했기 때문이다. 나는 사랑과 힘을 가진 하나님을 믿는 믿음의 편린들을 발견했다. 이 하나님은 이 세상과 아주 완전히 동일시되어서 선과 악에 관한 우리의 평범한 구별이 적용되지 않는 하나님이다. 모든 선이 하나님에게 속하는 그만큼 모든 악도 하나님에게 속한다. 그러

나 이 철저한 애매모함의 가운데에 복원력 있는 희망이 있고, 억압될 수 없는 아름다움을 향한 쉼 없는 불안정이 있다. 가장 나쁜 악 가운데에서 하나님의 탄력 있는 희망이 그치지 않고 작용한다. 이것이 바로 노예, 홀로코스트의 생존자, 아동학대의 희생자들의 증언이 그토록 중요한 이유이다. 그들은 선과 악에 관한 진실을 안다. 그들은 악에 의해서 파괴될 수 없는 현실의 중심에 복원력 있는 희망이 있음을 안다. 사회적 특권을 가진 우리 중에서 지나치게 사회화되고 자신의 악과 고통에 무감각해진 자들은 이러한 희망을 발견하기가 엄청나게 힘들다. 그러나 밑바닥까지 내려갔고 거기에서 선善 그 자체의 자원을 발견한 사람들과 연대하는 일에 반드시 우리 자신을 붙들어 매야 한다. 실천신학의 과제는 침묵된 진리의 소리를 듣는 것이고, 이념과 종교의 파괴적인 힘에 대항하는 진리의 소리를 듣는 것이다. 이것이 실천신학에서 정의가 하는 일이다.

주

1장 침묵의 소리 듣기

1 "대부분의 고등학교에서 여학생 100명 중 38명이 최소 한 번은 성 학대를 경험한 적이 있다. 다른 연구들은 남학생의 10~20%가 어릴 적에 성적으로 희생당한 적이 있을 수 있다고 지적 한다." James Poling, "Social and Ethical Issues of Child Sexual Abuse," *American Baptist Quarterly*, Vol.8, No.4, pp.257~266. 아동 성 학대에 대해서는 다음을 참조. Diana Russell, *The Secret Trauma: Incest in the Lives of Girls and Women*(New York: Basic Books, 1986); David Finkelhor, *Child Sexual Abuse*(New York: Free Press, 1984); Dante Cicchetti and Vicki Carlson, eds., *Child Maltreatment: Theory and Research on the Causes and Consequences of Child Abuse and Neglect*(New York: Cambridge University Press, 1989) (특히 4장 "Sexual Abuse of Children: Causes and Consequences," by Carol Hartman and Ann Burgess 참조). 여자에 대한 강간에 관해서는 Diana Russell, *Sexual Exploitation, Rape, Child Sexual Abuse, and Workplace Harassment*(Beverly Hills: Sage Publications, 1984); Susan Griffin, *Rape: The Politics of Consciousness*(New York: Harper and Row, 1986) 참조.

2 Russell, *Secret Trauma*, p.79: "〈표 5-2〉는 여자들 가운데 가장 어린 군집을 제외했을 때 나 이가 많은 군집일수록 근친상간적인 학대가 덜 보고된다는 사실을 보여준다." Griffin, *Rape*, p.141: "(러셀의 연구에서) 50세에서 59세 사이의 여자들은 33.9%가 강간당한 적이 있었다. 40세에서 49세 사이에서는 46.2%가 강간당한 적이 있었다. 30세에서 39세 사이의 여자들은 58.7%가 강간당한 적이 있었다. 그리고 가장 경악할 만한 일은 18세에서 29세 사이의 여자 들은 53.2%가 이미 강간을 당한 적이 있다는 것이다."

3 *Russell, Secret Trauma*, pp.81ff.; Richard Gelles and Murray Straus, *Intimate Violence* (New York: Simon and Schuster, 1988), pp.17ff.

4 Russell, *Secret Trauma*, pp.81ff.; Cicchetti and Carlson, *Child Maltreatment*(특히 1부 "History and Definition" 참조); Lloyd de Mause, *The History of Childhood*(New York: Psy-chohistory Press, 1974); John Boswell, *The Kindness of Strangers: The Abandonment of Children in Western Europe from Late Antiquity to the Renaissance*(New York: Pantheon Books, 1988); Philippe Aries, *Centuries of Childhood: A Social History of Family Life*(New York: Vintage, 1962).

5 Susan Griffin, *Pornography and Silence: Culture's Revenge Against Nature*(New York: Harper and Row, 1981); Andrea Dworkin, *Pornography: Men Processing Women*(New

York: Perigee/Putnam, 1981); Susan Brownmiller, *Against Our Will: Men, Women, and Rape*(New York: Simon and Schuster, 1975).

6 성폭력 생존자들의 이야기들을 담고 있는 뛰어난 자서전들과 문집들이 있다. Charlotte Vale Allen, *Daddy's Girl*(New York: Wyndham Books, 1980); Maya Angelou, *I Know Why the Caged Bird Sings*(New York: Random House, 1970); Ellen Bass and Laura Davis, eds., *The Courage to Heal: A Guide for Women Survivors*(New York: Harper and Row, 1988); Ellen Bass and Louise Thornton, *I Never Told Anyone: Writings by Women Survivors of Child Sexual Abuse*(New York: Harper and Row, 1983).

7 Finkelhor, *Child Sexual Abuse*, pp.11~12: "모든 연구를 검토한 후에 다이애나 러셀(Diana Russell)과 내가 11장에서 내린 결론은, 여자아이에 대한 학대의 경우 그 가해자의 95%가 남자이며, 남자아이에 대한 학대의 경우 그 가해자의 80%가 남자라는 사실이다."

8 신학에 들어 있는 고난과 희망의 역동적인 긴장에 관한 통찰에 대해서는 롭 반 케셀(Rob van Kessel)에게 큰 도움을 받았다. *Zes Kruiken Water: Enkele Theologische Bijdragen Voor Kerkopbouw*(Netherlands: Gool and Sticht, 1989).

9 이 책은 기본적으로 어릴 때 학대받았던 성인 여자들의 증언과 성폭력으로 유죄를 선고받은 가해자들의 증언에 초점을 맞추고 있다. 어릴 때 성추행을 당했던 성인 남자들에 대한 조사 연구는 이제 막 시작했을 뿐이지만, 그들의 증언은 이 분야에서 작업을 계속해나가는 데 중요할 것이다. Mike Lew, *Victims No Longer: Men Recovering from Incest and Other Sexual Child Abuse*(New York: Nevraumont, 1988) 참조.

10 Rita Brock, *Journeys by Heart*(New York: Crossroad, 1988), pp.26~27. 해방신학에서의 이 원칙에 대한 추가적인 논의는 다음 자료들을 참조. Barbara Andolsen, et al., eds., *Women's Consciousness, Women's Conscience*(New York: Harper and Row, 1985); G. Wilmore and J. Cone, eds., *Black Theology: A Documentary History, 1966~1979*(Maryknoll, New York: Orbis Books, 1979); Cornwall Collective, *Your Daughters Shall Prophesy: Feminist Alternatives in Theological Education*(New York: Pilgrim Press, 1979).

11 내 경험은 피터 루터의 기록과도 비슷하다. Peter Rutter, *Sex in the Forbidden Zone: How Therapists, Doctors, Clergy, Teachers, and Other Men in Power Betray Women's Trust*(Los Angeles: Jeremy Tarcher, 1989), p.8: "내 스승의 배신: 내가 이 책을 쓰게 만든 두 번째 사건은 고통스럽고도 괴로운 발견이었다. 교사와 치유자로서 최상의 자질을 완벽하게 갖춘 것으로 보였던 한 스승이 반복적으로 …… 자신의 여성 환자와 여러 차례 성관계를 가져왔다는 것을 알게 된 것이다." 또한 다음 책도 참조. Marie Fortune, *Is Nothing Sacred? When Sex Invades the Pastoral Relationship*(New York: Harper and Row, 1989).

12 Finkelhor, *Child Sexual Abuse*, p.47.

13 실천신학의 방법론에 대해 더 많은 것을 보려면 다음을 참조. James Poling and Donald Miller, *Foundations for a Practical Theology of Ministry*(Nashville: Abingdon Press, 1985);

Lewis Mudge and James Poling, eds., *Formation and Reflection: The Promise of Practical Theology*(Philadelphia: Fortress Press, 1987); Don S. Browning, ed., *Practical Theology: The Emerging Field in Theology, Church, and World*(New York: Harper and Row, 1983).

14 버나드 루머가 인용한 전기를 완전하게 보려면 다음을 참조. William Dean and Larry Axel, *The Size of God*(Macon, Ca.: Mercer University Press, 1987), pp.18~19.

2장 힘 그리고 힘의 악용

1 Marie Fortune, *Sexual Violence*(New York: Pilgrim Press, 1983), pp.102ff. 또한 Diana Russell, *The Secret Trauma*(New York: Basic Books, 1986), 특히 3장 "Can Incest Be Non-abusive?" 참조.

2 Mary Pellauer, Barbara Chester, and Jane Boyajian, eds., *Sexual Assault and Abuse: A Handbook for Clergy and Religious Professionals*(New York: Harper and Row, 1987) 참조. 특히 3장 "If She Says No, Then It's Rape," by Ellen Goodman, pp.17ff. 참조.

3 Fortune, *Sexual Violence*, pp.105ff. 또한 Marie Fortune, *Is Nothing Sacred: When Sex Invades the Pastoral Relationship*(New York: Harper and Row, 1989); Peter Rutter, *Sex in the Forbidden Zone: When Men in Power-Therapists, Doctors, Clergy, Teachers, and Others-Betray Women's Trust*(Los Angeles: Jeremy Tarcher, 1989); Diana Russell, *Sexual Exploitation: Rape, Child Sexual Abuse, and Workplace Harassment*(Beverly Hills: Sage Publications, 1984) 참조.

4 Toinette Eugene, "When Love Is Unfashionable," in Barbara Andolsen, et al., eds., *Women's Consciousness, Women's Conscience*(New York: Harper and Row, 1985), pp.121ff.; Angela Davis, *Women, Race, and Class*(New York: Vintage, 1983), pp.172ff.

5 Bernard Loomer, "Two Conceptions of Power," *Criterion*, 15(1976), p.12.

6 1990년 11월 워싱턴 주 시애틀에서 마리 포천과 나눈 개인적인 대화이다.

7 B. Meland, *Essays in Constructive Theology: A Process Perspective*(Chicago: Exploration Press, 1988), p.5.

8 Loomer, "On Committing Yourself to a Relationship," *Process Studies*, Vol.16, No.4(Winter 1987), p.257.

9 Rita Brock, *Journeys by Heart*(New York: Crossroad, 1988), p.41.

10 Loomer, *Two Conceptions*, pp.20, 23, 25.

11 Brock, *Journeys*, pp.26, 37, 39.

12 Walter Wink, *Unmasking the Powers: The Invisible Forces That Determine Human Existence*(Philadelphia: Fortress Press, 1986), p.4.

13 James N. Poling, "A Theological Integration of the Social and Personal in Pastoral Care and Counseling: A Process View"(Unpublished dissertation, School of Theology, Claremont, Calif., 1979), p.60. 저자가 표현을 약간 수정했다.

14 Daniel Day Williams, *The Spirit and the Forms of Love*(New York: Harper and Row, 1968), p.153.

15 같은 책.

16 같은 책.

17 Loomer, *Two Conceptions*, p.16.

18 가족 이데올로기에 관한 서너 개의 개요는 다음과 같다. Mary Lystad, ed., *Violence in the Home: Interdisciplinary Perspectives*(New York: Brunner/Mazel, 1986); Hester Eisenstein, *Contemporary Feminist Thought*(Boston: Hall, 1983); Marianne Walters, et al., eds., *The Invisible Web: Gender Patterns in Family Relationships*(New York: Guilford, 1988). 우리는 이 쟁점을 7장에서 더 자세히 검토할 것이다.

19 Brock, *Journeys*, pp.30~33.

20 The Cornwall Collective, *Your Daughters Shall Prophesy*(New York: Pilgrim Press, 1980), p.39.

21 Poling, "A Theological Integration," pp.95, 97. 저자가 표현을 약간 수정했다.

22 Williams, *Spirit and Forms*, p.130. 저자가 표현을 약간 수정했다.

23 Ellen Wondra, "The Dialogue Which We Are"(Unpublished essay), p.4.

4장 회복 중인 가해자들의 이야기

1 아동 성 학대에 대한 나의 이전 조사 연구가 몇몇 논문으로 출판되어 있다. "Child Sexual Abuse: A Rich Context for Thinking About God, Community, and Ministry," *Journal of Pastoral Care*, Vol.42, No.1(Spring 1988), pp.58~61; "Issues in the Psychotherapy of Child Molesters," *Journal of Pastoral Care*, Vol.43, No.1(Spring 1989), pp.25~32; "Social and Ethical Issues of Child Sexual Abuse," *American Baptist Quarterly*, Vol.8, No.4(December 1989), pp.257~267.

2 나는 아동 성추행범들에 관한 체계적인 문헌연구에도 참여했다. 다음의 책들이 도움이 될 것이다. Nicholas Groth, *Men Who Rape*(New York: Plenum Press, 1979); David Finkelhor, *Child Sexual Abuse*(New York: Free Press, 1984); Mary Lystad, ed., *Violence in the Home*(New York: Brunner/Mazel, 1986); Richard Gelles and Murray Straus, *Intimate Violence*(New York: Simon & Schuster, 1988); George Barnard, et al., *The Child Molester*(New York: Brunner/Mazel, 1989); Mike Lew, *Victims No Longer: Men Recovering from Incest*

and Other Sexual Child Abuse(New York: Nevraumont, 1988); Mic Hunter, *Abused Boys: The Neglected Victims of Sexual Abuse*(Lexington, Mass.: Lexington Books, 1990).

3 Diana Russell, *The Secret Trauma: Incest in the Lives of Girls and Women*(New York: Basic Books, 1986), p.86.

4 나는 '미국목회상담사협회(American Association of Pastoral Counselors)'의 회원이고, '미국 결혼과 가정상담 치료사 협회(American Association of Marital and Family Therapists)'의 임상회원이다. 또한 12년 동안 한 신학교에서 목회상담학 교수로 일했다.

5 Finkelhor, *Child Sexual Abuse*, p.47.

6 이 주장은 앨리스 밀러의 연구에서 가장 강력하게 제시된다. 특히 Alice Miller, *For Your Own Good*(New York: Farrar, Straus and Giroux, 1983) 참조. 밀러 박사는 유명한 살해범 들의 사례사들을 그들 아동기의 트라우마에 비추어 검토한다.

7 Finkelhor, *Child Sexual Abuse*, p.47.

8 이 논의에 대한 요약을 보려면 Finkelhor, *Child Sexual Abuse*, pp.33ff.; Russell, *The Secret Trauma*, pp.215ff.; Groth, *Men Who Rape*, p.151 참조.

9 다시 말하지만 나는 모든 가해자들이 아동 성 학대의 희생자였다는 인상을 남기고 싶지 않다. 성 학대의 희생자인 것과 성 학대의 가해자가 되는 것 사이의 관계는 복잡한 쟁점이다. 핀켈러에 따르면 연구 대상이 된 아동 성추행자들은 정상적인 성인보다 더 높은 비율로 아동 기에 성 학대를 경험한 것처럼 보인다. 그렇지만 성적으로 학대받지 않은 성추행자도 많다. (Finkelhor, *Child Sexual Abuse*, p.47). 아동 성추행자에 대한 연구들이 미완성인 까닭은 남 성들이 그 문제에 대해 비밀을 유지하거나 부인하기 때문이다.

10 남자아이와 남자에 대한 성 학대의 결과에 대한 정보를 얻으려면 Lew, *Victims No Longer*; Hunter, *Abused Boys* 참조.

11 Finkelhor, *Child Sexual Abuse*, p.47. 다른 연구들에 대한 그의 요약에 따르면, 아동 성추행 자의 3분의 2가 아동기에 성추행을 당한 적이 없다.

12 같은 책, p.12.

13 같은 책, p.54.

14 Gertrude and Rubin Blanck, *Ego Psychology II: Psychoanalytic Developmental Psychology* (New York: Columbia University, 1979), pp.31ff.

15 Finkelhor, *Child Sexual Abuse*, pp.39ff.; Alice Miller, *Thou Shalt Not Be Aware*(New York: Farrar, Straus & Giroux, 1984), p.123.

16 Finkelhor, *Child Sexual Abuse*, p.47; Miller, *Thou Shalt Not Be Aware*, pp.162ff.

17 Miller, *For Your Own Good*, p.229.

18 Nancy Chodorow, *The Reproduction of Mothering*(Berkeley: University of California Press, 1978), pp.173ff.

19 Larry Baron and Murray Straus, *Four Theories of Rape in American Society*(New Haven,

Conn.: Yale University Press, 1989), p.6.

20   Heinz Kohut, *The Restoration of the Self*(New York: International Universities Press, 1977), pp.111ff.; D. W. Winnicott, *Deprivation and Delinquency*(London: Tavistock, 1984), pp.81ff.

21   Blanck and Blanck, *Ego Psychology II*, pp.43ff. '공격자와의 동일시'라는 용어는 안나 프로이트(Anna Freud)가 처음 도입했고 르네 스피츠(Rene Spitz)가 다듬었다.

22   Ruth Lax, et al., eds., *Rapprochment: The Critical Phase of Separation Individuation*(New York: Jason Aronson, 1980), pp.439~456.

23   Miller, *Thou Shalt Not Be Aware*, p.163.

24   Marie Fortune, *Sexual Violence*(New York: Pilgrim Press, 1983), p.5.

25   Blanck and Blanck, *Ego Psychology II*, pp.31ff.

26   Blanck and Blanck, *Ego Psychology II*, pp.176ff.; Otto Kernberg, *Internal World and External Reality*(New York: Jason Aronson, 1980), pp.135ff.; Kohut, *The Restoration of the Self*, pp.63ff.

27   Heinz Kohut, *How Does Analysis Cure?*(Chicago: University of Chicago Press, 1984), pp.192ff.

28   Barnard, *The Child Molester*, pp.43ff.

29   이 부분은 "Issues in Psychotherapy with Child Molesters," *Journal of Pastoral Care*, Vol.8, No.1(Spring 1989), pp.25~32에 실린 것을 수정해 발췌한 것이다.

5장 슈레버의 사례: 분석방법

1   Daniel Paul Schreber, *Memoirs of My Mental Illness,* trans. Ida Macalpine and Richard Hunter(London: Wm. Dawson & Sons, 1955). 처음 이 책은 *Denkwurdigkeiten eines Nervenkranken*(Leipzig: O. Mutze, 1903)이라는 제목으로 출판되었다.

2   나는 조지아 주 애틀랜타에 있는 칼 슈나이더(Carl Schneider) 박사에게 도움을 받았다는 사실을 밝히고자 한다. 그가 나에게 슈레버의 사례와 그 사례가 목회신학에서 차지하는 중요성을 소개해주었기 때문이다.

3   William Niederland, *The Schreber Case: Psychoanalytic Profile of a Paranoid Personality* (London: Analytic Press, 1984).

4   나는 특히 슈레버의 사례에 대한 루시 브레그만의 해석에 도움을 받았다. Lucy Bregman, "Religion and Madness: Schreber's Memoirs as Personal Myth," *Journal of Religion and Health*, Vol.16, No.2(1977), pp.119~134.

5   Schreber, *Memoirs*, pp.61~62.

6 같은 책, pp.45~46.

7 같은 책, p.214.

8 Sigmund Freud, "Psychoanalytic Notes upon an Autobiographical Account of a Case of Paranoia(Dementia Paranoides)(1911)," in *Three Case Histories*(New York: Collier Books, 1963), pp.103~186.

9 Macalpine and Hunter, "Introduction," in Schreber, *Memoirs*, pp.8~9.

10 Freud, "Case of Paranoia," p.112.

11 같은 글, p.114.

12 같은 글.

13 같은 글, pp.147~148.

14 Niederland, *Schreber Case*, p.50.

15 Morton Schatzman, *Soul Murder: Persecution in the Family*(New York: New American Library, 1973).

16 Niederland, *Schreber Case*, p.54.

17 최소한 다음 다섯 저자들이 본질적인 페미니즘의 입장을 취한다고 나는 생각한다. Macalpine and Hunter, "Introduction," in Schreber, *Memoirs*; Bregman, "Religion and Madness"; Louis Breger, "Daniel Paul Schreber: From Male into Female," *Journal of the American Academy of Psychoanalysis*, Vol.16, No.2(1977), pp.119~134; Anthony Wilden, *System and Structure: Essays in Communication and Exchange*(London: Tavistock, 1972), pp.278~300.

18 Wilden, *System and Structure*, p.299.

19 Bregman, "Religion and Madness," p.129.

20 Breger, "From Male into Female," p.140.

21 Wilden, *System and Structure*, p.301.

22 Bregman, "Religion and Madness," p.131.

23 같은 글, pp.131~132.

24 같은 글, p.132.

25 같은 글, pp.131~132.

26 Sigmund Freud, "Beyond the Pleasure Principle," *Standard Edition of the Complete Psychological Works of Sigmund Freud*, Vol.18(London: Hogarth Press, 1955), pp.3~64. 참조할 논의들은 다음과 같다. H. Kohut, *The Restoration of the Self*(New York: International Universities Press, 1977), pp.111ff., 123; Otto Kernberg, *Internal World and External Reality*(New York: Aronson, 1980), pp.19ff.

27 Niederland, *Schreber Case,* p.58.

28 Freud, "Case of Paranoia," p.147.

29 Niederland, *Schreber Case,* pp.101ff.

30　Schreber, *Memoirs,* pp.64ff.

31　Freud, "Case of Paranoia," p.151.

32　Bregman, "Religion and Madness," p.132.

6장 자아 추구

1　David Finkelhor, *Child Sexual Abuse*(New York: Free Press, 1984), pp.11~12.

2　Hester Eisenstein, *Contemporary Feminist Thought*(Boston: G. K. Hall, 1983), pp.37ff.

3　Finkelhor, *Child Sexual Abuse,* p.12.

4　Ellen K. Wondra, "Theology in a Postmodern Key," *Plumbline: A Journal of Ministry in Higher Education*(December 1989), p.5.

5　Alfred North Whitehead, *Process and Reality*, ed. D. R. Griffin and D. W. Sherburne (New York: Free Press, 1929, 1978), p.59.

6　James N. Polling, "A Theological Integration of the Social and Personal in Pastoral Care and Counseling: A Process View"(Ph. D. dissertation, School of Theology at Claremont, Calif., May 1980), p.36.

7　같은 글, pp.39~46.

8　George Herbert Mead, *Mind, Self, and Society*, ed. Charles W. Morris(Chicago: University of Chicago Press, 1934, 1962).

9　Whitehead, *Process and Reality*, p.238.

10　Bernard Loomer, "The Free and Relational Self," in *Belief and Ethics,* ed. W. W. Schroeder and Gibson Winter(Chicago: Center for the Scientific Study of Religion, 1978), p.71.

11　Polling, "A Theological Integration," pp.46~53.

12　Whitehead, *Process and Reality*, 특히 pp.249~266 참조.

13　같은 책, p.45.

14　Daniel Day Williams, *The Minister and the Care of Souls*(New York: Harper and Row, 1961), pp.98~99.

15　Whitehead, *Process and Reality,* p.59.

16　Daniel Stern, *The Interpersonal World of the Infant*(New York: Basic Books, 1985), p.18.

17　Gertrude and Rubin Blanck, *Ego Psychology: Theory and Practice*(New York: Columbia University Press, 1974), p.67.

18　애착이론은 정신분석 이론에서 중요한 개념이며 이 책의 논점의 기초가 된다. 애착이론에 관한 요약을 보려면 Althea Horner, *Object Relations and the Developing Ego in Therapy* (New york: Jason Aronson, 1984); Stern, *Interpersonal World of the Infant*; Robert Kegan,

The Evolving Self(Cambridge, Mass.: Harvard University Press, 1982) 참조.

19   Stern, *Interpersonal World of the Infant,* pp.97ff. 스턴은 "일반화된 상호작용의 표상들 (RIGs)"로서 내재화된 패턴을 언급한다. 대상관계 이론은 자기와 대상 표상으로서 그것들을 언급한다(Blanck and Blanck, *Ego Psychology: Theory and Practice*, pp.35ff.).

20   이 내재화된 경험은 대상관계 이론에서 '대상' 혹은 '내사'라고 불린다. Horner, *Object Relations*; Rubin and Gertrude Blanck, *Beyond Ego Psychology: Developmental Object Relations Theory*(New York: Columbia University Press, 1986). 여기서 묘사하는 내재화의 과정은 장 피아제(Jean Piaget)의 *The Construction of Reality in the Child*(New York: Basic Books, 1954)와 조지 허버트 미드(George Herbert Mead)의 *Mind, Self, and Society* (Chicago: University of Chicago Press, 1962)에 기술된 과정과 관계가 있다. 또한 Kegan, *The Evolving Self* 참조.

21   정신분석적 사고의 메타이론에 대한 자세한 페미니즘의 비판은 다음의 책 참조. Eisenstein, *Contemporary Feminist Thought*; Jane Gallop, *The Daughter's Seduction: Feminism and Psychoanalysis*(New York: Cornell University Press, 1982); Jean Baker Miller, *Psychoanalysis and Woman*(New York: Penguin Books, 1973); Nancy Chodorow, *The Reproduction of Mothering*(Berkeley, Calif.: University of California Press, 1978).

22   대상관계 이론은 정신분석 이론 해석의 한 갈래라고 할 수 있다. 이 논의는 오토 컨버그, 하인즈 코헛, 알시아 호너, 거트루드 블랭크, 루빈 블랭크, 마이스너 등에 의해 이루어지고 있으며, 호너의 *Object Relations*에서 가장 잘 요약되어 있다: "대상관계라는 개념은 특수한 심리내적 구조와 자아 조직의 한 양상을 언급하며 외적 상호인간 관계를 언급하지 않는다. 그러나 이 심리내적 구조는, 다시 말해서 자기와 타자(대상)의 심리적 대리물들은 대인관계의 상황 안에서 명백해진다. 즉, '대상관계의 내적 세계가 외적 세계에서 사람들과의 관계를 근본적인 방법으로 결정한다. 이 세계는 …… 기본적으로 유아기와 성숙의 초기 단계 동안에 원초적 욕구 만족을 위해 의지하는 대상과의 관계로부터 생긴 잔여물이다'(Phillipson, 1955: p.7)", p.3.

23   여기서 설명하는 이론은 내가 요약한 것이다. 그러나 비슷한 의견이 다음의 책에서 논의되고 있다. Horner, *Object Relations*; Heinz Kohut, *The Restoration of the Self*(New York: International Universities Press, 1977); W. W. Meissner, *Internalization in Psychoanalysis* (New York: International Universities Press, 1981).

24   Rubin and Gertrude Blanck, *Ego Psychology II: Psychoanalytic Developmental Psychology* (New York: Columbia University Press, 1979), pp.31ff.; Kohut, *The Restoration of the Self,* pp.85ff.; Kegan, *Evolving Self,* pp.107ff.

25   Blanck and Blanck, *Ego Psychology II,* p.39; Kohut, *The Restoration of the Self,* pp.111ff.; Kegan, *Evolving Self,* pp.107ff.

26   Kohut, *The Restoration of the Self,* pp.83ff.; Blanck and Blanck, *Ego Psychology II,* pp.57ff.

27 Heinz Kohut, *How Does Analysis Cure?*(Chicago: University Chicago Press, 1984), p.192; Otto Kernberg, *Internal World and External Reality*(New York: Jason Aronson, 1980), pp.98ff.

28 Horner, *Object Relation*, p.5.

29 Meissner, *Internalization in Psychoanalysis* 참조.

30 Horner, *Object Relations*, p.5.

31 D. W. Winnicot, *Deprivation and Delinquency*(London: Tavistock, 1984), pp.112, 198; Alice Miller, *Thou Shalt Not Be Aware*(New York: Farrar, Straus & Girouxx, 1984), pp.192ff.; Stern, *Interpersonal World of the Infant*, p.227.

32 Erik Erikson, *Childhood and Society*(New York: W. W. Norton & Co., 1963).

33 Kohut, *How Does Analysis Cure?*

34 자기 파편화를 막기 위한 기제로서의 분열은 현대 대상관계 이론에서 중요하다. Kohut, *How Does Analysis Cure?*; Kernberg, *Internal World and External Reality*; Meissner, *Internalization in Psychoanalysis* 참조.

35 Chodorow, *The Reproduction of Mothering*, pp.173ff.

36 *Diagnostic and Statistical Manual of Mental Disorders*, 3rd, rev. ed.(American Psychiatric Association, 1987), pp.346~347 참조. 경계선 인격장애에 대한 연구 요약은 다음을 참조할 것. W. W. Meissner, *The Borderline Spectrum: Differential Diagnosis and Developmental Issues*(New York: Jason Aronson, 1984); W. W. Meissner, *Treatment of Patients in the Borderline Spectrum*(New York: Jason Aronson, 1988); Otto Kernberg, *Borderline Conditions and Pathological Narcissism*(New York: Jason Aronson, 1975); Otto Kernberg, *Severe Personality Disorders: Psychotherapeutic Strategies*(New Haven, Conn.: Yale University Press, 1984).

37 Dante Cicchetti and Vicki Carlson, eds., *Child Maltreatment: Theory and Research on the Causes and Consequences of Child Abuse and Neglect*(New York: Cambridge University Press, 1989).

38 Kernberg, *Internal World and External Reality*, p.6. 분열과정에 대해서는 논란이 있다. 위니콧은 그의 책 *Deprivation and Delinquency*, pp.187~188에서 다른 정의를 내린다. "만일 아이로부터 중간 대상을 빼앗고, 기존의 중간 현상을 방해한다면, 그 아이는 단지 한 가지 출구만을 갖게 되는데 그것이 인격 안에서의 분열이다. 반은 주관적 세계와 관계를 맺고, 나머지 반은 지장을 주는 외부 세계에 순응하는 식으로 반응하는 것이다. 이 분열이 형성되고 주관과 객관의 다리가 파괴되거나 분열이 잘 형성되지 못할 때, 이 아이는 온전한 인간으로 기능할 수 없게 된다." Meissner, *Internalization in Psychoanalysis*, pp.106ff.; Stern, *Interpersonal World of the Infant*, pp.248ff.에서 컨버그에 대한 비평을 볼 수 있다. 이 논쟁의 결과가 무엇이든지, 아동 성 학대의 희생자들에게는 경험 통합의 결핍이 발생한다. 이 결핍은 인

지와 감정의 내사를 낳는다.

39 Meissner, *Internalization in Psychoanalysis*.

40 Kohut, *How Does Analysis Cure?*

41 Chodorow, *The Reproduction of Mothering*, pp.183ff.

42 Blanck and Blanck, *Ego Psychology II*, p.39. 그리고 Kohut, *Restoration of Self*, p.11; Kegan, *Evolving Self*, pp.107ff. 참조.

43 Kohut, *Restoration of Self*, pp.111~131. 코헛은 자기애적 분노가 만성적 상처에 대한 자아의 반응이고 자아감을 회복할 때까지 완화되지 않을 것이라고 주장한다.

44 '성인 희생자'는 어린 시절 성폭력의 희생자였고, 어른이 된 후에도 그 경험의 영향권 안에 있는 사람을 말하는 용어이다.

45 Kernberg, *Internal World and External Reality*, pp.20~38, 135~153.

46 Kohut, *Restoration of Self*, 83ff.; Blanck and Blanck, *Ego Psychology II*, pp.57ff.

47 Meissner, *Internalization in Psychoanalysis*.

48 Kohut, *How Does Analysis Cure?*, p.192; Kernberg, *Internal World and External Reality*, pp.98ff.

49 아동학대로 인한 장기 징후에 대한 요약은 다음을 참조. Cicchetti and Carlson, *Child Maltreatment*; Finkelhor, *Child Sexual Abuse*; Murray Straus, et al., *Behind Closed Doors: Violence in the American Family*(Garden City, New York; Ankor, 1980); Diana Russell, *The Secret Trauma: Incest in the Lives of Girls and Women*(New York: Basic Books, 1986).

50 Blanck and Blanck, *Ego Psychology: Theory and Practice*; *Ego Psychology II*; *Beyond Ego Psychology*.

51 Bernard Loomer, "Two Conceptions of Power," *Criterion*, 15(1976), p.28.

52 Wondra, "Theology in a Postmodern Key," p.5.

53 같은 글.

54 같은 글.

55 Loomer, "Size of God," in Dean and Axel, *The Size of God, The Theology of Bernard Loomer in Context*(Macon, Ga.: Mercer University Press, 1987), p.45.

56 같은 글.

57 같은 글, p.46.

58 같은 글.

59 같은 글.

60 같은 글, p.45.

61 내 변화 과정에 대한 통찰을 얻을 수 있었던 것은 일리노이 주 롬바드에 사는 신학자 로리 허시 마이어(Lauree Hersh Meyer) 덕이다.

62 Kegan, *The Evolving Self,* p.95[그는 내장(內裝, embeddedness), 소외(alienation), 새로운 균형(new balance)이라는 용어를 사용한다]; Stern, *Interpersonal World of the Infant,* p.29; Blanck and Blanck, *Ego Psychology: Theory and Practice,* p.38[그들이 제시하는 다음의 세 용어는 내가 지금 논의하고 있는 세 단계를 위해 적절하다: 일차적 자기애(primary narcissism), 욕구 만족(need gratification), 대상 불변(object constancy)].

63 Loomer, "Size of God", p.47.

64 Kernberg, *Internal World and External Reality,* pp.19ff.; Blanck and Blanck, *Ego Psychology II,* pp.31ff.; Winnicott, *Deprivation and Delinquency,* pp.81ff. 참조.

65 Loomer, "Size of God", p.46.

66 Loomer, "Two Conceptions of Power," p.23.

67 같은 글, p.28.

68 같은 글.

7장 공동체를 찾아서

1 D. W. Winnicott, *Deprivation and Delinquency*(London: Tavistock, 1984). 위니콧은 어떻게 파괴적인 행위가, 연민을 잃지 않고 한계를 정해줄 수 있는 주요 타자들을 추구하는 일의 왜곡으로 해석될 수 있는지를 논의한다.

2 Daniel Paul Schreber, *Memoirs of My Nervous Illness*(London: Wm. Dawson & Sons, 1955), pp.61ff.

3 개인들과 공동체들의 성격을 요약한 자료는 다음을 참조. John Cobb and David Griffin, *Process Theology: An Introductory Exposition*(Philadelphia: Westminster Press, 1976); William Dean and Larry Axel, *The Size of God: The Theology of Bernard Loomer in Context*(Macon, Ga.: Mercer University Press, 1987), pp.40ff.; Bernard Meland, *Essays in Constructive Theology: A Process Perspective*(Chicago: Exploration Press, 1988). pp.1ff.; John Cobb, *A Christian Natural Theology*(Philadelphia: Westerminster Press, 1965), pp.47ff.; Bernard Loomer, "Two Conceptions of Power," *Process Studies,* Vol.6, No.1(1976), pp.5~32; Bernard Loomer, "The Free and Relational Self," in *Belief and Ethics,* ed. W. W. Schroeder(Chicago: Center for the Scientific Study of Religion, 1978), pp.69~86.

4 Alfred North Whitehead, *Process and Reality,* ed. David griffin and Donald Sherburne (New York: Free Press, 1978), pp.18, 21.

5 Bernard Loomer, "The Size of God," in Dean and Axel, *The Size of God,* p.40.

6 Meland, *Essays in Constructive Theology,* p.5.

7 George Hurbert Mead, *Mind, Self, and Society,* ed. Charles Morris(Chicago: University of

Chicago Press, 1934, 1962), p.7.

8   Ellen Wondra, "Theology in a Postmodern Key," *Plumbline*(December 1989), p.5.

9   Bernard Loomer, "On Committing Yourself to a Relationship," *Process Studies*, Vol.16, No.4 (1987), p.257.

10 Mead, *Mind, Self, and Society*, pp.42ff.

11 Loomer, "On Committing Yourself to a Relationship," p.257.

12 Meland, *Essays in Constructive Theology*, p.5.

13 관계의 구조를 하나의 문화로서 논의하는 것을 보려면 다음을 참조. Meland, *Essays in Constructive Theology*, pp.5ff.

14 Loomer, "On Committing Yourself to a Relationship," p.257.

15 Phillis Chesler, *Women and Madness*(New York: Doubleday & Co., 1972). 이와 동일한 현상에 대한 자세한 논의는 다음을 참조. Charles Berheimer and Clair Kahane, eds., *Dora: Freud, Women, and Hysteria*(New York: Columbia University Press, 1985). Hester Eisenstein, *Contemporary Feminist Thought*(Boston: Hall, 1983), pp.37ff.에서 '의식 키우기'에 대한 논의도 참조.

16 Diana Russell, *The Secret Trauma: Incest in the Lives of Girls and Women*(New York: Basic Books, 1986), pp.1~9.

17 같은 책, p.70.

18 David Finkelhor, *Child Sexual Abuse*(New York: Free Press, 1984), p.166.

19 Eisenstein, *Contemporary Feminist Thought*, p.37.

20 성차별주의와 인종차별주의가 서로 연계되어 지배의 형태들을 이룬다고 보고 이를 연구하는 아프리카계 미국인 여자들은 '우머니스트'라는 용어를 선호한다. Toinette Eugene, "A Hermeneutical Challenge for Womanists: The Interrelation Between the Text and Our Experience," in Gayle Koontz and Willard Swartley, eds., *Perspectives on Feminist Hermeneutics* (Elkhart, Ind.: Institute of Mennonite Studies, 1989), p.26 참조.

21 이 부분에 관한 중요한 참고자료 중 하나는 Eisenstein의 *Contemporary Feminist Thought*의 요약이다.

22 가족과 자녀 양육의 관습에 대한 역사를 개괄하려면 다음을 참조. Philippe Aries, *Centuries of Childhood: A Social History of Family Life*(New York: Vintage, 1962); Dante Cicchetti and Vicki Carlson, *Child Maltreatment*(New York: Cambridge University Press, 1989); Lloyde de Mause, *The History of Childhood*(New York: Psychohistory Press, 1974); Linda Pollock, *Forgotten Children: Parent-Child Relations from 1500~1900*(New York: Cambridge University Press, 1983); Alice Miller, *For Your Own Good: Hidden Cruelty in Child-rearing and Roots of Violence*(New York: Farrar, Strauss & Giroux, 1983).

23 19세기 여성에 대한 억압이 가족법을 통해 조장된 역사를 보려면 다음을 참조. Nancy

Hewitt, *Women's Activism and Social Change: Rochester, NY, 1822~1872* (New York: Cornell University Press, 1984); Miriam Gurko, *The Ladies of Seneca Falls: The Birth of the Woman's Rights Movement* (New York: Schocken Books, 1976); Elizabeth Cady Stanton, *Eighty Years and More, Reminiscence, 1815~1897* (New York: Schocken Books, 1971); Ellen Carol DuBois, ed., *Elizabeth Cady Stanton, Susan B. Anthony: Correspondence, Writings, Speeches* (New York: Schocken Books, 1981).

24 Mary Lystad, ed., *Violence in the Home: Interdisciplinary Perspectives* (New York: Brunner/Mazel, 1986).

25 "The Unique Death of Eli Creekmore" (KCTS, Seattle, Wash., 1987년에 제작된 비디오테이프).

26 Richard Gelles and Murray Straus, *Intimate Violence* (New York: Simon and Schuster, 1988), pp.28ff.

27 아프리카계 미국인 가정의 역사를 보려면 다음을 참조. Herbert Gutman, *The Black Family in Slavery and Freedom: 1750~1925* (New York: Vintage, 1976); Mary Helen Washington, *Invented Lives: Narratives of Black Women 1860~1960* (New York: Doubleday & Co., 1987); Davis, *Women, Race, and Class*; Eugene Genovese, ed., *The Slave Economy of the Old South: Selected Essays in Economic and Social History* (Baton Rouge, La.: Louisiana State University Press, 1968).

28 Toni Morrison, *Beloved* (New York: New American Library, 1987). 이 소설은 미국의 남북전쟁 이후 생존을 위해 고군분투하는 가족들의 이야기이다. 또한 Gutman, *The Black Family in Slavery and Freedom: 1750~1925*, pp.361ff. 참조.

29 나는 이 소재에 대해 다음 자료의 도움을 받았다. Angela Davis, *Women, Culture, Politics* (New York: Vintage, 1990), pp.73ff. 또한 Wallace Smith, *The Church in the Life of the Black Family* (Valley Forge, Pa.: Judson Press, 1985), pp.34ff.; Toinette Eugene, "Moral Values and Black Womanists," *Journal of Religious Thought* (Spring, 1988) 참조.

30 Smith, *The Church in the Life of the Black Family*, pp.29ff.

31 Daniel Moynihan, *The Negro Family: The Case for National Actions* (U. S. Dep. of Labor, 1965).

32 Davis, *Women, Culture, Politics*, pp.77에서 재인용.

33 Gelles and Straus, *Intimate Violence*, p.32.

34 Monica McGoldrick, Carol Anderson, and Froma Walsh, eds., *Women in Families: A Framework for Family Therapy* (New York: W.W. Norton & Co., 1989). p.360.

35 Toinette Eugene, "While Love is Unfashionable: An Exploration of Black Spirituality and Sexuality," in Andolsen, et al., *Women's Consciousness, Women's Conscience* (New York: Harper and Row, 1985), pp.128~129. 유진 박사는 이러한 아이디어의 구조를 다음 자료의 공으로 돌리고 있다. James Nelson, *Embodiment: An Approach to Sexuality and Christian*

Theology(New York: Pilgrim Press, 1976).

36 Nancy Chodorow, *The Reproduction of Mothering*, pp.92ff. 이 책 6장의 논의도 참조.

37 Chodorow, *The Reproduction of Mothering*, p.182.

38 Juliet Mitchell, *The Longest Revolution*(New York: Pantheon Books, 1984), p.64.

39 Chodorow, *The Reproduction of Mothering*, p.183.

40 Eugene, "While Love is Unfashionable," p.129.

41 Eisenstein, *Contemporary Feminist Thought*, p.22.

42 같은 책. 아인슈타인이 인용한 출처는 다음과 같다. Sherry Ortner, *Woman, Culture, and Society*, ed. Rosaldo and Lamphase, pp.67~87.

43 Eisenstein, *Contemporary Feminist Thought*, p.23.

44 Eugene, "While Love is Unfashionable," pp.130~131.

45 Alice Miller, *Thou Shalt Not Be Aware*(New York: Farrar, Straus & Giroux, 1984), p.123.

46 Eisenstein, *Contemporary Feminist Thought*, pp.37ff.

47 같은 책, pp.27~28. 또한 Susan Brownmiller, *Against Our Will: Men, Women, and Rape* (New York: Simon and Schuster, 1975)도 참조.

48 Eisenstein, *Contemporary Feminist Thought*, p.29.

49 같은 책, p.31. 수전 그리핀(Susan Griffin)은 강간과 포르노그래피에 관한 책을 세 권 썼다. *Women and Nature: Roaring Inside Her*(New York: Harper and Row, 1978); *Rape: The Power of Consciousness*(New York: Harper and Row, 1979); *Pornography and Silence: Culture's Revenge against Nature*(New York: Harper and Row, 1981).

50 Russell, *Street Trauma*, p.216.

51 Griffin, *Pornography and Silence*; Laura Lederer, ed., *Take Back the Night: Women on Pornography*(New York: Wm. Morrow & Co., 1980).

52 Toinette Eugene in Andolsen, *Women's Consciousness, Women's Conscience*, pp.128~129.

53 Griffin, *Pornography and Silence*, p.20.

54 Marie Fortune, *Sexual violence*(New York: Pilgrim Press, 1983), pp.16, 21.

55 Davis, *Women, Culture, Politics*, p.38.

56 같은 책, pp.43~44.

57 Charles Winquist, *Practical Hermeneutics: A Revised Agenda for Ministry*(Chicago, Calif.: Scholars Press, 1980). 원퀴스트는 언어와 인식에 발생하는 틈과 균열에 주목한다면 경험의 깊이를 얻을 수 있다고 주장한다.

58 Marie Fortune, *Is Nothing Sacred? When Sex Invades the Pastoral Relationship*(New York: Harper and Row, 1989).

59 Bernard Loomer, "Two Conceptions of Power," *Criterion*, Vol.15, No.1(1976), p.28.

1 Rucy Bregmann, "Religion and Madness: Schreber's Memoir's as Personal Myth," *Journal of Religion and Health*, Vol. 16, No. 2(1977), pp. 119~134.

2 이 주제에 관한 최초의 해설서들 중 하나는 Mary Daly, *Beyond God the Father*(Boston: Bacon Press, 1973)이다. 이 장에서 우리는 종교와 성폭력에 대한 다른 페미니즘 성찰과 우머니즘 성찰을 검토할 것이다.

3 모든 성서 구절은 New Revised Standard Version of the Bible, copyright © 1989, by the Division of Christian Education of the National Council of the Churches of Christ in the United States of America에서 인용한 것이다.

4 이 성서 해설들은 성서주석(聖書註釋)보다는 실천신학의 관점에서 쓴 것이다. 나는 이 본문들에 대한 역사비평 논의 및 문헌비평 논의에 정통해지려 노력하긴 했지만, 내 일차적인 관심은 어디까지나 그 본문의 최종적인 형태가 어떻게 오늘날의 독자에게 영향을 미치는가에 있다. 즉, 주석보다는 해석에 관심이 있다. 나는 성서비평에서 허용되는 방식에 따라 본문에 있는 틈이 어떻게 현재의 독자에게 해석될 수 있는지를 살펴보았다. 그 본문들은 빈번히 권력과 가족에 관한 특정 가치들을 조장하는 형태로 해석되어왔다. 나의 설명은 어느 정도 비전통적인 방식을 사용하는데, 이것은 그 본문들이 현재의 독자들에게 미치는 영향을 해체하는 방식이다. 예를 들어 여자들의 역할, 즉 다말, 사라, 하갈의 역할이 이 이야기들에서 사소하게 치부된 것은 여자들을 향한 폭력을 숨기는 방법의 일종이었다는 식이다. 이 설명은 특별히 성폭력에 관한 질문들과 가족심리학의 방법론을 가지고 본문에 접근한다. 이 새로운 윤리적 맥락으로부터 우리가 발견할 수도 있는 것은 그 본문들이 전통적인 특정 해석들을 그렇게 분명하게 지지하지 않는다는 사실이다.

월터 브루거만(Walter Brueggermann)은 이러한 해석방법의 한 갈래를 요약해준다. "이 설명의 목적은 본문들을 고려할 때, 그 본문이 그 믿음의 공동체가 처한 맥락에서 전달되고 있는 본문임을 고려하는 것이다. 그런 점에서 이 주석은 비평주석들이 해왔던 것을 답습하려 하지 않는다. 비록 그 주석들에 의존하기는 하지만 말이다. …… 우리의 설명은 비록 세심한 주석에 의존하지만, 지금까지 비축된 배움을 반복하거나 주석방법의 새 영역을 개척하려 하지는 않는다. …… 역사적인 의문들은 대체로 이 해석에서 그리 주목받지 못했다. …… 마찬가지로 문헌적인 의문들도 거의 다루어지지 않았다. …… 해석 전체를 통해서 우리가 사용했던 표현은 바로 '듣고 있는 공동체'이다. 그 말을 통해 우리는 이 공동체에게 그 본문과 그 설명이 전달되고 있다는 사실을 언급한다. 그것은 첫 번째로 교회를 의미하지만, 여기에서 파생되어 그 본문과 진지하게 연관되는 특정 개인이나 집단을 의미하기도 한다"(*Genesis: A Biblical Commentary for Teaching and Preaching*, Atalanta, Ga.: John Knox Press, 1982, pp. 5~8).

비슷한 방법을 넬 모턴(Nelle Morton)도 말했다. "나는 평범한 한 명의 여자로서 무리들 가운데 내 자리를 잡았고, 평범한 여자의 귀로 가부장제적인 종교기구들이 반드시 책임을 져야 할 일들에 관해 들었다. 세상이 계속해서 빈곤과 핵전쟁의 위험과 차별에 무기력하게 고개 숙이며 또다시 다른 것들에게 귀를 기울이고 있는 시대에, 더 이상 그 기구들은 '그러나 진짜 의도는……', '원래 그 말은……', '진짜 진리는……'이라는 말 뒤로 숨을 수 없다. 자신의 말이 어떻게 들리는지에 대해 책임을 지려 하지 않는 것은, 세상에 대한 책임을 지고 세상을 돌보는 것을 거부하는 것에서 단 한 걸음 떨어져 있을 뿐이다"(*The Journey is Home*, Boston: Beacon Press, 1985, p.xxii).

또한 Brevard Childs, *Old Testament Theology in a Canonical Context*(Philadelphia: Fortress Press, 1985); James Sanders, *Canon and Community*(Philadelphia: Fortress Press, 1984) 참조.

5   히브리 성서에 나타나는 힘과 사랑을 가진 하나님의 긍정적인 이미지에 대한 더 많은 논의를 보려면 다음을 참조. David R. Blumenthal, *God at the Center: Meditations on Jewish Spirituality*(New York: Harper and Row, 1988).

6   예를 들어, 욥기에서 그 희생자를 비난하는 것을 거부하는 장면, 예언서들에 나타난 정의에 관한 본문들, 룻기에 나오는 여자들 간의 자애로움, 그리고 폭력의 희생자들과 하나님의 관계에 관한 많은 시편들.

7   Marie Fortune, *Sexual Violence*, pp.44~56. 필리스 트리블 등 몇몇 페미니즘 학자들이 이 본문들을 몇 가지를 더 자세히 검토했다. Phyllis Trible, *Texts of Terror*(Philadelphia: Fortress Press, 1984).

8   Fortune, *Sexual Violence*, pp.43, 45.

9   하나님에 관한 모든 말은 해석이고 은유라는 샐리 맥페그(Sallie McFague)의 말에 나는 동의한다. 이 부분에서 내가 해석하려는 것은 하나님의 특정 이미지가 믿음의 공동체에 준 영향력이다. 또한 나는 새로운 이미지들을 탐색하려고 하는데, 그 이미지는 "하나님의 사랑의 실재를 오늘날의 여자들과 남자들의 상상력 안으로 가지고 올" 그런 이미지이다.

10   나는 특히 트리블의 주석 작업에 큰 도움을 받았다. *Texts of Terror*, pp.37ff.

11   Claud Levi-Strauss, *The Elementary Structures of Kinship*(Boston: Beacon Press, 1969), pp.115ff. 또한 Gerda Lerner, *The Creation of Patriarchy*(New York: Oxford University Press, 1986), pp.46ff 참조.

12   나는 특히 다음의 주석들을 통해 이 이야기에 관한 정보를 얻었다. Trible, *Texts of Terror*, pp.9ff.; Brueggermann, *Genesis*; Renita Weems, *Just A Sister Away: A Womanist Vision of Women's Relationships in the Bible*(San Diego, Cali.: LuraMedia, 1988); Delores Williams, "Black Women, Surrogacy Experience, and Christian Notions of Redemption," in Paula M. Cooey and William Eakin, eds., *After Patriarchy*(Maryknoll, N.Y.: Orbis Book, 1991); Savina Teubal, *Sarah the Priestess: The First Matriarch of Genesis*(Athens, Ohio: Swallow, 1984).

13 튜발(Savina Teubal)은 *Sarah the Priestess*에서 이 아들에 관한 쟁점이 대부분의 주석자들이
    생각해온 것보다 더 복잡한 문제라고 주장한다. 그녀는 사라가 어떤 종교적인 교단의 일원이
    었고, 그 교단의 회원은 보통 자기 자녀를 갖지 않는 대신 하녀를 통해 자녀를 가졌다고 설명
    한다. 튜발의 주장에 따르면, 이 가족 안에서 아이가 여사제(女司祭)에게 속했는지 아니면 가
    장에게 속했는지의 여부가 이 이야기의 극적인 요소이다.

14 Renita Weems, *Just A Sister Away: A Womanist Vision of Women's Relationships in the
    Bible*(San Diego, Cali.: LuraMedia, 1988). 또한 Trible, *Texts of terror*; Williams, "Black
    Women" 참조.

15 이 본문의 역사적인 배경은 많은 점에서 복잡하고도 애매모호하다. 그리고 그 본문의 의미에
    대한 학자들의 의견도 일치하지 않는다. 이삭을 묶은 일에 대해 내가 여기서 언급한 것과는
    다른 해석들도 있다. Brueggermann, *Genesis* 참조.

16 Alice Miller, *The Untouched Key: Tracing Childhood Trauma in Creativity and Destructive-
    ness*(New York: Doubleday & Co., 1990), pp.137~139: "(이삭을 희생 제물로 바치는 장면
    을 묘사한 렘브란트의 그림 두 개에서) 그 아버지의 손은 아들이 보지 못하도록, 말도 못하고
    숨도 쉴 수 없도록 아들의 얼굴을 완전히 가리고 있다. …… 아브라함은 왼손으로 자기 아들
    의 머리를 쥐고 오른손으로 칼을 들어 올리고 있다. 그러나 그의 눈은 아들이 아니라 하늘을
    향하고 있다. 마치 하나님에게 자신이 하나님의 뜻을 정확하게 수행하고 있는지를 묻는 것처
    럼. 처음에 나는 이것이 렘브란트의 독자적인 해석이며, 따라서 이 장면을 달리 묘사한 작품
    도 있을 거라고 생각했다. 그러나 그런 작품은 발견할 수 없었다. 이 장면을 묘사한 모든 그
    림 속에서 내가 발견한 점은, 아브라함의 얼굴 또는 몸 전체가 그의 아들을 외면한 채 위를
    향하고 있다는 사실이었다. 오직 그의 손만이 희생자에게 가 있었다. 그 그림을 보면서 나는
    중얼거렸다. '저 아들은 한창때의 남자인데도 그저 누워서 조용히 자기 아버지에게 살해되는
    것을 기다리는구나. 어떤 그림들에서든 그는 차분하고 순종적이지. 물론 그가 눈물을 흘리
    는 그림도 단 한 번 본 적이 있지만, 반항하지 않는 건 마찬가지야.' …… 아버지 손이 그가 보
    거나 말하는 것을 막고 숨 쉬는 것을 방해할 때, 질문을 던진다. …… 어떻게 사람이 손이 묶
    인 채 희생제단 위에 놓일 수 있는가? …… 그는 희생 제물이 됨으로써 비인간화되었다. 그는
    더 이상 질문할 권리가 없으며, 자신에게 질문들을 던지는 것조차 거의 불가능할 것이다. 그
    에게는 두려움 말고 어떤 것도 느낄 여지가 없기 때문이다.

17 이 이야기의 몇몇 역동성 밑에 놓여 있을지도 모르는, 가부장제와 여신 종교 사이의 투쟁에
    대한 논의를 보려면 Teubal, *Sarah the Priestess* 참조.

18 사회체계 이론의 기본적 요소들이 요약된 것을 보려면, Lynn Hoffman, *Foundations of
    Family Therapy*(New York: Basic Books, 1981) 참조.

19 사라와 하갈의 관계는 어쩌면 보통 생각되는 것보다 더 복잡한 것이었을 수도 있다. Teubal,
    Sarah the Priestess 참조.

20 애착이론의 요약은 다음을 참조. John Bowlby, *Attachment*(New York: Basic Books, 1969).

21 여성참정권 운동에서 흑인 여자들의 역할을 보려면 Williams, "Black Women"; Margaret Atwood, *The Handmaid's Tale*(New York: Fawcett Crest, 1985) 참조.

22 자기애적인 과잉투자에 대한 요약을 보려면 Alice Miller, *Thou Shalt Not Be Aware*(New York: Farrar, Straus & Giroux, 1984) 참조.

23 Walter Brueggemann, *Genesis*(Atlanta: John Knox Press, 1982); E. A. Speiser, *Genesis*(Anchor Bible)(New York: Doubleday & Co., 1982); Gerald van Rad, *Genesis*(Philadelphia: Westminster Press, 1961) 참조.

24 Hans Walter Wolff, *Hosea*(Philadelphia: Fortress Press, 1973); Friedman and Anderson, *Hosea*(Anchor Bible)(New York: Doubleday & Co., 1982).

25 Raymund Schwager, *Must There Be Scapegoats? Violence and Redemption in the Bible* (New York: Harper and Row, 1987) 참조.

26 Walter Wink, "Prayer and the Powers," *Sojourners*(October 10, 1990), p.10 참조. 여기서 폭력에 대한 하나님의 후회가 부각된다.

27 Daniel Day Williams, *The Spirit and the Forms of Love*(New York: Harper and Row, 1968) 참조.

28 Gerhard Kittel, *Theological Word Book of the New Testament,* Vol.3(Grand Rapids, Mich.: Wm. B. Eerdman's Publishing Co., 1965), p.167.

29 Fortune, *Sexual Violence,* pp.56~57.

30 고린도와 에베소에서의 가정규례에 대한 논의를 보려면 Fiorenza, *In Memory of Her*(New York: Crossroad Publishing Co., 1984) 참조. 새롭게 등장한 조사 연구는 고대의 유대인 신앙공동체 안에서 여자들이 중요한 지도력을 갖지 못했다는 일반적인 견해와 반대되는 주장을 제기하기도 한다. Bernadette Brooten, *Women Leaders in the Ancient Synagogue* (Chico, Calif.; Scholars Press, 1982) 참조.

31 Joanne Brown and Carole Bohn, eds., *Christianity, Patriarchy, and Abuse: A Feminist Critique*(New York: Pilgrim Press, 1989). 학대의 희생자를 위해 고난받는 하나님이라는 은유에 대한 문제를 보려면, 특히 1장을 참조.

32 대속이론의 요약을 보려면 Williams, *Spirit and Forms of Love,* pp.173ff.; Rita Brock, *Journeys by Heart*(New York: Crossroad Publishing Co.,1988), pp.4ff.; Catherine Keller, *From a Broken Web*(Boston: Beacon Press, 1986), pp.164~165 참조.

33 Brown and Bohn, *Christianity, Patriarchy, and Abuse*, pp.7ff.

34 Williams, *Spirit and Forms of Love*, p.175.

35 Brock, *Journeys by Heart*, p.55.

36 Hal Lindsey, *The Late Great Planet Earth*(Grand Rapids, Mich.: Zondervan, 1970).

37 Williams, *Spirit and Forms of Love*, p.174.

38 같은 책, pp.185~186.

39 Brown and Bohn, *Christianity, Patriarchy, and Abuse,* pp.1ff.

40 Loomer, "Size of God," p.41.

41 같은 글, p.43

42 Jacquelyn Grant, *White Women's Christs and Black Women's Jesus*(Chico, Calif.: Scholars Press, 1989), p.212.

43 Joanne Carlson Brown and Rebecca Parker, "For God so Loved the World?" in Brown and Bohn, *Christianity, Patriarchy, and Abuse,* pp.1ff.

44 Bernard Loomer, "Two Dimensions of Power," *Criterion*(1976), p.28.

45 Walter Wink, *Unmasking the Powers*(Philadelphia: Fortress Press, 1986), p.40.

46 Grant, *Whites Women's Christ and Black Women's Jesus,* p.214.

9장 교회의 실천과 실천신학

1 성폭력의 희생자들을 위한 치료와 중재를 다룬 자료로는 다음과 같은 책들이 있다. Marie Fortune, *Sexual Violence: The Unmentionable Sin: An Ethical and Pastoral Perspective* (New York: Pilgrim Press, 1983); Mary Pellauer, et al., eds., *Sexual Assault and Abuse: A Handbook for Clergy and Religious Professionals*(New York: Harper and Row, 1987); Suzanne N. Sgroi, ed., *Handbook of Clinical Intervention in Child Sexual Abuse*(Lexington, Mass.: Lexington Books, 1982); Ellen Bass and Laura Davis, *The Courage to Heal: A Guide for Woman Survivors of Child Sexual Abuse*(New York: Harper and Row, 1988); Gil Eliana, *Outgrowing and Pain: A Book for and About Adults Abused as Children*(New York: Launch Press, 1983); Linda Ledray, *Recovering from Rape*(New York: Henry Holt, 1986); Wendy Waltz and Beverly Holman, *Incest and Sexuality: A Guide to Understanding and Healing*(Lexington, Mass.: Lexington Books, 1987).

2 성적으로 학대받은 남성들과 작업하는 데 필요한 지침을 얻고자 한다면 다음의 책들을 참조. Suzanne N. Sgroi, ed., *Handbook of Clinical Intervention in Child Sexual Abuse*; George W. Barnard, et al., eds., *The Child Molester: An Intergrated Approach to Evaluation and Treatment*(New York: Brunner/Mazel, 1989); David Finkelhor, *Child Sexual Abuse*(New York: Free Press, 1984); Nicholas Groth, *Men Who Rape*(New York: Plenum Press, 1979); Richard Gelles and Murray Straus, *Intimate Violence*(New York: Simon and Schuster, 1988).

3 제도적 정책과 과정을 바꾸기 위한 방법에 대해서는 다음 책 참조. Marie Fortune, *Is Nothing Sacred? When Sex Invades the Pastoral Relationship*(New York: Harper and Row, 1989); Peter Rutter, *Sex in the Forbidden Zone: When Men in Power-Therapists, Doctors, Clergy,*

Teachers and Others-Betray Women's Trust(Los Angeles: Jeremy Tarcher, 1989).

4   이 쟁점에 관해서는 5장의 주(註) 참조.

5   신학적 은유가 어떻게 성폭력을 부추기는지에 대한 설득력 있는 분석은 다음의 책을 참조. Joanne Carlson Brown and Carole R. Bohn, *Christianity, Patriarchy, and Abuse: A Feminist Critique*(New York: Pilgrim Press, 1989); Rita Brock, *Journey by Heart*(New York: Crossroad Publishing Co., 1988); Raymund Schwager, *Must There Be Scapegoats? Violence and Redemption in the Bible*(New York: Harper and Row, 1987); 그리고 8장도 참조.

6   James N. Poling and Donald E. Miller, *Foundations for a Practical Theology of Ministry* (Nashville: Abingdon Press, 1985), p.62.

7   같은 책, p.69.

8   "직접 경험에 대한 설명만이 어떤 생각에 대해서도 유일하게 정당성을 부여한다. 그리고 생각의 출발점은 이 경험의 구성요소들을 분석적으로 관찰하는 것이다. 그러나 경험의 세부적인 것들은 다양하므로 어떤 경험이든 한정되어 있음을 고려한다면, 우리는 직접 경험에 대한 말끔하게 완전한 분석을 염두에 두고 말하는 것은 아니다. 우리는 습관적으로 차이점을 보는 식으로 관찰한다. 우리가 코끼리를 볼 때도 있고 보지 못할 때도 있다. 결과적으로 코끼리는 있을 때만 눈에 띈다. 관찰의 기능은, 관찰대상이 있을 때도 있고 없을 때도 있지만, 그 관찰 대상이 있는데 그 대상이 중요해야 관찰이 이루어진다." Alfred North Whitehead, *Process and Reality: An Essay in Cosmology*(New York: Free Press, 1978), p.4. 또한 Ellen K. Wondra, "Theology in a Postmodern Key," *Plumbline: A Journal Of Ministry In Higher Education* (December 1989), pp.4~16 참조.

9   내 작업에 가장 많이 영향을 준 주요 이론들로는 포스트모던 비평, 여성신학, 그리고 흑인신학에 의해 재해석된 정신분석 이론이 있다.

10   이 부분은 버나드 미랜드의 구조주의 신학에 큰 도움을 받았다. Bernard Meland, *Essays in Constructive theology: A process Perspective*(Chicago: Exploration Press, 1988), p.5. "창조의 통로(Creative Passage) 안에서 역사의 통로가 생긴다. 단 하나의 줄기로가 아니라 다양한 문화적 흐름들로 생겨나는데, 그 각각의 흐름은 제 나름의 구조를 갖고 기억, 전례(前例), 관습 등을 통해서, 역사의 생생한 흐름을 이루어온 사건들과 현실을 통합한다. 각 문화 안에서 사건의 역동적인 통로는 경험의 구조(Structure of Experience)의 형태를 만들어주어 왔다. 그것은 문화사의 특정한 의미 궤도 안에 지속적으로 남아 있는 구조적 잔존물이라고 말할 수 있다. 그 역사의 모든 현재 순간별 관점에서는 그렇게 보이기 때문이다. 따라서 그 '경험의 구조'는 전체적·포괄적 창조의 통로 안에 있는 현재의 직접성이다. …… 경험의 구조 각각에는 기본적으로 꾸준히 남아 있는 신화(myth)가 발견되게 되어 있다. 그 신화가 그 구조의 문화적 신화체계(mythos)에 형태를 부여하고, 대개는 의미의 그 궤도 안에서 형성되어온, 어렵게 획득한, 수용될 수 있는 반응양식을 표현해준다."

11 James N. Poling, "Empirical Theology," in *Dictionary of Pastoral Care and Counseling,* ed. Rodney Hunter(Nashville: Abingdon Press, 1990), pp.356~358.

12 Bernard Meland, *The Future of Empirical Theology*(Chicago: University of Chicago Press, 1969), pp.13, 297.

13 민감성과 창조성의 리듬에 관한 좀 더 자세한 논의는 6장 참조.

참고문헌

Allen, Charlotte Vale. 1980. *Daddy's Girl*. New York: Wyndham Books.

American Psychiatric Association. 1987. *Diagnostic and Statistical Manual of Mental Disorders*(3rd, rev. ed.). Washington, DC: American Psychiatric Association.

Andolsen, Barbara et al. 1985. *Women's Consciousness, Women's Conscience*. Minneapolis: Winston Press.

Angelou, Maya. 1970. *I Know Why The Caged Bird Sings*. New York: Random House.

Aries, Philippe. 1962. *Centuries of Childhood: A Social History of Family Life*. New York: Vintage Books.

Atwood, Margaret. 1985. *The Handmaid's Tale*. New York: Fawcett Crest.

Bal, Mieke. 1987. *Lethal Love: Feminist Literary Readings of Biblical Love Stories*. Bloomington: Indiana University Press.

Barnard, George et al. 1989. *The Child Molester*. New York: Brunner/Mazel.

Baron, Larry and Murray Straus. 1989. *Four Theories of Rape in American Society*. New Haven: Yale University Press.

Bass, Ellen and Laura Davis. 1988. *The Courage to Heal: A Guide for Women Survivors of Child Sexual Abuse*. New York: Harper and Row.

Bass, Ellen et al. 1983. *I Never Told Anyone: Writings by Women Survivors of Child Sexual Abuse*. New York: Harper and Row.

Becker, Ernest. 1975. *Escape from Evil*. New York: Free Press.

Bernheimer, Charles and Clair Kahane(eds.). 1985. *Dora: Freud, Women, and Hysteria*. New York: Columbia University Press.

Blanck, Gertrude and Rubin Blanck. 1974. *Ego psychology: Theory and Practice*. New York: Columbia University Press.

_____. 1979. *Ego psychology II: Psychoanalytic Developmental Psychology*. New York:

Columbia University Press.

_____. 1986. *Beyond Ego Psychology*. New York: Columbia University Press.

Blumenthal, David R. 1988. *God at the Center: Meditations on Jewish Spirituality*. New York: Harper and Row.

Boswell, John. 1988. *The Kindness of Strangers: The Abandonment of Children in Western Europe from Late Antiquity to the Renaissance*. New York: Pantheon Books.

Bowlby, John. 1969. *Attachment*. New York: Basic Books.

Breger, Louis. 1978. "Daniel Paul Schreber: From Male into Female." *Journal of the American Academy of Psychoanalysis*, Vol.6, No.2, pp.123~156.

Bregman, Lucy. 1977. "Religion and Madness: Schreber's Memoirs as Personal Myth." *Journal of Religion and Health*, Vol.16, No2, pp.119~135.

Brown, Delwin et al.(eds.) 1971. *Process Philosophy and Christian Thought*. Indianapolis: Bobbs-Merrill.

Brown, Joanne Carlson and Carole R. Bohn. 1989. *Christianity, Patriarchy, and Abuse: a Feminist Critique*. New York: Pilgrim Press.

Browning, Don S. and John E. Burkhart. 1983. *Practical Theology: The Emerging Field in Theology, Church, and World*. New York: Harper and Row.

Brownmiller, Susan. 1975. *Against Our Will: Men, Women and Rape*. New York: Simon and Schuster.

Brueggemann, Walter. 1982. *Genesis*. Atlanta: John Knox Press.

Cannon, Katie G. 1988. *Black Womanist Ethics*. Atlanta: Scholars Press.

Chesler, Phyllis. 1972. *Women and Madness*. New York: Doubleday.

Childs, Brevard S. 1970. *Biblical Theology in Crisis*. Philadelphia: Westminster Press.

_____. 1985. *Old Testament Theology in a Canonical Context*. Philadelphia: Fortress Press.

Chodorow, Nancy. 1978. *The Reproduction of Mothering: Psychoanalysis and the Sociology of Gender*. Berkeley: University of California Press.

Cicchetti, Dante and Vicki Carlson(eds.). 1989. *Child Maltreatment: Theory and Research on the Causes and Consequences of Child Abuse and Neglect*. New York: Cambridge University Press.

Cobb, John. 1965. *A Christian natural theology*. Philadelphia: Westminster Press.

_____. 1975. *Christ in a Pluralistic Age*. Philadelphia: Westminster Press.

Cobb, John and David Griffin. 1976. *Process Theology: An Introductory Exposition*. Philadelphia: Westminster Press.

Condren, Mary. 1989. *The Serpent and the Goddess: Women, Religion, and Power in Celtic Ireland*. New York: Harper and Row.

Cooey, Paula M., William R. Eakin and Jay B. McDaniel(eds.). 1991. *After Patriarchy*. New York: Orbis Book.

Cornwall Collective. 1979. *Your Daughters Shall Prophesy: Feminist Alternatives in Theological Education*. New York: Pilgrim Press.

Daly, Mary. 1973. *Beyond God the Father*. Boston: Bacon Press.

Davis, Angela. 1983. *Women, Race, and Class*. New York: Vintage.

_____. 1990. *Women, Culture, Politics*. New York: Vintage.

Davis, Stephen(eds.). 1981. *Encountering Evil: Live Options in Theodicy*. Atlanta: John Knox Press.

Dean, William and Larry Axel. 1987. *The Size of God: The Theology of Bernard Loomer in Context*. Macon, Ca.: Mercer University Press.

D'Emilio, John and Estelle B. Freedman. 1988. *Intimate Matters: A History of Sexuality in America*. New York: Harper and Row.

Dinnerstein, Dorothy. 1977. *The Mermaid and the Minotaur: Sexual Arrangements and Human Malaise*. New York: Harper and Row.

DuBois, Ellen Carol(eds.). 1981. *Elizabeth Cady Stanton, Susan B. Anthony: Correspondence, Writings, Speeches*. New York: Schocken Books.

Dworkin, Andrea. 1981. *Pornography: Men Processing Women*. New York: Perigee/Putnam.

Eisenstein, Hester. 1983. *Contemporary Feminist Thought*. Boston: Hall.

Eisler, Riane. 1987. *The Chalice and the Blade: Our History, Our Future*. New York: Harper and Row.

Eliana, Gil. 1983. *Outgrowing and Pain: A Book for and About Adults Abused as Children*. New York: Launch Press.

Erikson, Erik. 1963. *Childhood and Society*. New York: W. W. Norton & Co.

Eugene, Toinette. 1988. "Moral Values and Black Womanists." *Journal of Religious Thought* (Spring 1988).

Finkelhor, David. 1984. *Child Sexual Abuse*. New York: Free Press.

Fortune, Marie. 1983. *Sexual Violence: The Unmentionable Sin: An Ethical and Pastoral Perspective*. New York: Pilgrim Press.

_____. 1989. *Is Nothing Sacred? When Sex Invades the Pastoral Relationship*. New York: Harper and Row.

Freud, Sigmund. 1955. "Beyond the Pleasure Principle." *Standard Edition of the Complete Psychological Works of Sigmund Freud*, Vol.18, pp.3~64. London: Hogarth Press.

_____. 1957. *A General Selection from the Works of Sigmund Freud*. New York: Doubleday & Co.

_____. 1963. *Dora: An Analysis of a Case of Hysteria*. New York: Collier Books.

_____. 1963. *Sexuality and the Psychology of Love*. New York: Collier Books.

_____. 1963. *Three Case Histories*. New York: Collier Books.

_____. 1965. *Interpretation of Dreams*. New York: Avon.

Friedman, David and Frances Anderson. 1982. *Hosea*(Anchor Bible). New York: Doubleday & Co.

Gallop, Jane. 1982. *The Daughter's Seduction: Feminism and Psychoanalysis*. New York: Cornell University Press.

Garner, Shirley Nelson et al.(eds.) 1985. *The (M)other Tongue: Essays in Feminist Psychoanalytic Interpretation*. New York: Cornell University Press.

Gelles, Richard and Murray Straus. 1988. *Intimate Violence*. New York: Simon and Schuster.

Genovese, Eugene(ed.). 1968. *The Slave Economy of the Old South: Selected Essays in Economic and Social History*. Baton Rouge, La.: Louisiana State University Press.

Gilligan, Carol. 1982. *In a Different Voice*. Cambridge, Mass.: Harvard University Press.

Grant, Jacquelyn. 1989. *White Women's Christs and Black Women's Jesus*. Chico, Calif.: Scholars Press.

Griffin, David. 1976. *God, Power, and Evil: A Process Theodicy*. Philadelphia: Westminster Press.

Griffin, Susan. 1978. *Women and Nature: Roaring Inside Her*. New York: Harper and Row.

_____. 1981. *Pornography and Silence: Culture's Revenge Against Nature*. New York: Harper and Row.

_____. 1986. *Rape: The Politics of Consciousness*. New York: Harper and Row.

Groth, Nicholas. 1979. *Men Who Rape*. New York: Plenum Press.

Gurko, Miriam. 1976. *The Ladies of Seneca Falls: The Birth of the Woman's Rights Movement*. New York: Schocken Books.

Gutman, Herbert. 1976. *The Black Family in Slavery and Freedom: 1750~1925*. New York: Vintage.

Hewitt, Nancy. 1984. *Women's Activism and Social Change: Rochester, NY, 1822~1872*. New York: Cornell University Press.

Hoffman, Lynn. 1981. *Foundations of Family Therapy*. New York: Basic Books.

Horner, Althea. 1984. *Object Relations and the Developing Ego in Therapy*. New York: Jason Aronson.

Hunter, Mic. 1990. *Abused Boys: The Neglected Victims of Sexual Abuse*. Lexington, Mass.: Lexington Books.

Kegan, Robert. 1982. *The Evolving Self*. Cambridge, Mass.: Harvard University Press.

Keller, Catherine. 1986. *From a Broken Web: S*eparation, Sexism, and Self. Boston: Beacon Press.

Kernberg, Otto. 1975. *Borderline Conditions and Pathological Narcissism*. New York: Jason Aronson.

_____. 1980. *Internal World and External Reality*. New York: Jason Aronson.

_____. 1984. *Severe Personality Disorders: Psychotherapeutic Strategies*. New Haven, Conn.: Yale University Press.

Kittel, Gerhard. 1965. *Theological Dictionary of the New Testament*, Vol.3. Grand Rapids (Mich.): WM. B. Eerdmans Publishing Co.

Kohut, Heinz. 1971. *The Analysis of the Self*. New York: International Universities Press.

_____. 1977. *The Restoration of the Self*. New York: International Universities Press.

_____. 1984. *How Does Analysis Cure?* Chicago: University of Chicago Press.

_____. 1985. *Self Psychology and the Humanities*. New York: W.W. Norton & Co.

Koontz, Gayle and Willard Swartley(eds.). 1989. *Perspectives on Feminist Hermeneutics*. Elkhart, Ind.: Institute of Mennonite Studies.

Lamb, Matthew L. 1982. *Solidarity with Victims: Toward a Theology of Social Transformation*. New York: Crossroad.

Lax, Ruth et al.(eds.) 1980. *Rapprochment: The Critical Phase of Separation Individuation*. New York: Jason Aronson.

Lederer, Laura(ed.). 1980. *Take Back the Night: Women on Pornography*. New York: Wm. Morrow & Co.

Ledray, Linda. 1986. *Recovering from Rape*. New York: Henry Holt.

Lerner, Gerda. 1986. *The Creation of Patriarchy*. New York: Oxford University Press.

Levi-Strauss, Claude. 1969. *The Elementary Structures of Kinship*. Boston: Beacon Press.

Lew, Mike. 1988. *Victims No Longer: Men Recovering from Incest and Other Sexual Child Abuse*. New York: Nevraumont.

Lindsey, Hal. 1970. *The Late Great Planet Earth*. Grand Rapids, Mich.: Zondervan.

Loomer, Bernard. 1976. "Two Conceptions of Power." *Criterion*, 15, pp.12~29.

_____. 1978. "The Free and Relational Self." in W. W. Schroeder and Gibson Winter(eds.). *Belief and Ethics*. Chicago: Center for the Scientific Study of Religion.

_____. 1987. "On Committing Yourself to a Relationship." *Process Studies*, Vol.16, No.4 (Winter 1987).

Lystad, Mary(ed.). 1986. *Violence in the Home: Interdisciplinary Perspectives*. New York: Brunner/Mazel.

McFague, Sallie. 1987. *Models of God*. Philadelphia: Fortress Press.

McGoldrick, Monica et al.(eds.) 1989. *Women in Families: A Framework for Family Therapy*. New York: W.W. Norton & Co.

Mahler, Margaret et al. 1975. *The Psychological Birth of the Human Infant*. New York: Basic Books.

Mause, Lloyde de. 1974. *The History of Childhood*. New York: Psychohistory Press.

Mead, George Herbert. 1934, 1962. *Mind, Self, and Society*. edited by Charles W. Morris.

Chicago: University of Chicago Press.

Meissner, W. W. 1981. *Internalization in Psychoanalysis*. New York: International Universities Press.

_____. 1984. *The Borderline Spectrum: Differential Diagnosis and Developmental Issues*. New York: Jason Aronson.

_____. 1988. *Treatment of Patients in the Borderline Spectrum*. New York: Jason Aronson.

Meland, Bernard. 1953. *Faith and Culture*. Carbondale: Southern Illinois University Press.

_____. 1962. *The Realities of Faith*. New York: Oxford University Press.

_____. 1966. *The Secularization of Modern Cultures*. New York: Oxford University Press.

_____. 1976. *Fallible Forms and Symbols*. Philadelphia: Fortress Press.

_____. 1988. *Essays in Constructive Theology: A Process Perspective*. Chicago: Exploration Press.

Meland, Bernard(ed.). 1969. *The Future of Empirical Theology*. Chicago: University of Chicago Press.

Miller, Alice. 1981. *The Drama of the Gifted Child*. New York: Basic Books.

_____. 1984. *For Your Own Good*. New York: Farrar, Straus & Giroux.

_____. 1984. *Thou Shalt Not Be Aware: Society's Betrayal of the Child*. New York: Farrar, Straus & Giroux.

_____. 1990. *Banished Knowledge: Facing Childhood Injuries*. New York: Doubleday & Co.

_____. 1990. *The Untouched Key: Tracing Childhood Trauma in Creativity and Destructiveness*. New York: Doubleday & Co.

Miller, Jean Baker(ed.). 1973. *Psychoanalysis and Women*. Baltimore, Md.: Penguin Books.

Mitchell, Juliet. 1984. *The Longest Revolution*. New York: Pantheon Books.

Morrison, Toni. 1977. *Song of Solomon*. New York: New American Library.

_____. 1987. *Beloved*. New York: New American Library.

Morton, Nelle. 1985. *The Journey Is Home*. Boston: Beacon Press.

Moynihan, Daniel. 1965. *The Negro Family: The Case for National Actions*. U. S. Dep. of Labor.

Mud Flower Collective. 1985. *God's Fierce Whimsy: Christian Feminism and Theological Education*. New York: Pilgrim Press.

Niederland, William. 1984. *The Schreber Case: Psychoanalytic Profile of a Paranoid Personality*. London: Analytic Press.

Nelson, James. 1976. *Embodiment: An Approach to Sexuality and Christian Theology*. New York: Pilgrim Press.

_____. 1988. *The Intimate Connection: Male Sexuality, Masculine Spirituality*. Philadelphia: Westminster Press.

Pellauer, Mary et al.(eds.) 1987. *Sexual Assault and Abuse: A Handbook for Clergy and Religious Professionals*. New York: Harper and Row.

Piaget, Jean. 1937, 1954. *The Construction of Reality in the Child*. New York: Basic Books.

Poling, James N. 1979. "A Theological Integration of the Social and Personal in Pastoral Care and Counseling: A Process View." Unpublished dissertation. School of Theology, Claremont, Calif.

_____. 1988. "Child Sexual Abuse: A Rich Context for Thinking About God, Community, and Ministry." *Journal of Pastoral Care*, Vol.42, No.1(Spring 1988), pp.58~61.

_____. 1989. "Issues in the Psychotherapy of Child Molesters." *Journal of Pastoral Care*, Vol.43, No.1(Spring 1989), pp.25~32.

_____. 1990. "Social and Ethical Issues of Child Sexual Abuse." *American Baptist Quarterly*, Vol.8, No.4, pp.257~266.

Poling, James N. and Donald E. Miller. 1985. *Foundations for a Practical Theology of Ministry*. Nashville: Abingdon Press.

Poling, James N. and Lewis S. Mudge(eds.). 1987. *Formation and Reflection: The Promise of Practical Theology*. Philadelphia: Fortress Press.

Pollock, Linda. 1983. *Forgotten Children: Parent-Child Relations from 1500~1900*. New York: Cambridge University Press.

Russell, Diana. 1982. *Rape in Marriage*. New York: Macmillan.

_____. 1984. *Sexual Exploitation, Rape, Child Sexual Abuse, and Workplace Harassment*. Beverly Hills: Sage Publications.

_____. 1986. *The Secret Trauma: Incest in the Lives of Girls and Women*. New York: Basic Books.

Rutter, Peter. 1989. *Sex in the Forbidden Zone: How Therapists, Doctors, Clergy, Teachers, and Other Men in Power Betray Women's Trust*. Los Angeles: Jeremy Tarcher.

Sanders, James. 1984. *Canon and Community: A Guide to Canonical Criticism*. Philadelphia: Fortress Press.

Schatzman, Morton. 1973. *Soul Murder: Persecution in the Family*. New York: New American Library.

Schreber, Daniel Paul. 1955. *Memoirs of My Mental Illness*. translated by Ida Macalpine and Richard Hunter. London: Wm. Dawson & Sons.

Schüssler Fiorenza, Elisabeth. 1984. *In Memory of Her*. New York: Crossroad Publishing Co.

Schwager, Raymund. 1987. *Must There Be Scapegoats? Violence and Redemption in the Bible*. New York: Harper and Row.

Sgroi, Suzanne N.(ed.) 1982. *Handbook of Clinical Intervention in Child Sexual Abuse*. Lexington, Mass.: Lexington Books.

Smith, Wallace. 1985. *The Church in the Life of the Black Family*. Valley Forge, Pa.: Judson Press.

Speiser, E. A. 1982. *Genesis*. New York: Doubleday & Co.

Stanton, Elizabeth Cady. 1971. *Eighty Years and More, Reminiscence, 1815~1897*. New York: Schocken Books.

Stern, Daniel. 1985. *The Interpersonal World of the Infant*. New York: Basic Books.

Stone, Howard and William Clements(eds.). 1991. *Handbook for Basic Types of Pastoral Care and Counseling*. Nashville: Abingdon Press.

Straus, Murray. 1980. *Behind Closed Doors: Violence in the American Family*. Garden City, New York: Ankor.

Suchocki, Marjorie. 1988. *The End of Evil: Process Eschatology in Historical Context*. Albany: State University of New York Press.

Teubal, Savina J. 1984. *Sarah the Priestess: The First Matriarch of Genesis*. Athens, Ohio: Swallow Press.

_____. 1989. *Hagar the Handmaid*. New York: Harper and Row.

Thistlethwaite, Susan Brooks. 1989. *Sex, Race, and God: Christian Feminism in Black and*

White. New York: Crossroad.

Tracy, David. 1987. *Plurality and Ambiguity: Hermeneutics, Religion, Hope*. San Francisco: Harper and Row.

Trible, Phyllis. 1984. *Texts of Terror*. Philadelphia: Fortress Press.

The Holy Bible (New Revised Standard Version). N.C.C.C., 1989.

"The Unique Death of Eli Creekmore." Videotape produced by KCTS, Seattle, Wash., 1987.

van Kessel, Rob. 1989. *Zes Kruiken Water: Enkele Theologische Bijdragen Voor Kerkopbouw*. Netherlands: Gool and Sticht.

von Rad, Gerhard. 1961. *Genesis*. Philadelphia: Westminster Press.

Walters, Marianne et al. 1988. *The Invisible Web: Gender Patterns in Family Relationships*. New York: Guilford.

Waltz, Wendy and Beverly Holman. 1987. *Incest and Sexuality: A Guide to Understanding and Healing*. Lexington, Mass.: Lexington Books.

Washington, Mary Helen. 1987. *Invented Lives: Narratives of Black Women 1860~1960*. New York: Doubleday & Co.

Weems, Renita. 1988. *Just A Sister Away: A Womanist Vision of Women's Relationships in the Bible*. San Diego, Cali.: LuraMedia.

Whitehead, Alfred North. 1929, 1978. *Process and Reality*. editoned by D. R. Griffin and D. W. Sherburne. New York: Free Press.

Wilden, Anthony. 1972. *System and Structure: Essays in Communication and Exchange*. London: Tavistock.

Williams, Daniel Day. 1961. *The Minister and the Care of Souls*. New York: Harper and Row.

_____. 1968. *The Spirit and Forms of Love*. New York: Harper and Row.

Wilmore, Gayraud and James Cone(eds.). 1979. *Black Theology: A Documentary History, 1966~1979*. Maryknoll, New York: Orbis Books.

Wink, Walter. 1984. *Naming the Powers: The Language of Power in the New Testament*. Philadelphia: Fortress Press.

_____. 1986. *Unmasking the Powers: The Invisible Forces That Determine Human Existence*.

Philadelphia: Fortress Press.

_____. 1990. "Prayer and the Powers." *Sojourners*(October 10, 1990).

Winnicott, D. W. 1984. *Deprivation and Delinquency*. London: Tavistock.

Winquist, Charles. 1980. *Practical Hermeneutics: A Revised Agenda for Ministry*. Chico, Calif.: Scholars Press.

Wolff, Hans Walter. 1973. *Hosea*. Philadelphia: Fortress Press.

Wondra, Ellen. 1989. "Theology in a Postmodern Key." *Plumbline: A Journal of Ministry in Higher Education*(December 1989), pp.4~15.

_____. 1990. "The Dialogue Which We Are." Unpublished essay. Rochester, New York.

찾아보기

용어 · 개념

가부장제 20, 42, 80, 97, 122, 124, 128, 133, 143, 149, 151, 154, 157~158, 160, 165~166, 170, 194, 196, 201, 204~205, 207, 211, 215~216, 220~222, 224, 237, 239~242, 246, 257~258, 261, 266, 270, 275, 279, 286, 291, 312~313

가족 16, 18, 21~22, 30, 32, 35, 40~42, 44~45, 56, 59~61, 74, 77, 79, 82~83, 85~86, 89~91, 96, 103, 121, 127~128, 130~132, 134~135, 137~138, 140~141, 149, 153~154, 159~162, 178, 183, 189, 195~202, 211, 215, 220, 225, 229, 242~252, 255, 261~262, 270, 286, 290, 299, 308, 311, 313

강간 32, 50~51, 55~59, 70, 77, 81, 97~98, 103, 140, 180, 196, 212~215, 217~222, 237~242, 272, 296

강간 누명 43, 219, 220, 237

거대자아 94, 102~104

경계 156, 158, 162, 195

계급주의 44

고립 16, 22, 40, 44, 83, 150~152, 154, 156~158, 165~166, 184, 187, 196, 198, 202, 220~221, 283, 292

고백 18, 29, 51, 70, 84, 231, 260, 262, 275, 277

고통 16, 18~20, 22~26, 28~30, 41, 43~44, 48~54, 56, 59, 64, 66~67, 70, 72~73, 75, 77~79, 81, 83~84, 92, 96, 103, 106~107, 111~116, 118~119, 121, 123~124, 127~134, 136, 141~143, 150, 155, 165~167, 171~172, 174~177, 180, 183~184, 186, 193~194, 202, 208, 212, 222~229, 231~232, 235, 240~241, 258, 263~264, 266~267, 270~275, 279, 297

공격성 22, 40, 99~101, 108~109, 151, 158~160, 178, 218

공격자와의 동일시 99, 301

공생 110, 125, 156, 158, 166

과대자아 160~162, 166

과정신학 28, 76, 145

관계망 57, 191, 193~194, 267, 269, 271, 273, 275~276, 293

관계의 그물 34~35, 37, 41, 45, 47~48, 180, 272, 292, 294

관계적 힘 232

교회론 291

근친상간 51, 56~57, 59, 74, 78, 85, 89, 91, 105, 126, 131, 163, 175, 196, 218, 222, 296

내면화 41, 96, 99, 121, 141~142, 144~157, 161, 165~166, 169~170, 181, 192, 204, 284, 290

내사 152, 154, 165~166, 169~171, 175, 304, 306

노예제도 77, 198~200, 278

노출 32~33, 44, 105, 156, 172, 230, 258, 280

대리적 대속 259~260, 262~263

동성애 44, 112, 118~119, 122

리비도 151, 156~158

무기력 148, 158~160, 166, 312

무력감 56, 86, 89, 159~160

반복충동 97

배신　56, 126, 155, 183, 185~186, 208, 212, 221,
　　248~249, 272, 297

보상　105, 137, 158, 213, 225, 228, 231, 258, 275,
　　286

부인　38, 45, 56, 72~74, 79, 98, 128, 131, 133,
　　137, 167, 174, 180, 190, 194, 206, 216, 220,
　　223, 226~228, 230, 269, 275, 277, 280~281,
　　284, 300

분노　51, 54, 55, 57~60, 63, 67, 78, 83, 85~86, 88,
　　99~101, 106, 109~110, 121, 124, 131, 141, 148,
　　156, 158~160, 163, 166, 170, 172, 176, 178,
　　181, 211, 216, 218, 228, 234~235, 241, 249,
　　253, 262, 267, 270

불의　17, 19~20, 22, 38, 40, 42, 44~47, 76, 180,
　　202, 227~228, 230, 241~242, 246~248, 251,
　　254, 273~274, 276, 281, 285~287

비밀　22, 50, 57, 60, 97, 128, 137, 165, 172, 184,
　　196, 220, 225, 231, 240, 270, 287, 300

비밀보장　78

비밀유지　68, 220, 227, 284

사건　21, 49, 59, 65, 69~70, 84, 89, 118, 121, 142,
　　150, 180, 188~191, 193~194, 196, 239,
　　259~260, 297, 316

사랑의 공동체　30, 183~184, 223~225, 227,
　　229~230

사역　27~28, 30, 231, 257

사탄　258, 277

서사　292

성서　57, 63, 180, 185, 189, 236~237, 242, 249,
　　251~252, 254, 256~257, 260, 262, 273, 276,
　　278, 281, 287, 311~312

　창세기　65~66, 237, 242~245, 249, 252, 255

　출애굽기　237

　레위기　237

　신명기　237

　사사기　237

사무엘하　237~239, 255

시편　56, 270, 312

예레미야　237

호세아　253~255, 276

다니엘서　237

마태복음　231~232, 256, 270, 276, 280~281

마가복음　271, 280

누가복음　232

요한복음　231, 259

로마서　256, 269

고린도전서　189

고린도후서　265

디모데전서　260

계시록　277

성서해석　236

성육신　264~266, 271~272, 293

성적 학대　15~16, 20~21, 49, 56, 99, 131, 156,
　　166, 171, 176, 284

성직자　57, 216, 222, 229

성차별주의　25~26, 133, 204, 219, 308

성찬　69~70, 287

성찰　18, 27~28, 46, 215, 288~291, 293~294, 311

성 학대　23, 55, 59, 61, 76~77, 80~81, 83, 85~86,
　　89, 93~94, 96~97, 100, 140, 155, 166, 190, 195,
　　202, 211~212, 215, 218, 256, 296, 299~300, 305

성희롱　106

슈퍼에고　110, 151, 162~164

실천신학　27~28, 30, 283, 288~289, 291~292,
　　294~295, 297, 311

십자가형　258~259, 272, 274, 276, 280

아프리카계 미국인　28, 144, 184, 198~200, 203,
　　210, 219, 308~309

알코올중독　81~82, 95, 162, 196

애매모호　138, 144, 166~168, 170~174, 176~177,
　　179~182, 227, 229, 257, 268~269, 274~281,
　　287, 294, 313

애착 36, 82, 91, 97~98, 109, 130~132, 138, 142, 146, 150~151, 153~154, 156~158, 160, 162, 181, 184~185, 204~205, 248~251, 253, 290, 313

양가감정 160, 205~206, 210, 248, 254

양면성 248, 251~253, 256

억압 17, 19~20, 30, 33, 44, 113, 119, 123~125, 142, 144, 149, 154, 156~157, 159, 161, 163, 179, 190, 194~195, 198~199, 218~219, 226, 232, 235~236, 257~258, 271~273, 275, 277~278, 287, 290~292, 294~295, 308

억제 불능 162, 164, 166

에고 110, 118, 151~152, 155~156, 164

에피투메오 256

여성혐오 203~204, 206~208

역전이 108

예배 58, 69~70, 223, 225, 278~279, 281, 287, 294

욕망 37, 39, 161, 199, 202, 206, 216, 256, 290

용기 22~23, 25, 27, 38~39, 46, 53~54, 57, 65, 68, 73, 77~78, 106~107, 130, 180, 182, 184, 222, 224, 227, 239, 241, 279~280, 287, 290

우머니스트 195, 308

우머니즘 195, 203, 210, 220~221, 311

유심론적 이원론 204, 208, 210~211, 216

의존성 45, 61, 94~95, 110, 157~158, 171, 232, 248, 292

이념 17, 22, 30, 37, 41~42, 44~45, 94, 122~124, 133~134, 137~138, 143, 183~184, 187, 198, 201, 204, 206~208, 211, 221~222, 225, 227, 236, 263, 290~293, 295

이데올로기 42, 195, 200~201, 299

이성애주의 44, 222

인간 본성 18, 123

인종차별주의 22, 25, 43, 199~200, 219, 308

자기비하 160~162, 166

자기애 24, 102~103, 131, 151, 158, 160~162, 235, 249, 307, 314

자기존중 151, 160

자연 192, 204, 208~211, 217, 220, 269

자유 36, 38, 44~45, 47~48, 66, 132, 135~136, 147, 149, 170, 173, 177, 181, 199, 250, 261, 264~267, 278, 293

저항 11, 20, 22, 46~48, 79, 86, 94, 101, 118, 121~122, 124, 126, 128, 137, 155, 185~187, 196, 200, 225, 239, 258, 269, 275~276, 281, 291

전능 41, 102~103, 126, 128, 135~136, 161, 235, 255, 261~262, 266

정신분석 이론 28, 145, 150~151, 166, 178, 303~304, 316

제국주의 44, 218

제도 17, 19, 22, 30, 34, 37, 41~45, 86, 94, 131~133, 137~138, 160, 173, 183~184, 187, 195~198, 204, 207~208, 211, 227, 236, 263, 285~286, 291, 293

제한 18, 34, 41, 65, 75, 91, 97, 105~106, 110, 120, 126, 145, 147, 151, 158, 162, 173, 197, 203, 224, 242, 270~271, 285, 291~293

젠더 10, 93, 162, 204, 207~209, 246

종교 15, 17, 25, 27, 29~30, 37~38, 46, 92, 94, 113, 115, 117, 123~128, 134~138, 173, 232~236, 238, 242~243, 251, 254, 267~268, 278~279, 291~292, 295, 311~313

죄책 230, 261

죽음의 본능 129, 177~178

지배구조 29, 39, 42~44, 77, 138, 204, 207, 211

진노 235, 252, 254~255, 258, 261~263, 265

창조성 35, 38, 41, 145, 147~149, 166, 177~178, 187, 273, 293

창조의 통로 34, 192, 316

책임 25~27, 61, 63, 74, 76, 79, 81, 85~86, 94, 96, 99, 104~106, 114~115, 121, 126, 135, 157, 164, 180, 198, 200, 205, 213, 215, 220, 226, 228~229, 231, 234, 240, 266~267, 281, 284,

291, 312

치수 179, 181

치유 21, 23, 25, 29~30, 47, 49, 51, 53~56, 59~60, 71, 77, 106, 114, 121, 126, 140, 142, 149, 160, 166~168, 171~172, 175~176, 180~184, 226~228, 230~233, 265~266, 271, 274~275, 279, 283~285, 290~291, 297

침묵 15~17, 19~20, 22~25, 32, 50, 63~64, 72, 106, 111, 113, 133, 164, 183, 186, 222, 225, 228, 234, 240~242, 257, 266~267, 283, 287, 295

타자성 168~171, 224, 226~227, 289~290, 294

터득 146

테두리 67, 104~105, 197, 287

특권 17, 21, 24, 26~27, 30, 39, 44, 76, 102, 106, 134, 138, 160, 183, 187, 202, 205, 208, 227, 235~236, 240, 266, 287, 291, 295

파괴적 공격성 94, 99~100, 109~110

페미니스트 195, 216

페미니즘 28, 94, 122~124, 133, 144, 194~195, 203~204, 207~208, 215~216, 220~221, 236, 302, 304, 311~312

편집증 116~117, 132, 185

평가절하 102, 104, 122, 154, 161, 195, 202~205, 207~212, 220~221, 235, 241~242, 286

포르노 105, 215, 216, 217, 220, 310

해리 230

해방신학 94, 297

홀로코스트 22, 77, 121, 295

회개 231, 261, 275

희망 16, 18~19, 23, 25~26, 29~30, 38, 46~49, 57, 71~72, 77~78, 85, 95, 106~108, 111, 113, 115~116, 119, 121, 124, 128, 130, 137, 141~143, 168, 175, 193, 211, 267, 273~277, 279, 280~282, 289~292, 294~295

힘의 악용 17~18, 20, 24, 29~30, 32~33, 36, 38, 40~49, 60, 73, 93, 95, 104, 106, 113, 129~130,

137~139, 183~184, 187, 190~191, 196, 202, 222~223, 227, 230~231, 236, 238, 240, 242, 250~251, 261, 263, 275, 277, 283, 285

인명

겔레스, 리처드(Richard Gelles) 197

그랜트, 재클린(Jacquelyn Grant) 272, 278

그리핀, 수전(Susan Griffin) 216, 310

길더, 조지(George Gilder) 200

나우웬, 헨리(Henri Nouwen) 56

노아 252

니덜랜드, 윌리엄(William Niederland) 113, 119~121, 130

니버, 라인홀드(Reinhold Niebuhr) 178

다말 237~242, 311

다윗 238~241

데이비스, 앤젤라(Angela Davis) 200, 218~219

루머, 버나드(Bernard Loomer) 28, 34, 40, 167, 267~268, 298

미랜드, 버나드(Bernard Meland) 34, 293, 316

브레그만, 루시(Lucy Bregman) 124~125, 127, 134~136, 235, 301

브록, 리타(Rita Brock) 35, 42

블랭크, 거트루드(Gertrude Blanck) 150, 304

블랭크, 루빈(Rubin Blanck) 150, 304

사라 243~244, 246~250, 311, 313

사이먼턴, 스테퍼니(Stephanie Simonton) 55

사이먼턴, 칼(Carl Simonton) 55

샤츠만, 모턴(Morton Schatzman) 120~121, 130

슈레버, 다니엘 파울(Daniel Paul Schreber) 29, 112~137, 173, 183, 185, 233, 235, 301

스턴, 대니얼(Daniel Stern) 150, 304

스트라우스, 머리(Murray Straus) 197

시겔, 버니(Bernie Siegel) 55

아벨라르, 피에르(Pierre Abélard) 264

아브라함 243~250, 313

안셀름 259~260

암논 238~241

압살롬 238~239, 241

예수 47~48, 179~182, 231~232, 256~260, 262,
264~266, 269, 271~274, 276~277, 279~281, 287

윌리엄스, 대니얼 데이(Daniel Day Williams) 38,
259, 264

윙크, 월터(Walter Wink) 37, 277

유진, 트와넷(Toinette Eugene) 203, 207~209, 309

이삭 244~250, 313

이스마엘 244~250

초도로, 낸시(Nancy Chodorow) 153, 166, 204,
207

캐런 26, 29, 49, 50, 60, 72, 126, 140~142, 145,

148, 161, 164, 167, 170~171, 175, 178, 180,
183~185, 195, 201~202, 208, 211, 218,
222~223, 225~226, 228, 230, 234, 270, 279

컨버그, 오토(Otto Kernburg) 155, 304~305

코헛, 하인즈(Heinz Kohut) 102, 158, 304, 306

클라인, 멜러니(Melanie Klein) 177~178

트루스, 소저너(Sojourner Truth) 278

포천, 마리(Marie Fortune) 217, 237, 298

프로이트, 지그문트(Sigmund Freud) 29, 112~113,
116~119, 121~122, 129, 134~135, 177, 185,
194, 206

핀켈러, 데이비드(David Finkelhor) 24, 93~94, 300

하갈 243~250, 311

화이트헤드, 앨프리드 노스(Alfred North
Whitehead) 145~149, 169, 179

지은이　제임스 뉴턴 폴링(James Newton Poling)

콜게이트 로체스터 신학대학원과 게렛 신학대학원에서 목회신학과 상담학 교수를 역임했고, 심리치료사로서 성폭력 생존자들과 많은 일을 했다. 현재 게렛 신학대학원 명예교수이며, 미국 목회상담협회(AAPC)와 미국 결혼가족치료협회(AAMFT)의 위원이기도 하다.

옮긴이　이화목회상담센터

이화목회상담센터는 이화여자대학교 신학대학원 및 대학원 기독교학과 목회상담학 석·박사 과정생들의 8년여에 걸친 상담봉사와 교육봉사 경험을 바탕으로 2014년 5월 이화여자대학교 신학대학원 부속으로 정식 설립되었다. 여성주의 목회상담과 역동상담을 두 축으로 기독 여성들을 위한 상담교육뿐 아니라 상담 전공 대학원 재학생 및 졸업생을 위한 인턴·레지던트 과정에서 상담실습, 교육분석, 상담지도를 하고 있다. 또 이대목동병원 및 근교의 초·중·고, 구립 청소년상담복지센터 및 교회와 협력해 아동/청소년 상담, 놀이치료, 여성 상담, 부부/가족 상담, 다문화/새터민 상담을 하고 있으며, 교회와 사회의 공적 환경 변혁에 관심을 두고 여성 및 사회적 약자의 인권 문제, 폭력 문제, 분단 문제, 군위안부 문제 등에 관한 연구와 임상실천에 노력하고 있다.

감수　정희성

이화여자대학교에서 영어교육학과(B.A.)와 기독교학과(M.A.)를 졸업한 후 미국 세인트폴 신학대학원(M. Div.)과 프린스턴 신학대학원(Th. M.)을 거쳐 드류 대학교에서 종교와 심리학 전공으로 철학박사 학위를 취득했다. 서머셋 메디컬센터와 블랜튼-필 상담센터에서 임상훈련을 쌓았으며, 현재 이화여자대학교 기독교학과/신학대학원에서 목회상담학 교수로 재직하고 있다. 저서로는 『여성과 목회상담』(2011)이 있고, 그 외 『민족과 여성신학』(2006), 『목회상담실천입문』(2009) 등을 공동으로 저술했다. 한국여성신학회 회장을 지냈으며, 여성주의 목회상담의 관점에서 한국 여성을 위한 상담 및 문화변혁에 관심을 두고 있다.

한울아카데미 1786

성폭력과 힘의 악용
목회상담적 성찰

지은이 | 제임스 뉴턴 폴링
옮긴이 | 이화목회상담센터
감 수 | 정희성
펴낸이 | 김종수
펴낸곳 | 도서출판 한울

편집책임 | 이수동
편   집 | 박준규

초판 1쇄 인쇄 | 2015년 4월 15일
초판 1쇄 발행 | 2015년 4월 28일

주소 | 413-120 경기도 파주시 광인사길 153 한울시소빌딩 3층
전화 | 031-955-0655
팩스 | 031-955-0656
홈페이지 | www.hanulbooks.co.kr
등록 | 제406-2003-000051호

Printed in Korea.
ISBN 978-89-460-5786-9 93230 (양장)
     978-89-460-4993-2 93230 (학생판)

* 책값은 겉표지에 표시되어 있습니다.
* 이 책은 강의를 위한 학생판 교재를 따로 준비했습니다.
  강의 교재로 사용하실 때에는 본사로 연락해주십시오.